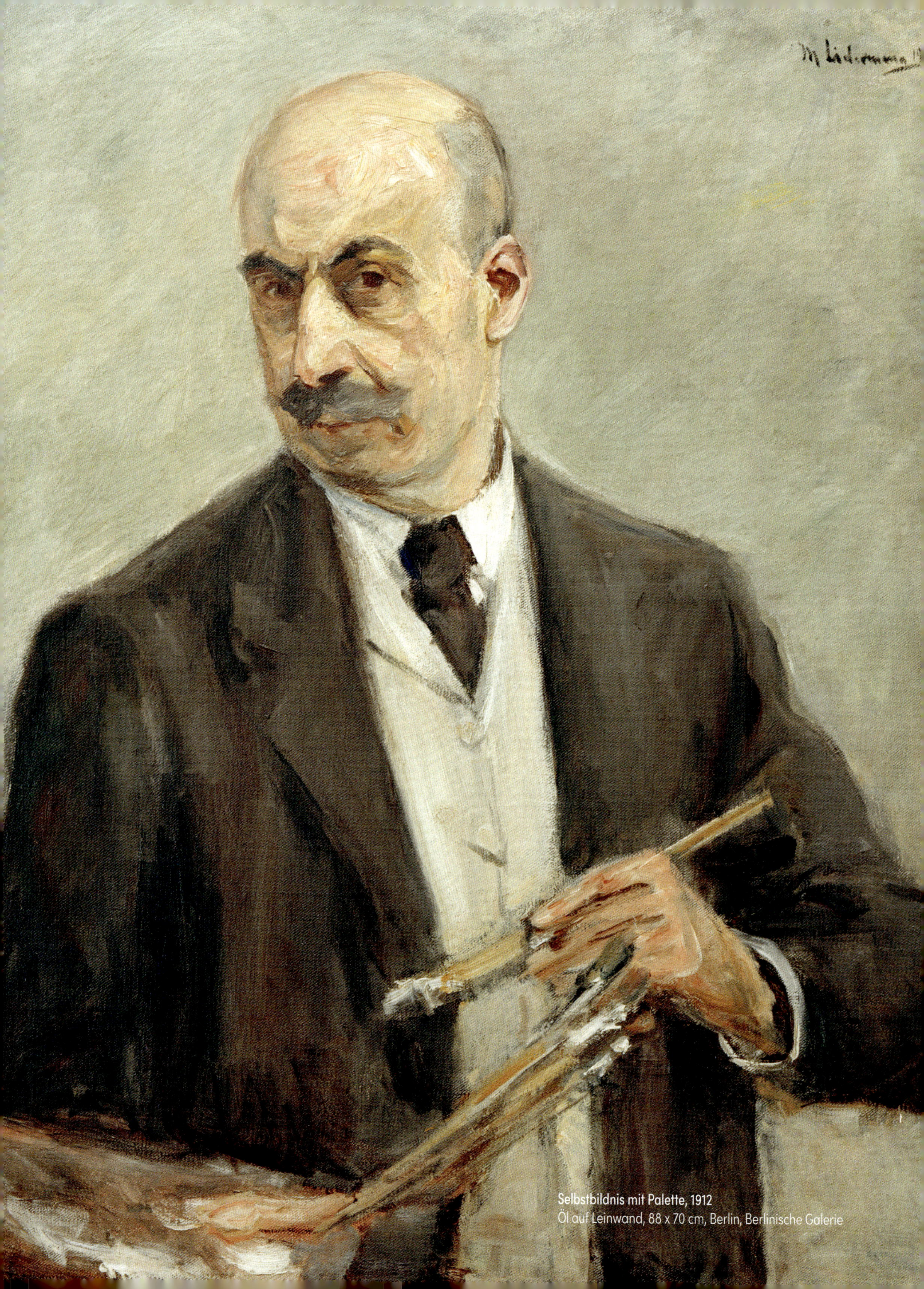

Selbstbildnis mit Palette, 1912
Öl auf Leinwand, 88 x 70 cm, Berlin, Berlinische Galerie

CHRISTIANE KRUSE

MAX LIEBERMANN

UND SEIN GARTEN

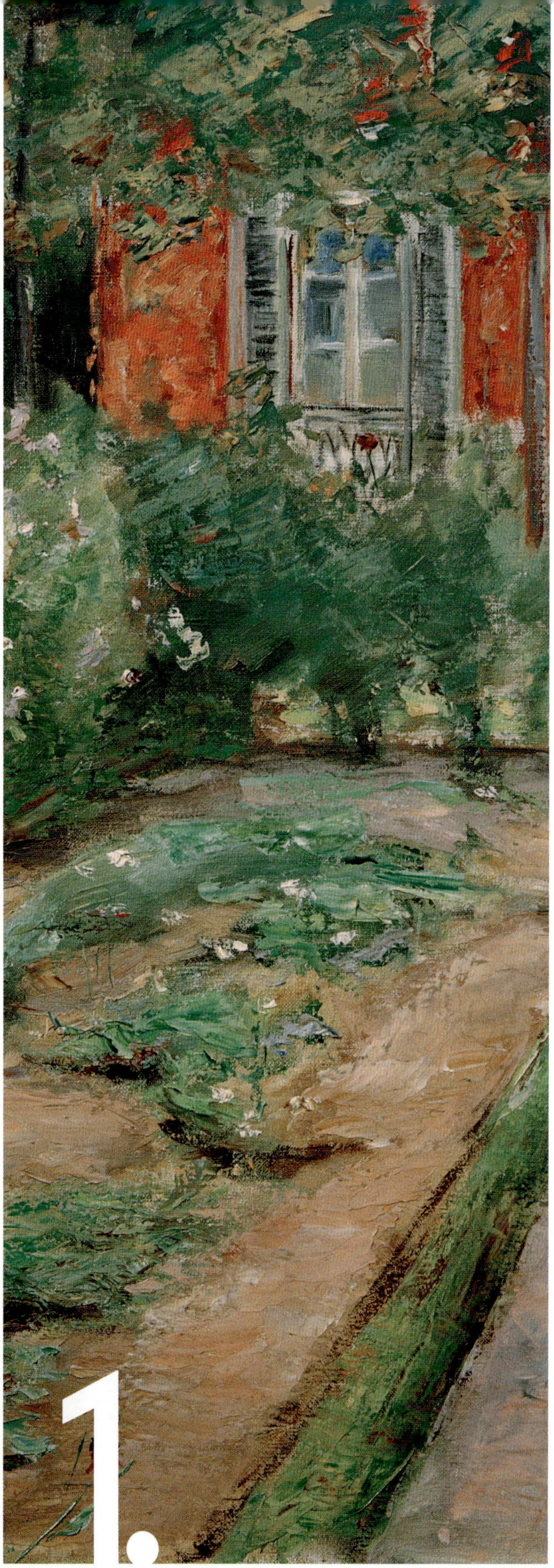

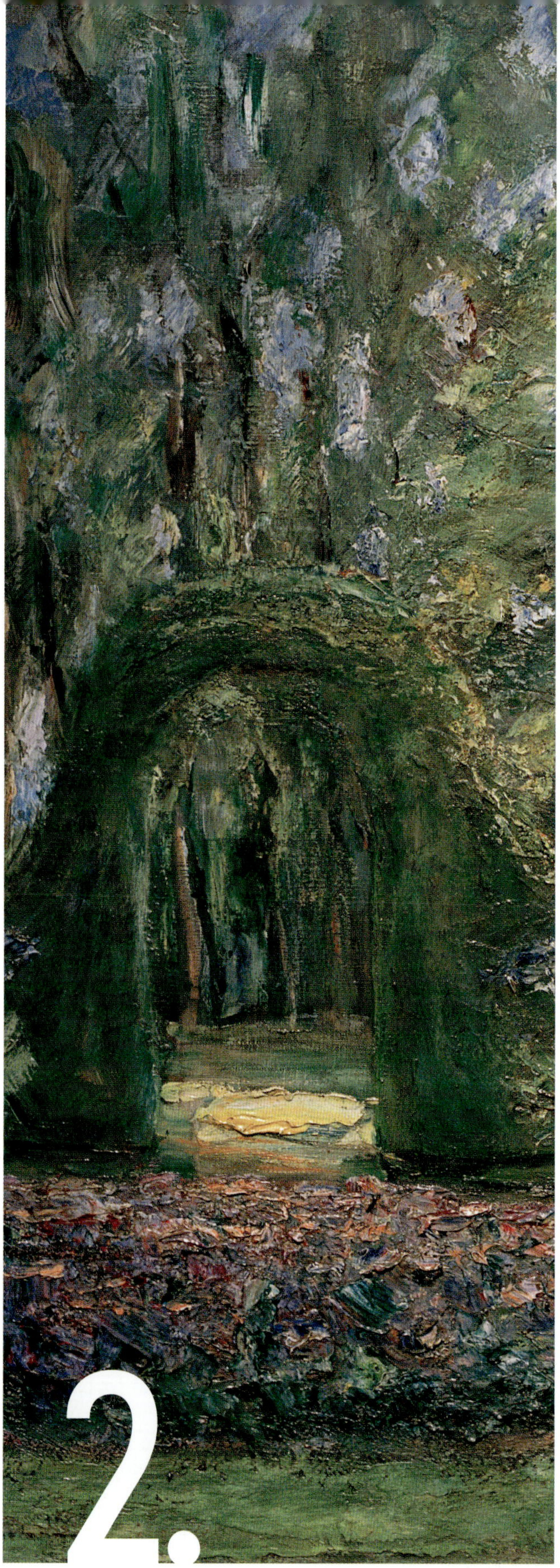

Inhalt

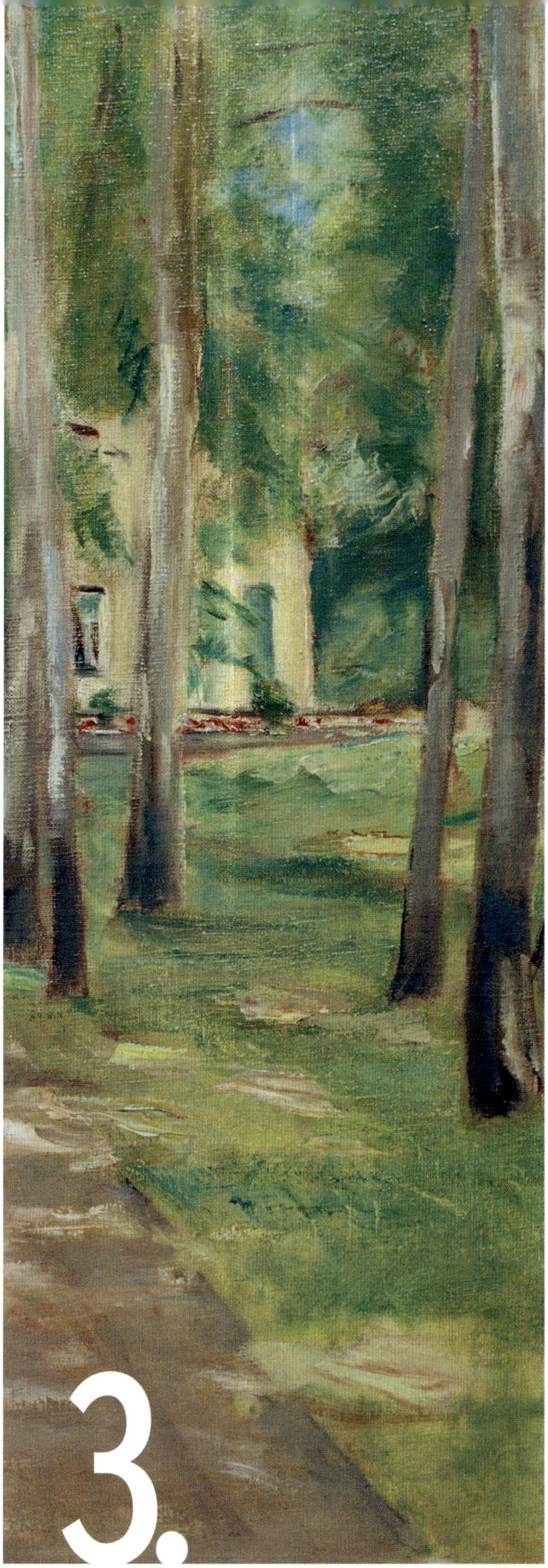

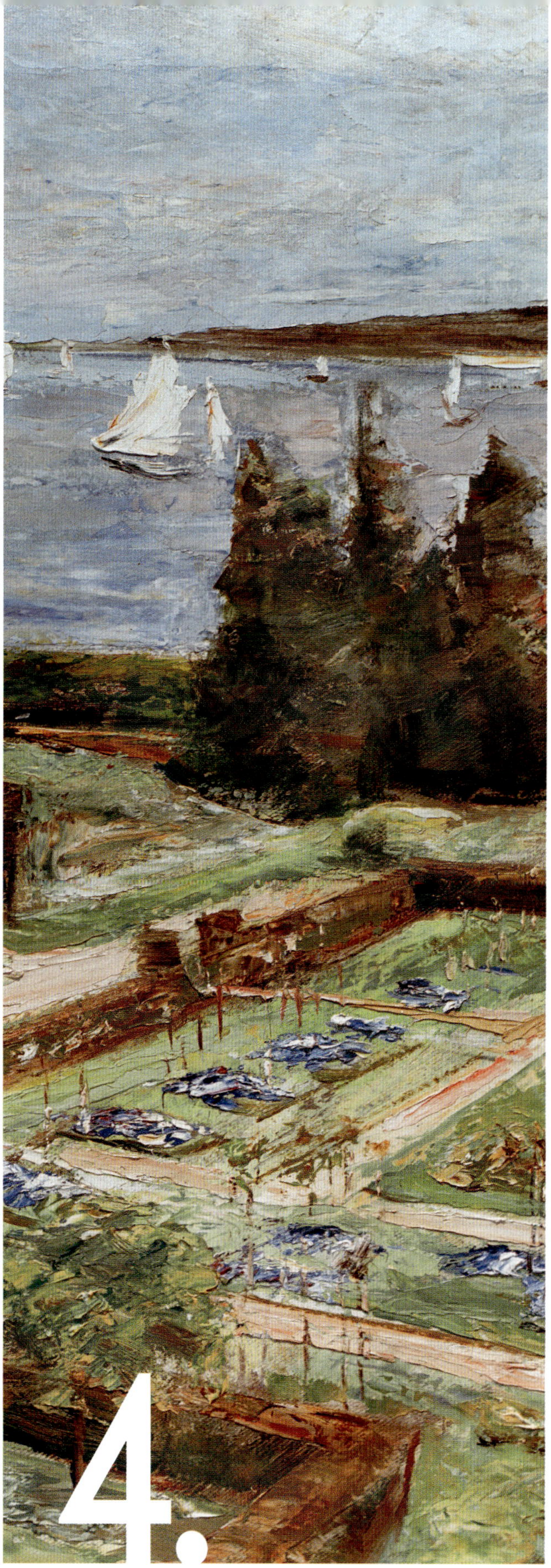

Einführung

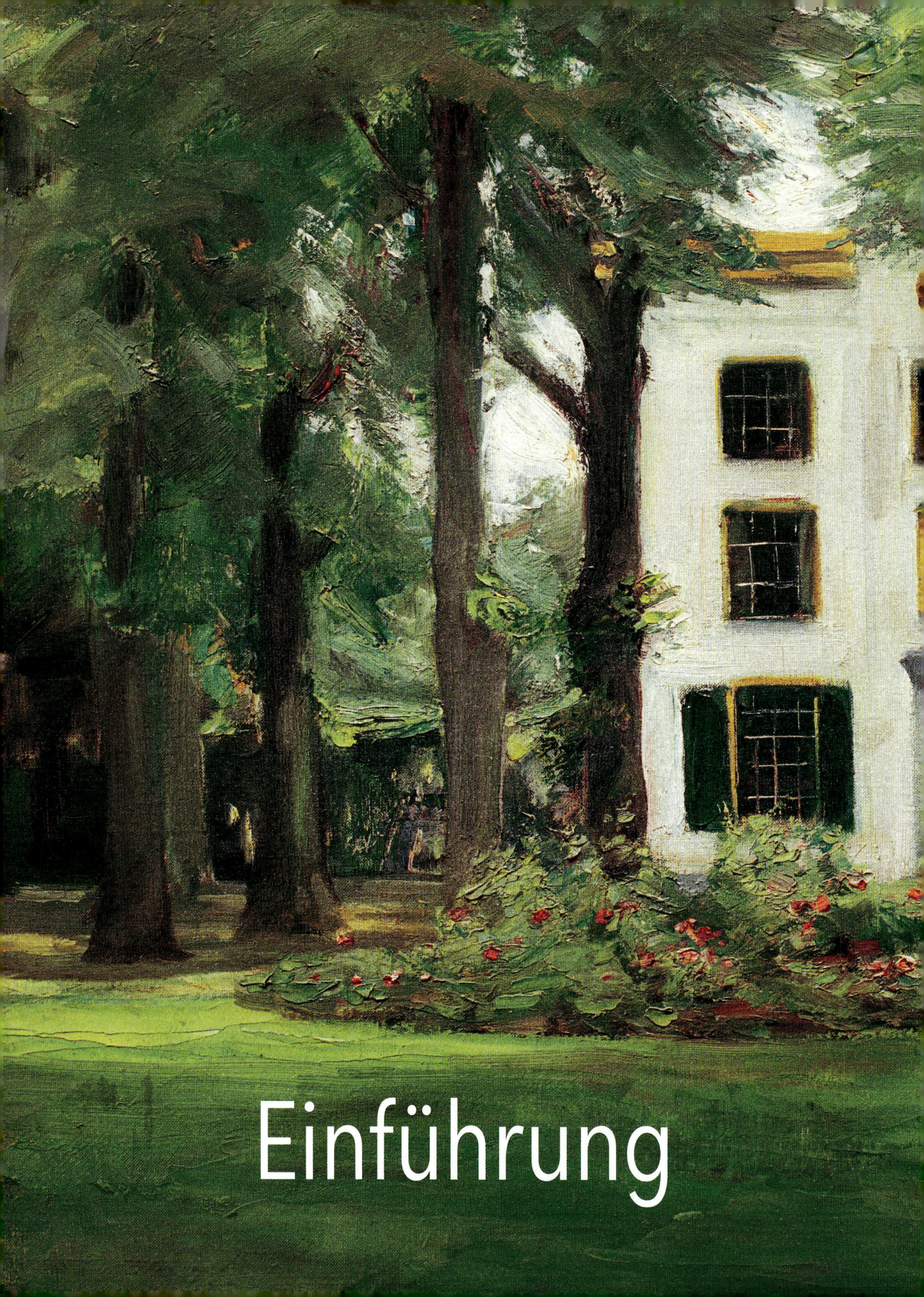

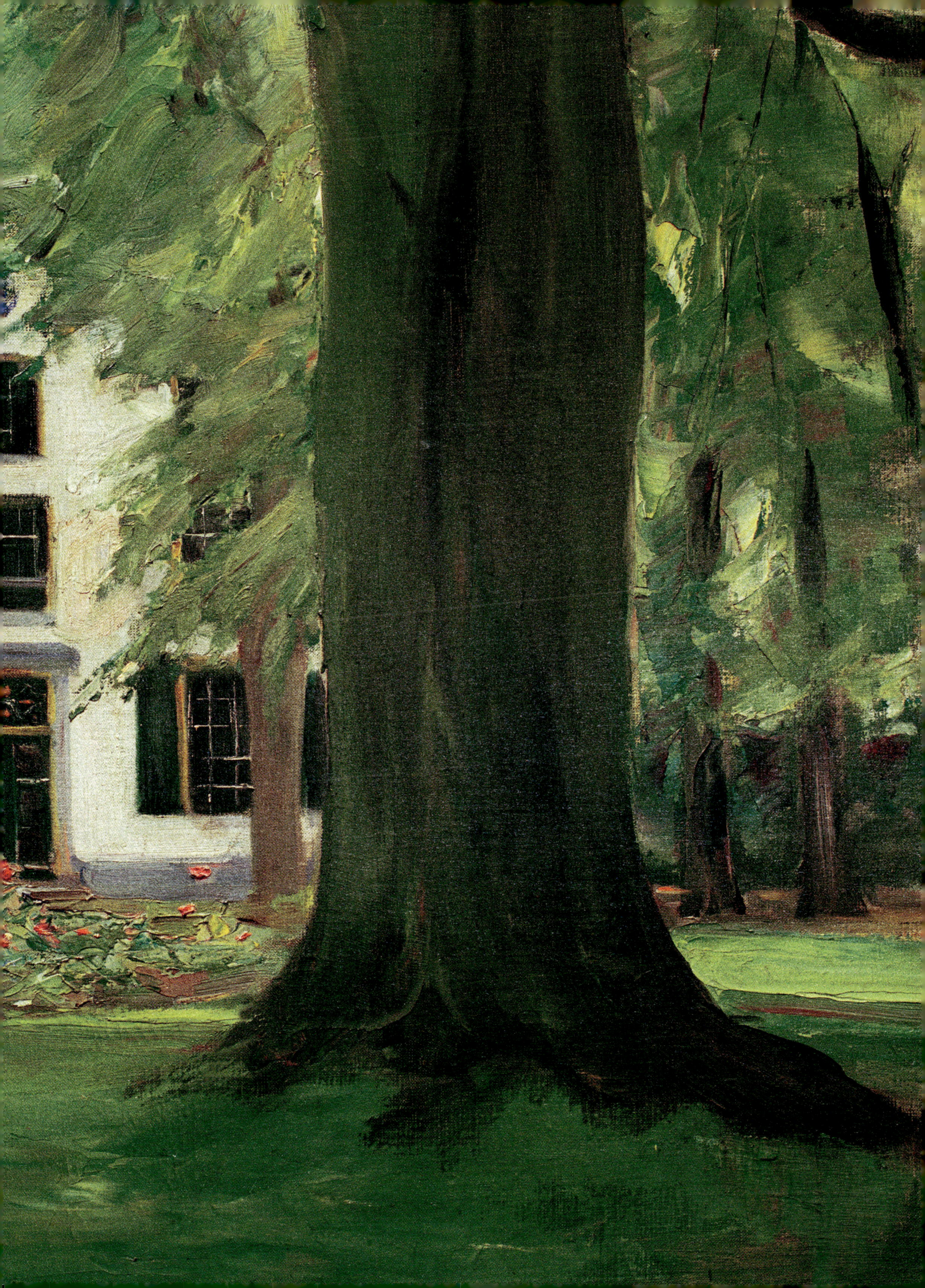

MAX LIEBERMANN – KÜNSTLER, MENSCH, BERLINER

„Der Chauffeur, dem ich die Adresse auf dem Bahnhof in Wannsee angebe, meint lächelnd und stolz: Zu Professor Liebermann?" Das schrieb ein Berichterstatter 1914 in der illustrierten Mode-Zeitschrift *Die Dame*, nachdem er den Maler in seinem Sommersitz besucht hatte. Am Großen Wannsee empfing Liebermann Freunde und Bekannte, Künstlerkollegen, Repräsentanten aus Kultur und Politik, Vermögende, die sich ein Porträt von ihm wünschten, und nicht zuletzt immer wieder Pressevertreter, die sein Haus und den schon damals berühmten Garten besichtigen wollten.

Max Liebermann, am 20. Juli 1847 als drittes von vier Kindern des jüdischen Textilfabrikanten, Großkaufmanns und Stadtverordneten Louis Liebermann und seiner Frau Philippine, der Tochter des Juweliers Joseph Haller, in der Berliner Burgstraße 29 geboren, war in seiner Heimatstadt äußerst prominent. Er wurde geschätzt, verehrt und geliebt – als einer der herausragenden Künstler seiner Zeit, als außergewöhnliche und einflussreiche Persönlichkeit, die sich nicht vor Autoritäten beugte, und nicht zuletzt als „typischer Berliner", dessen Schlagfertigkeit und schnoddrige Sprüche in derbem Berlinerisch bis heute legendär sind.

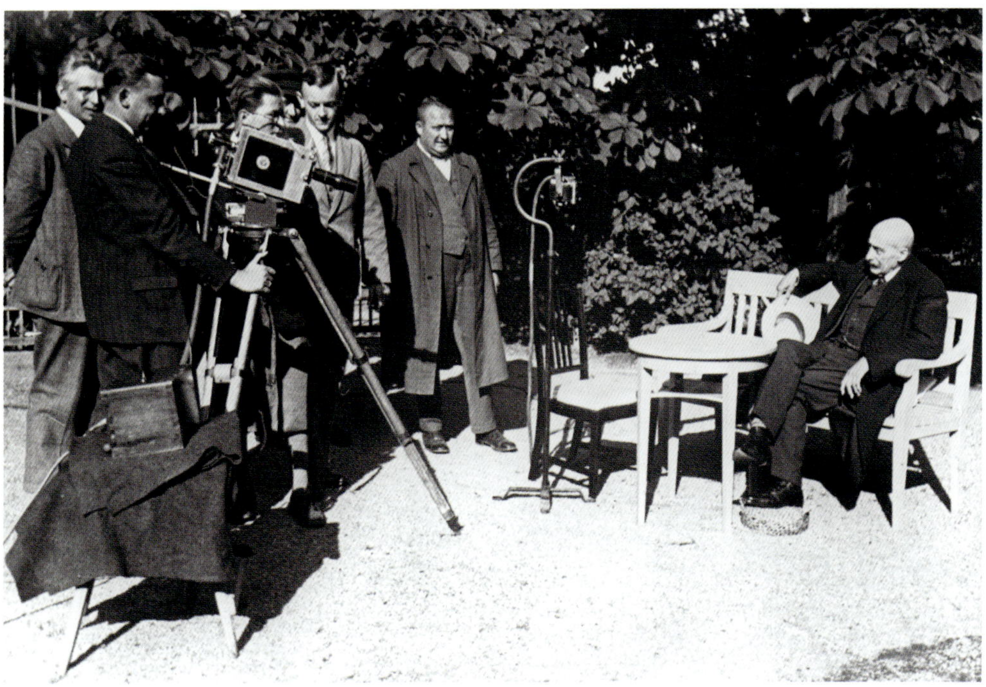

Max Liebermann bei Filmaufnahmen der Ufa im Garten am Wannsee
Fotografie, um 1927

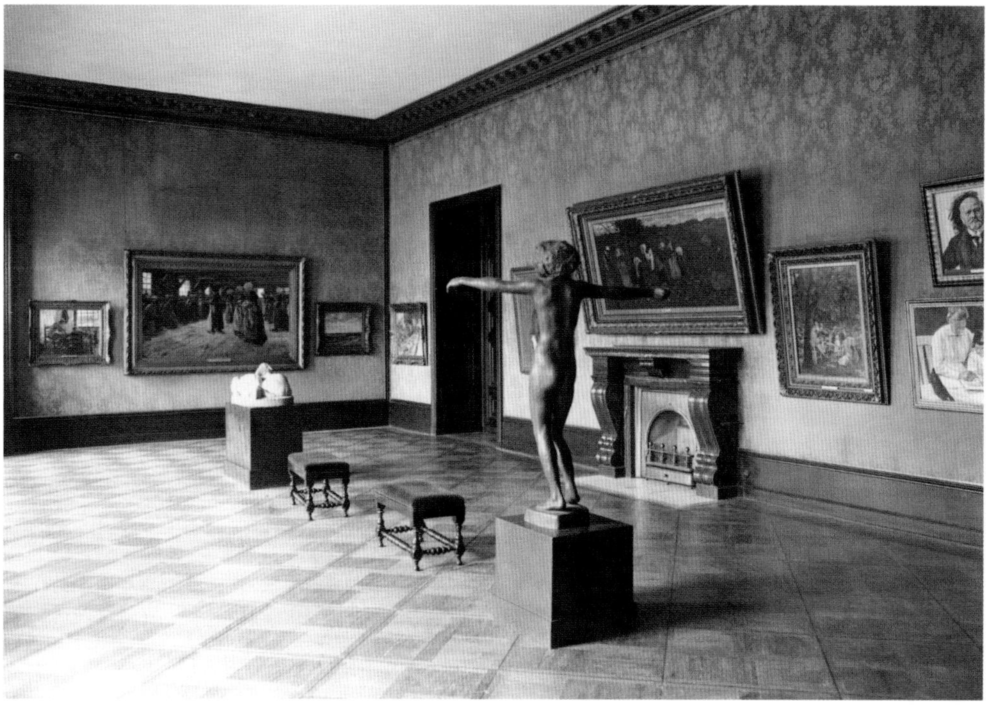

Liebermann-Saal im Berliner Kronprinzenpalais bei der Eröffnung der Neuen Abteilung der Nationalgalerie im August 1919
Fotografie, 1919

Der künstlerisch anfangs umstrittene Maler wurde im Lauf seines Lebens vielfach geehrt und mit Preisen ausgezeichnet. 1897, zu seinem 50. Geburtstag, erhielt er den Professorentitel der Königlichen Akademie der Künste, deren Präsident er 1920 wurde. Im Jahr dieser Auszeichnung waren seine Bilder in einem eigenen Raum der Akademie-Ausstellung zu sehen. 1917, anlässlich seines 70. Geburtstags, organisierte die Akademie eine große Liebermann-Retrospektive, mit 191 Gemälden die bis dahin umfangreichste Werkschau. Und zu Beginn des folgenden Jahres schließlich wurde in der Berliner Nationalgalerie feierlich das Liebermann-Kabinett eröffnet. Ironisch schrieb der Künstler damals an den Direktor der Hamburger Kunsthalle Gustav Pauli: Man „ehrte mich als deutschen Meister in warmen Worten: wer hätte das (vor kurzem war jeder Ankauf verboten) für möglich gehalten."

Zu seinem 80. Geburtstag häuften sich die Ehrungen. Es folgte eine weitere große Akademie-Ausstellung; die Ufa nahm das Jubiläum zum Anlass, Liebermann in seiner Villa am Wannsee zu filmen. Die Presse machte eine schier unüberschaubare Zahl von Porträtaufnahmen, und in *Haus, Hof und Garten*, einer Beilage des *Berliner Tageblatts*, erschien ein Bericht über seinen Sommersitz und den berühmten Garten. Liebermann selbst stellte sein Refugium am Wannsee auf mehr als 200 Ölgemälden sowie einer Reihe von Aquarellen, Gouachen und Pastellen, Zeichnungen und Grafiken dar, die eine eigene Werkgruppe innerhalb seines künstlerischen Spätwerks bilden.

Das Haus am Pariser Platz

„Jahrzehnte hindurch zeigten die Berliner dem Fremden, und zeigten sich auch untereinander, den kleinen Aufbau auf dem flachen Dache eines der vornehmen alten Häuser, die den Pariser Platz umzogen, und sagten: ‚Da oben arbeitet Max Liebermann.'"

(Max Osborn)

Wie Liebermanns Sommervilla am Großen Wannsee war auch sein Wohnhaus am Pariser Platz 7 eine prominente Adresse. „Wennse nach Berlin rinkommen, gleich links", so Liebermann lakonisch. Direkt an das Brandenburger Tor, Berlins berühmtes Wahrzeichen, grenzend, lag es am Ende der Renommiermeile Unter den Linden, die am Stadtschloss der Hohenzollern begann. Das preußische Militär marschierte in Paradeuniformen die Linden entlang, und Liebermanns Cousin Willy Ritter Liebermann von Wahlendorf, der zwischen 1896 und 1900 mit im Haus lebte, bemerkte spöttisch: „Saß ich im Bade, konnte ich den Kaiser vorbeireiten sehen."

Architekt Friedrich August Stüler, ein Schüler des einflussreichen preußischen Oberbaudirektors Karl Friedrich Schinkel, hatte das klassizistische Palais 1844 für den Hofzimmermeister Carl August Sommer erbaut. Es wurde bei einem Bombenangriff im Zweiten Weltkrieg zerstört und Mitte der 1990er Jahre nach Plänen von Josef Paul Kleihues vereinfacht wiederaufgebaut.

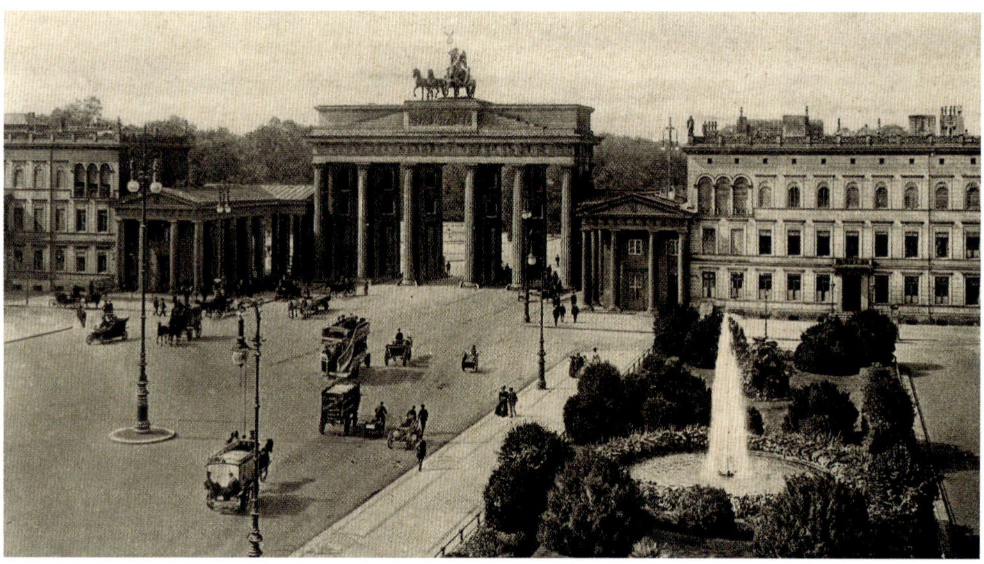

Pariser Platz mit Brandenburger Tor und Palais Liebermann (rechts)
Fotografie, um 1910

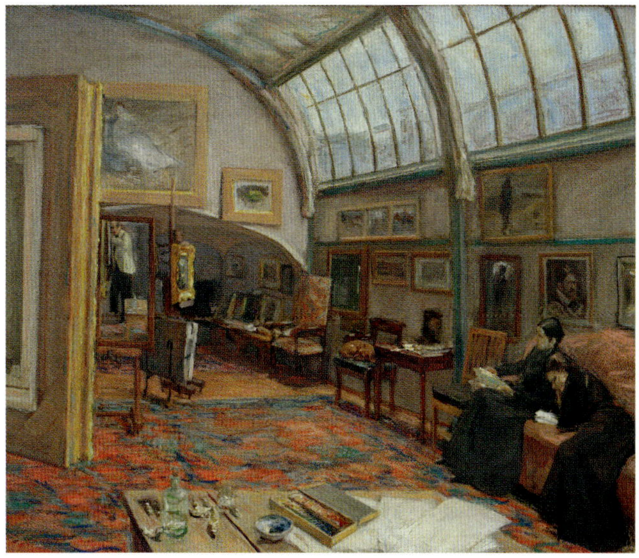

Das Atelier des Künstlers, 1902
Öl auf Leinwand, 68,5 x 81 cm
Kunstmuseum St. Gallen

Louis Liebermann, der das mit der Produktion bedruckter Baumwollstoffe gemachte Vermögen seines Vaters Joseph stetig weiter vermehrte, hatte den schönen Bau in einzigartiger zentraler Lage 1857 gekauft. Die Familie bewohnte damals allerdings nur die Beletage. Trotz des erworbenen Reichtums galten Selbstbeschränkung und Disziplin bei den Liebermanns als hohe Tugenden, und Max musste sich mit seinen beiden Brüdern Georg und Felix ein Zimmer teilen. Die anderen Wohnungen wurden vermietet.

Jahrzehnte später, als er bereits selbst Familienvater war, sollte das Haus erneut der Lebensmittelpunkt Max Liebermanns werden. Nach langjährigen Aufenthalten in Barbizon, Paris und München, die auf sein Studium in Weimar folgten, war er 1884 in seine Vaterstadt zurückgekehrt. „... ich liebe Berlin bis in die letzte Faser meines Herzens", sagte er dem Schriftsteller Paul Eipper, dessen *Ateliergespräche mit Liebermann und Corinth* Jahrzehnte später als Buch erschienen.

Am 14. September 1884 hatte Liebermann die zehn Jahre jüngere Martha Marckwald (1857–1943), eine Tochter des wohlhabenden Berliner Wollhändlers Heinrich Benjamin Marckwald, geheiratet. Im August des nächsten Jahres kam die Tochter Käthe, ihr einziges Kind, zur Welt. Ob die Ehe eine Liebesheirat oder Martha Marckwald nur eine passende Partie war, ist nicht bekannt. Sie hatte bereits als Dreizehnjährige ihren Vater verloren und Louis Liebermann hatte damals die Vormundschaft für sie und ihre Geschwister übernommen. Ihre ältere Schwester Elsbeth war bald darauf die Frau von Georg, Max Liebermanns älterem Bruder, geworden.

Acht Jahre nach seiner Heirat ließ sich Max Liebermann, der mit seiner kleinen Familie zunächst In den Zelten am Rand des Berliner Tiergartens gelebt hatte, im Elternhaus am Pariser Platz eine eigene Wohnung einrichten. Seine Mutter war gestorben, der Vater allein. Die neun Zimmer in der zweiten Etage repräsentierten den Lebensstil des wohlhabenden, gebildeten Bürgertums: ausgesuchte Antiquitäten, Asiatika, Bibliothek und Musiksalon. Ganz besonders allerdings beeindruckte viele Besucher Liebermanns Kunstsammlung. Zu ihr gehörten unter anderem mehr als sechzig Arbeiten seines Berliner Künstlerkollegen Adolph Menzel, alt-niederländische Meister, japanische Farbholzschnitte sowie zahlreiche Werke französischer Impressionisten.

Jahrelang verließ Liebermann jeden Morgen das Haus, um in seinem Atelier in der Königin-Augusta-Straße 19 (heute Reichpietschufer) zu arbeiten. Erst Ende 1899 konnte er ein Atelier im Dachgeschoss seines Wohnhauses beziehen, das der Architekt Hans Grisebach für ihn ausgebaut hatte. Auf Liebermanns 1902 entstandenem Gemälde „Das Atelier des Künstlers" ist ein Blick in den großen Raum mit dem gläsernen Tonnengewölbe zu sehen. Er selbst steht hinten an der Staffelei, im Vordergrund sind Frau und Tochter zu erkennen, die auf einer Couch lesen. Obwohl Liebermann hier jahrzehntelang Prominente und Honoratioren empfing, die sich von ihm porträtieren lassen wollten, war das Atelier schlicht und zweckmäßig eingerichtet. Bis auf die Bilder an den Wänden sind kaum Dekorationen vorhanden. Auf künstlerische Repräsentation legte Liebermann nur wenig Wert, die Malerei selbst war entscheidend.

Künstlerische Anfänge

„Die gut gemalte Rübe ist ebenso gut wie die gut gemalte Madonna."
(Max Liebermann)

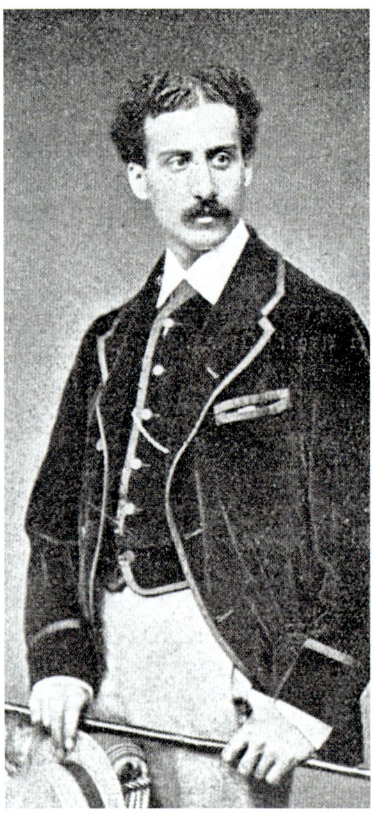

Max Liebermann hatte schon früh gewusst, dass er Künstler werden wollte. Doch bis er mit seinen Bildern Anerkennung fand, zum bedeutendsten deutschen Impressionisten und gefragten Porträtmaler aufstieg, war es ein weiter Weg.

Der Vater war strikt gegen eine künstlerische Laufbahn gewesen. Er fürchtete, sein Sohn würde sich mit dem Malen nie selbst ernähren können. Natürlich ging es ihm dabei auch um den guten Ruf der Familie, in der ein „armer Künstler" kein gutes Ansehen genossen hätte. So schrieb sich Max Liebermann auf Druck des Vaters nach dem Abitur zwar für ein Chemiestudium an der Berliner Universität ein, besuchte jedoch keine einzige Vorlesung. Anfang 1868 wurde er wegen „Studienunfleiß" exmatrikuliert. Wer hätte gedacht, dass er 44 Jahre später die Ehrendoktorwürde der Berliner Universität erhalten würde.

Max Liebermann im Alter von 25 Jahren
Fotografie, Weimar 1872

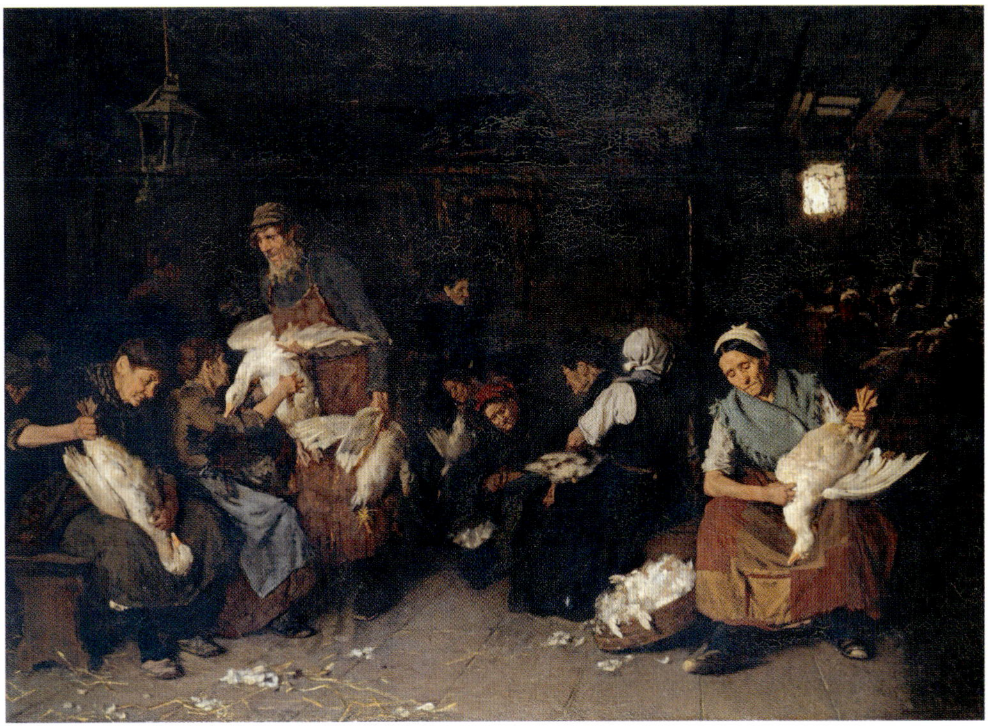

Die Gänserupferinnen, 1872
Öl auf Leinwand, 118 x 172 cm
Berlin, Alte Nationalgalerie

Liebermann ritt damals lieber durch den Tiergarten und besuchte weiter den Unterricht bei Carl Steffeck, bei dem er bereits als Schüler Malstunden erhalten hatte. Schließlich setzte er durch, dass er an der Großherzoglichen Kunstschule in Weimar studieren durfte, die seinerzeit zu den renommiertesten und fortschrittlichsten Kunstinstituten Deutschlands gehörte. Seine frühen Bilder stießen anfangs auf heftige Ablehnung. Statt der damals üblichen historischen Themen oder gefälligen Genredarstellungen malte Max Liebermann Szenen aus der Arbeitswelt – Motive, die von Seiten der etablierten Kunstwelt massiv kritisiert wurden, ja als abstoßend galten. Anders als Adolph Menzel mit seinem „Eisenwalzwerk" (1872–1875) oder die jüngeren sozialkritischen Maler wie Hans Baluschek oder Otto Nagel, die das Milieu der Berliner Industriearbeiter darstellten, machte Liebermann Landarbeit, Handwerk und den Arbeitsalltag der einfachen Bevölkerung zum Thema seiner Kunst.

Sein erstes großes Gemälde war „Die Gänserupferinnen", seine Abschlussarbeit an der Weimarer Kunstschule. Das Bild war 1872 in der Hamburger Kunstausstellung und im Herbst desselben Jahres in der Berliner Akademie-Ausstellung zu sehen – und ein Skandal. Dargestellt ist ein dunkler, nur durch eine Fensterluke am rechten Bildrand erhellter Schuppen, in dem gealterte, von harter Arbeit gezeichnete Frauen lebenden Gänsen die Federn ausreißen. Das ungeschönt wiedergegebene, „schmutzige" Sujet empfand die damalige Kunstwelt als nicht bildwürdig. Man sah darin eine Verletzung des „guten Geschmacks" und bescheinigte ihm „abschreckende Hässlichkeit". Sein Image als „Schmutzmaler" behielt Liebermann für lange Zeit.

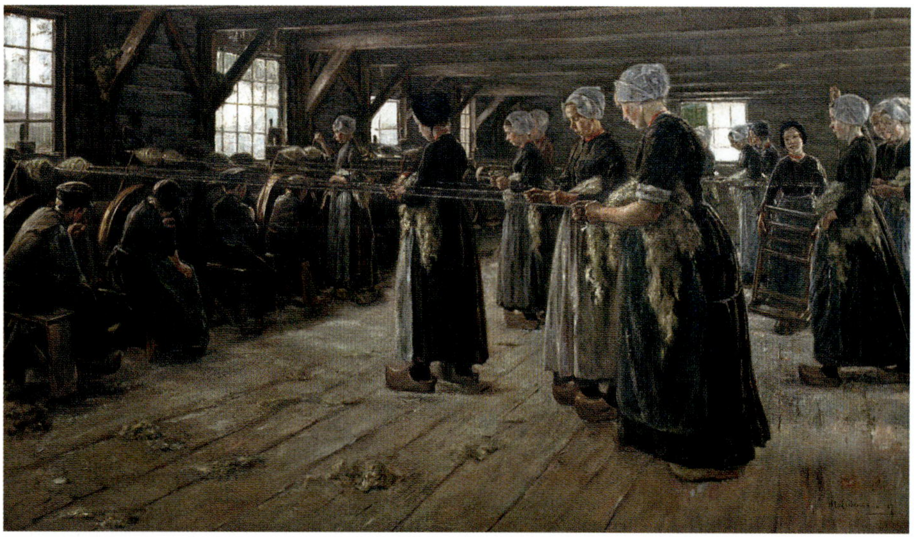

Flachsscheuer in Laren, 1887
Öl auf Leinwand, 135 x 232 cm
Berlin, Alte Nationalgalerie

Inspiration zu neuen Werken fand der Berliner Künstler in den Sommern 1874 und 1875 im französischen Dorf Barbizon, in dem einige junge Maler um Jean-François Millet um 1830 eine Künstlerkolonie gegründet hatten, um dort „nach der Natur" zu malen. Liebermann, für den Millets realistische Darstellungen bäuerlicher Arbeit vorbildlich waren, machte hier Studien für seine Gemälde „Kartoffelernte in Barbizon" (1874) und „Arbeiter im Rübenfeld" (1876), die er in seinem Pariser Atelier fertigstellte.

Seine künstlerische Heimat wurden allerdings die Niederlande. Es war ein Land, das er liebte: „... alles erscheint wie in Licht und Luft gebadet. Dazu die Ebene, die das Auge meilenweit ungehindert schweifen läßt, und die mit ihren Abstufungen vom kräftigsten Grün im Vordergrund bis zu den zartesten Tönen am Horizont für die Malerei wie geschaffen erscheint ..." 1871 hatte er eine erste kurze Reise in sein Sehnsuchtsland unternommen, ab 1875 verbrachte er dort fast jeden Sommer. Er malte in Amsterdam und in Haarlem, wo er sein Vorbild Frans Hals, einen der großen holländischen Maler des 17. Jahrhunderts, kopierte. Regelmäßig besuchte er Leiden, Edam und Delft sowie die Küstenorte Zandvoort, Nordwijk und Scheveningen.

In den Niederlanden, die damals noch wesentlich ländlicher geprägt waren als Deutschland, fand Liebermann immer wieder Motive für seine bevorzugten Themen: die bäuerliche Arbeit, das einfache Handwerk und der bescheidene Alltag der Landbevölkerung. In diese Schaffensperiode gehört sein großformatiges, im Dorf Zweeloo entstandenes Gemälde „Rasenbleiche" (1883), in dem Frauen auf einer Wiese große weiße Wäschestücke zum Bleichen auslegen, oder das Bild der kleinen „Schusterwerkstatt" (1881), die er im südniederländischen Ort Dongen entdeckt hatte. Auf all diesen Gemälden sind die dargestellten Personen stets völlig in ihre Tätigkeit versunken – ein besonderes Merkmal in der Kunst Liebermanns.

Ein weiteres, schon damals von Liebermann favorisiertes Thema waren Kinder, die er mit der gleichen Innigkeit malte wie später seine heranwachsende Tochter und die kleine Enkelin Maria. Eines seiner schönsten frühen Kinderbilder ist die „Kleinkinderschule in Amsterdam" (1880), auf dem Mädchen und Jungen unter der Aufsicht einer Kinderfrau selbstvergessen spielen. Das in warmen Brauntönen gehaltene, nur vom Weiß der Kinderkleider erhellte Gemälde stieß trotz der gelungenen Kinderporträts in Deutschland auf Kritik. Man unterstellte Liebermann „zügellosen Realismus, der in graubraunen Tinten schwelgt".

Sein 1887 im Berliner Atelier fertiggestelltes großformatiges Gemälde „Flachsscheuer in Laren" widmet sich wieder der Darstellung vorindustrieller Arbeit in den Niederlanden. Es zeigt den Blick in einen niedrigen, dunklen Holzschuppen. Auf kleinen Bänken sitzt eine Reihe von Kindern, die Spinnräder mit der Hand antreiben. Im Raum stehen junge Frauen in holländischer Tracht, die Leinenfäden spinnen. Lichtreflexe fallen durch die Fenster in das Dunkel des Raums auf den Fußboden, die Flachsbündel sowie die Hauben und Schürzen der Arbeiterinnen und lassen den Arbeitsprozess, die flirrenden Flachsfäden, Staub und Wärme geradezu spürbar werden. Neben seinen Gemälden „Die Netzflickerinnen" (1887/90) und „Alte Frau mit Ziegen" (1880) vor rauer holländischer Dünenlandschaft gehörte die „Flachsscheuer" zu den Darstellungen, die schließlich positiv bewertet wurden und seinen Ruhm als Maler begründeten. „Vor seinen ‚Flachsspinnerinnen'", schrieb der Kunsthistoriker Richard Muther damals, „muß man unwillkürlich an die großen alten Meister denken, so einfach, so selbstverständlich ist hier alles ..."

Liebermann und die Kunstpolitik

> *„Aber een Anarchist ist der Kerl doch."*
>
> *(Kaiser Wilhelm II. über Max Liebermann)*

Über Jahrzehnte hinweg war Max Liebermann ein engagierter Kunstpolitiker, der sich für neue künstlerische Bewegungen einsetzte. Als Mitglied der Jury der Großen Berliner Kunstausstellung empfahl er unter anderem Werke von Käthe Kollwitz und Walter Leistikow zur Prämierung. Sie wurden jedoch von Kaiser Wilhelm II. und anderen Jury-Mitgliedern abgelehnt. Daraufhin gründete Liebermann am 2. Mai 1898 mit weiteren abgewiesenen Künstlern die Berliner Secession, deren Präsident er im Jahr darauf wurde. Die Secessionisten, zu denen etwa 65 Künstlerinnen und Künstler gehörten, darunter Lovis Corinth, Max Slevogt oder die Berliner Porträtmalerin Sabine Lepsius, wandten sich gegen die akademische Malerei ihrer Zeit mit ihren sentimentalen Genredarstellungen, höfischen Szenen und Marinebildern – und damit gegen den Kunstgeschmack Wilhelms II. und dessen Lieblingsmaler Anton von Werner.

Mit ihren Ausstellungen im eigenen, neu errichteten Gebäude neben dem Theater des Westens in der Charlottenburger Kantstraße, in denen nicht nur die modernen Werke deutscher Maler, sondern auch französische Impressionisten wie Claude Monet, Camille Pissarro und Alfred

Sisley gezeigt wurden, hatte die Secession großen Erfolg. Sie brachte die moderne Kunst nach Berlin, das damit München seinen Rang als bisherige deutsche Kunsthauptstadt streitig machte. Kaiser Wilhelm II. und den konservativen Künstlerkreisen gefiel diese Entwicklung ganz und gar nicht. Sie lehnten nicht nur jede ästhetische Neuerung, sondern vor allem den Impressionismus ab, weil er aus Frankreich, der damalige „Erzfeind" Deutschlands, stammte.

Wenige Jahre später wurde Liebermann auch innerhalb der Berliner Secession mit Konflikten konfrontiert. Eine neue, jüngere Künstlergeneration versuchte sich Gehör zu verschaffen: die Expressionisten. Ihnen erschienen Naturalismus und Impressionismus und damit auch Liebermann altmodisch. Der wiederum konnte mit ihrer Kunst nicht viel anfangen und hatte sich unter anderem geweigert, Emil Noldes grellfarbiges Gemälde „Pfingsten" (1909) auszustellen. Anfang August 1911 legte Liebermann die Präsidentschaft der Berliner Secession schließlich nieder. Die zurückgewiesenen jungen Künstler hatten zuvor ihre eigene Vereinigung, die Neue Secession, gegründet.

1920 übernahm Liebermann nochmals ein Amt, das kulturpolitische Auseinandersetzungen mit sich brachte. Bereits 73 Jahre alt, wurde er Präsident der Preußischen Akademie der Künste, der höchsten Kulturinstitution des Landes. Hier erwies er sich wieder als liberaler Kunstpolitiker. Häufig gegen den Widerstand konservativer Akademie-Mitglieder versuchte er, moderne Künstler zu fördern. So nahm er Otto Dix' Werk „Der Schützengraben", das wegen der „unheroischen" Darstellung des Ersten Weltkriegs in der Kritik stand, 1924 in die Akademie-Ausstellung auf, obwohl es nicht seinem persönlichen Geschmack und Kunstverständnis entsprach. Der Ankauf des „Skandalbilds" durch das Kölner Wallraff-Richartz-Museum war durch den damaligen Oberbürgermeister der Stadt, Konrad Adenauer, verhindert worden.

Liebermann als Gesellschaftsporträtist

> *„Denn das Menschliche ist das einzig Bleibende in der Kunst, alles andere ... vergeht und wird, wenn es unmodern geworden, zum alten Eisen geworfen."*
>
> *(Max Liebermann über die Porträtmalerei)*

Auch als Porträtmaler hatte Liebermann gesellschaftliche Bedeutung; im Lauf der Jahre entwickelte er sich zum Meister impressionistischer Porträtkunst. Bereits als Schüler hatte er die Köpfe seiner Lehrer in sein Rechenheft skizziert. Als junger Mann zeichnete er seine Familie: die Mutter bei Näharbeiten oder den Vater lesend im Lehnstuhl. Das 1866 geschaffene Bild seines jüngeren Bruders Felix im Alter von vierzehn Jahren ist eines seiner ersten Ölporträts. Später stellte Liebermann immer wieder seine Ehefrau Martha, die Tochter Käthe und seine

Genia Levine, stehend, 1924
Öl auf Leinwand, 75 x 50 cm
Berlin, Privatsammlung

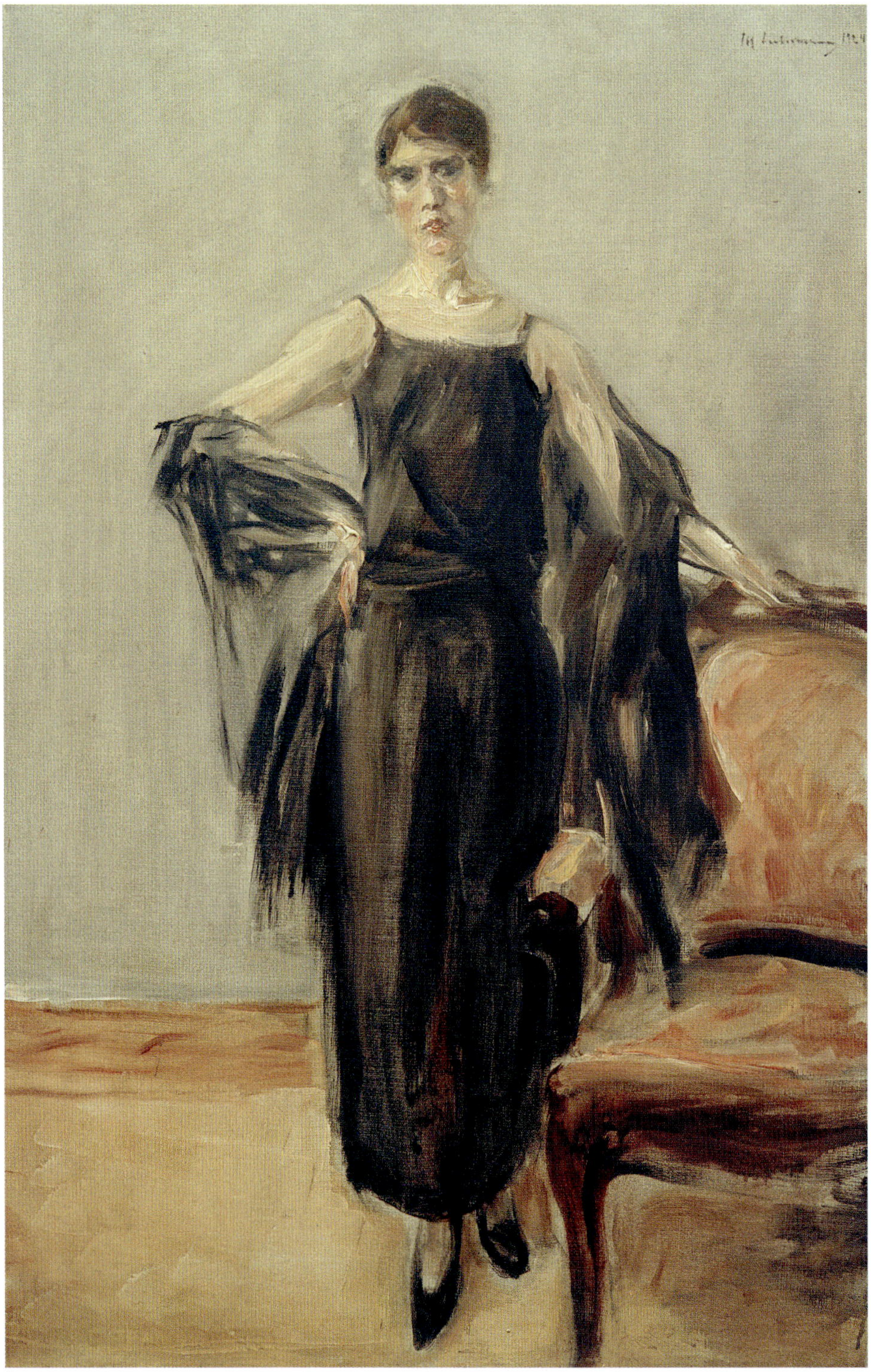

Enkelin Maria dar. Zudem entstanden regelmäßig Selbstbildnisse, auf denen er sich immer als eleganter Mann von kultivierter Weltläufigkeit, aber zugleich als arbeitender Künstler mit kritisch prüfendem Blick darstellte.

Sein erstes offizielles Auftragsporträt, das lebensgroße Bildnis des ehemaligen Ersten Bürgermeisters von Hamburg, Carl Friedrich Petersen, aus dem Jahr 1891, hatte einen Skandal hervorgerufen. Liebermann zeigt den 82-Jährigen zwar in schwarzer Ratsherrenrobe mit weißer Halskrause, jedoch ohne weitere Amtsinsignien. Den großen Hut in der Hand, steht der gealterte Politiker nicht in repräsentativen Amtsräumen, sondern leicht gebeugt vor schlichtem grau-braunem Hintergrund. Petersen fand sich nicht genügend gewürdigt und sorgte dafür, dass das Bild nie öffentlich ausgestellt wurde. Andere Persönlichkeiten störte das nicht. Im Gegenteil, bald war es eine Ehre, von Liebermann porträtiert zu werden. Professoren, Politiker, Bankiers, Wirtschaftsführer und Wissenschaftler, aber auch Größen der Kultur stiegen in sein Dachatelier am Pariser Platz hinauf, um sich von ihm malen zu lassen.

Liebermann schuf keine repräsentativen Porträts. Es war ihm wichtiger, die Charakterzüge der Menschen zu erfassen. Wie schon auf dem verschmähten Petersen-Bild stellte er sie stets vor einfarbigem Hintergrund mit nur wenigen Requisiten dar. Zur langen Reihe der Porträtierten zählten unter anderen der Berliner Verleger Samuel Fischer, der Gründer der Dresdner Bank Eugen Gutmann und der alte Reichspräsident Paul von Hindenburg. Liebermann malte den Komponisten Richard Strauss genauso wie die Berliner Museumsdirektoren Wilhelm von Bode und Hugo von Tschudi, der sich für die Kunst des Impressionismus einsetzte. 1925 entstand eine Ölskizze des Physikers, Nobelpreisträgers und Pazifisten Albert Einstein, „... der Mann, den ich am höchsten auf der Welt achte ...", so Liebermann später. Einstein, als jüdischer Wissenschaftler von den Nationalsozialisten diffamiert, emigrierte 1933 in die USA.

Eines der letzten großen Bildnisse Liebermanns ist das Porträt des prominenten Chirurgen und Ordinarius an der Berliner Charité Ferdinand Sauerbruch. Bis zu Liebermanns Tod bestand ein freundschaftlicher Kontakt zwischen beiden, zumal Sauerbruch ebenfalls ein Haus am Wannsee besaß (Bild auf S. 126).

Seltener porträtierte Liebermann Frauen. 1916 entstand das Bildnis der Berliner Theaterschauspielerin Else Lehmann. Er fand Lehmann so sympathisch, dass er ihr das Gemälde anschließend geschenkt haben soll. Mehrfach malte und zeichnete er Lola Leder. Ihr Ehemann, der Textilkaufmann David Leder, besaß eine große Kunstsammlung, in der sich auch Gemälde und Zeichnungen Liebermanns befanden.

Nur wenige junge Frauen saßen ihm Modell. Eine Ausnahme bilden einige Mitte der Zwanzigerjahre entstandene Porträts der damals etwa 29-jährigen Genia Levine, der späteren Ehefrau des Bankiers Hans Fürstenberg. Die „schöne Russin", wie Liebermann sie nannte, schenkte ihm zum 80. Geburtstag eine Sonnenuhr, die im Rosengarten seines Sommergrundstücks am Wannsee ihren Platz fand.

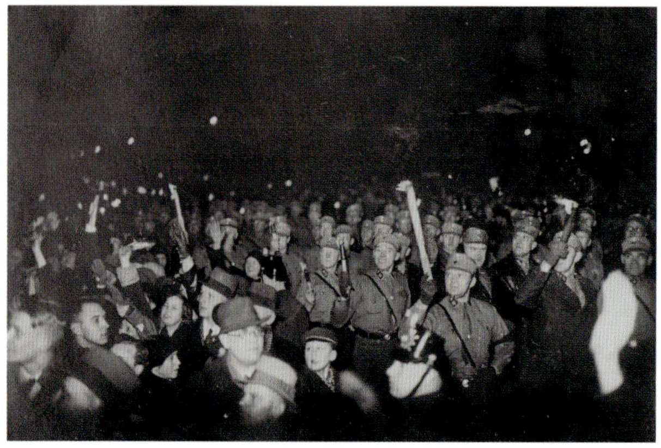

Fackelzug durch das Brandenburger Tor zur Feier der Ernennung Hitlers zum Reichkanzler am 30. Januar 1933
Fotografie, 1933

Die letzten Jahre

> *„Mir ist das ganze Gezank so gleichgültig geworden. Das Treiben der Menschen – was geht mich das noch an?"*
>
> *(Max Liebermann)*

Aktiv im Kunstgeschehen seiner Zeit engagiert, hatte Liebermann trotz aller Erfolge immer wieder schwere Konflikte und harte Kritik aushalten müssen. Seine große Popularität bewahrte ihn auch nicht vor antisemitischen Angriffen. In der nationalistischen Presse wurde er auf Karikaturen als „jüdischer Secessionswirth" mit Davidstern verunglimpft. Dass er der Präsident der Akademie der Künste war, wurde als „völkische Schande" bezeichnet; der Kunsthistoriker Henry von Thode sprach Liebermann das „Deutschsein" seiner Kunst ab. Emil Nolde, der sich später zum Nationalsozialismus bekannte, hatte Liebermann nach den Auseinandersetzungen um die Ausstellung seiner Bilder nicht nur als Künstler herabsetzend kritisiert, sondern war sich auch nicht zu schade gewesen, ihn öffentlich als Juden zu diffamieren. Mit dem stark zunehmenden Antisemitismus im Deutschland der Zwanzigerjahre verschärften sich die Attacken gegen Liebermann nochmals. „Neulich hat ein Hitler-Blatt geschrieben", berichtete er in seiner typischen lakonischen Art, „... es wäre unerhört, daß ein Jude den Reichspräsidenten malt. Über so etwas kann ich nur lachen. Ich bin überzeugt, wenn Hindenburg das erfährt, lacht er auch darüber."

Die politische Entwicklung in Deutschland hatte lange vor 1933 ihre Schatten vorausgeworfen. Bereits bei den Reichstagswahlen am 14. September 1930 war die NSDAP mit 18,3 Prozent zweitstärkste Partei geworden. Aus den Reichstagswahlen am 31. Juli 1932 gingen die Nationalsozialisten mit 37,3 Prozent der Wählerstimmen schließlich als Sieger hervor. Am Abend des 30. Januar 1933 sah Liebermann von den Fenstern seiner Stadtwohnung aus SA-Truppen durch das Brandenburger Tor marschieren. Mit einem Fackelzug feierten sie Hitlers Ernennung zum Reichskanzler, was er mit dem heute legendär gewordenen Satz „Ick kann jar nich' so viel fressen, wie ick kotzen möchte" kommentierte.

Während er wenige Jahre zuvor, zu seinem 80. Geburtstag, die größten Ehrungen seitens der Reichsregierung, der Stadt Berlin, der Preußischen Akademie der Künste und anderer Kulturinstitutionen hatte entgegennehmen können, wurde er jetzt als Jude diffamiert, gedemütigt und

ausgegrenzt. Er verlor seine Titel. Seine Position als Ehrenpräsident der Akademie, die er seit Juni 1932 innegehabt hatte, legte er selbst nieder. In seiner Austrittserklärung schrieb er: „Nach meiner Überzeugung hat Kunst weder mit Politik noch mit Abstammung etwas zu tun, ich kann daher der Preußischen Akademie der Künste ... nicht länger angehören, da dieser Standpunkt keine Geltung mehr hat."

Nur durch seinen Tod blieb Liebermann, der nach eigener Aussage zuletzt „nur noch aus Hass" lebte, das Schlimmste erspart. Er starb am 8. Februar 1935 im Alter von 87 Jahren in seinem Haus am Pariser Platz. Eine der großen Künstlerpersönlichkeiten ihrer Zeit wurde fast im Stillen beigesetzt. Hätten unter anderen politischen Umständen Tausende seinen Trauerzug begleitet, fanden sich am 11. Februar unter den wachsamen Augen der Gestapo um die hundert Verwandte und Wegbegleiter zu seiner Beisetzung auf dem Jüdischen Friedhof in der Schönhauser Allee am Prenzlauer Berg ein, unter ihnen Käthe Kollwitz, der Maler Otto Nagel, Ferdinand Sauerbruch und dessen Sohn sowie der Kunstkritiker Karl Scheffler, der die Traueransprache hielt.

Wenige Tage nach der Reichspogromnacht vom 9./10 November 1938, während der in ganz Deutschland Synagogen in Brand gesteckt, Juden verhaftet und ihre Geschäfte geplündert worden waren, gelangte Liebermanns Tochter Käthe mit ihrer Familie in die USA. Ihrem Ehemann, dem Diplomaten und Geschichtsphilosophen Kurt Riezler, war in New York eine Professur angeboten worden. Martha Liebermann jedoch mochte sich nicht von Berlin trennen,

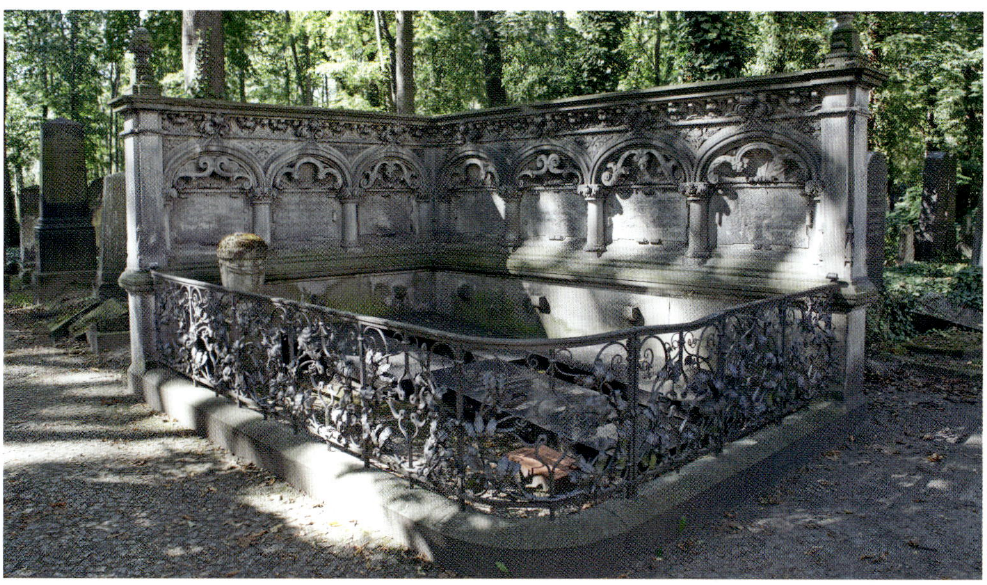

Grabstätte von Martha und Max Liebermann auf dem Jüdischen Friedhof an der Schönhauser Allee in Berlin-Prenzlauer Berg
Fotografie, 2023

obwohl Freunde sie immer wieder zur Emigration drängten. Nach Kriegsbeginn dann war es zu spät. Das Haus am Pariser Platz, das sie ihrem „arischen" Schwiegersohn übertragen hatte, durfte sie schon ab 1938 nicht mehr betreten, denn die Straße Unter den Linden war mit einem „Judenbann" belegt worden. Die Wannsee-Villa wurde ihr genommen, Schmuck und Geld hatte sie infolge der nationalsozialistischen „Verordnung über den Einsatz jüdischen Vermögens" abgeben müssen. Ihre Möbel, die Bibliothek, die Bilder ihres Mannes und die Kunstsammlung musste sie in den letzten Lebensjahren verkaufen, um ihren Lebensunterhalt zu finanzieren. Nur einen Teil seiner Sammlung hatte Max Liebermann 1933 nach Zürich in Sicherheit bringen können. Martha Liebermann verlor alles. „Ich danke jeden Morgen dem Schicksal, dass mein Mann diese Zeit nicht erlebt und dass meine Tochter mit Mann und Kind dies Land verlassen konnten", schrieb sie an eine Bekannte. Am 5. März 1943, kurz vor ihrer Deportation in das KZ Theresienstadt, nahm sie im Alter von 85 Jahren in ihrer Wohnung in der Graf-Spee-Straße 23 (heute Hiroshimastraße) eine Überdosis Schlaftabletten. Sie starb fünf Tage darauf im Jüdischen Krankenhaus.

Auf dem Jüdischen Friedhof an der Schönhauser Allee sind Martha und Max Liebermann heute wieder miteinander vereint.

LIEBERMANN UND DER IMPRESSIONISMUS

> *„Es ist das Verdienst der Impressionisten – Manet an der Spitze–, dass sie zuerst wieder ohne Voreingenommenheit an die Dinge herangingen. Statt der verstandesmäßigen Malerei der Akademie mit dem Rezept von Lokal, Licht- und Schattenton versuchten sie, wie sie sahen, jeden Ton auf der Palette zu mischen und auf die Leinwand zu setzen."*
>
> (Max Liebermann in der Zeitschrift *Pan*, 1896)

Bereits als Präsident der Berliner Secession hatte Liebermann die Verbreitung impressionistischer Kunst in Deutschland gefördert. „In Berlin", sagte der einflussreiche Schriftsteller und Kunsthistoriker Carl Einstein, „bildete sich der offizielle Impressionismus, der ohne die Secession der Berliner kaum Schule gemacht hätte ..."

Liebermann selbst besaß eine umfassende und hochrangige Sammlung französischer Impressionisten, unter ihnen Bilder von Auguste Renoir, Edgar Degas und Claude Monet, den er 1927 in einem Aufsatz in der Zeitschrift *Kunst und Künstler* den „größten Impressionisten" nannte. Dazu kamen siebzehn Gemälde seines künstlerischen Vorbilds Edouard Manet, unter ihnen die „Päonien" (Pfingstrosen), die „Kristallvase mit Rosen, Tulpen und blauem Flieder" und das „Spargelstillleben".

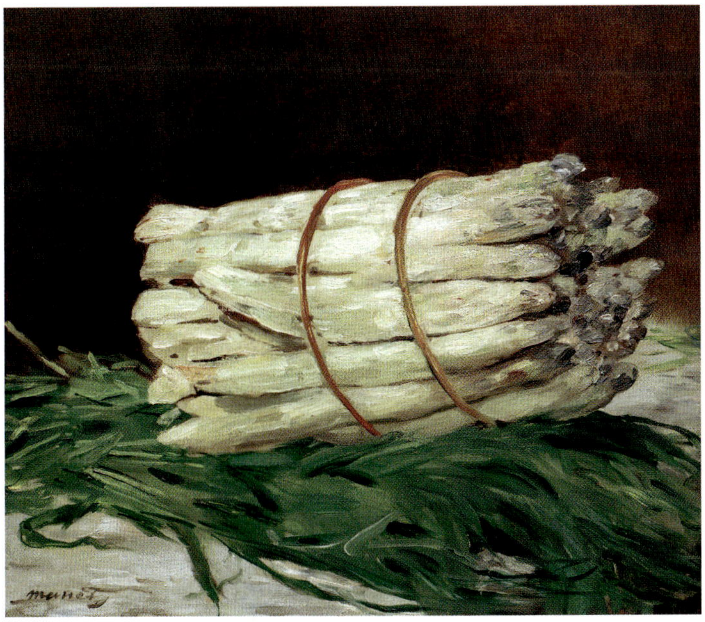

Edouard Manet: Spargelstillleben, 1880
Öl auf Leinwand, 46 x 55 cm
Köln, Wallraf-Richartz-Museum

Gegen Ende des 19. Jahrhunderts wandte sich Liebermann selbst allmählich von den dunklen, schweren „Arbeitsszenen" und Bildern aus dem harten Alltag der armen Landbevölkerung wie seinen „Gänserupferinnen" ab. Von nun an entstanden hellfarbige, leicht hingetupfte Werke mit heiteren, unbeschwerten Szenen in sommerlicher Landschaft, mit denen er, neben Lovis Corinth und Max Slevogt, zu einem der bedeutendsten deutschen Impressionisten aufstieg.

Sein Gemälde „Die Gattin des Künstlers am Strand" aus dem Jahr 1895 zeigt bereits deutliche impressionistische Stilelemente. Es stellt Liebermanns junge Frau Martha auf dem Balkon ihres Hotelzimmers im niederländischen Seebad Scheveningen sitzend dar, das das Ehepaar während der Sommermonate gern besuchte. Sie blickt versonnen von ihrem Buch auf, das sie zugeschlagen in den Händen hält. Mit weichen, milden Farben fing Liebermann die besondere Lichtstimmung an der Nordseeküste ein. Marthas beigefarbener Rock und die rosafarbene Bluse harmonieren mit den gedeckten, hellen Farbtönen von Sand und Meer. Dazwischen setzte er markante Kontraste: Marthas dunkle Haare, das Blaugrau der Stuhllehne, das Braun des Holzgeländers und das intensive Orange des Buchumschlags. Dabei ist die Szene ganz der stillen Kontemplation gewidmet, das Treiben am Strand ist so gut wie ausgeblendet. Lediglich zwei winzige Spaziergänger sind durch das Balkongeländer hindurch zu sehen, die Liebermann am rechten Bildrand mit einigen Farbtupfern auf die Leinwand skizzierte. Auf dem Meer schwimmt, kaum erkennbar, ein einsames Schiffchen.

Im niederländischen Seebad Noordwijk, das er bis auf das Jahr 1910, in dem er sein Haus am Wannsee bezog, zwischen 1905 und 1913 jeden Sommer besuchte, schuf Liebermann seine berühmten Strandbilder. Mit wenigen kräftigen Pinselstrichen entstanden weite, vom Sonnenlicht flirrende Nordseestrände mit hellem Sand und grünlich schimmerndem Meer unter blauem Himmel. Lichtreflexe und Farbpunkte tanzen über die Szenen. „Man riecht förmlich die Seeluft", so der Journalist und Kunstkritiker Julius Norden. Die Bilder zeigen meist keine reinen Landschaften, sondern sind von Menschen belebt, die oft nur durch Farbflecke angedeutet

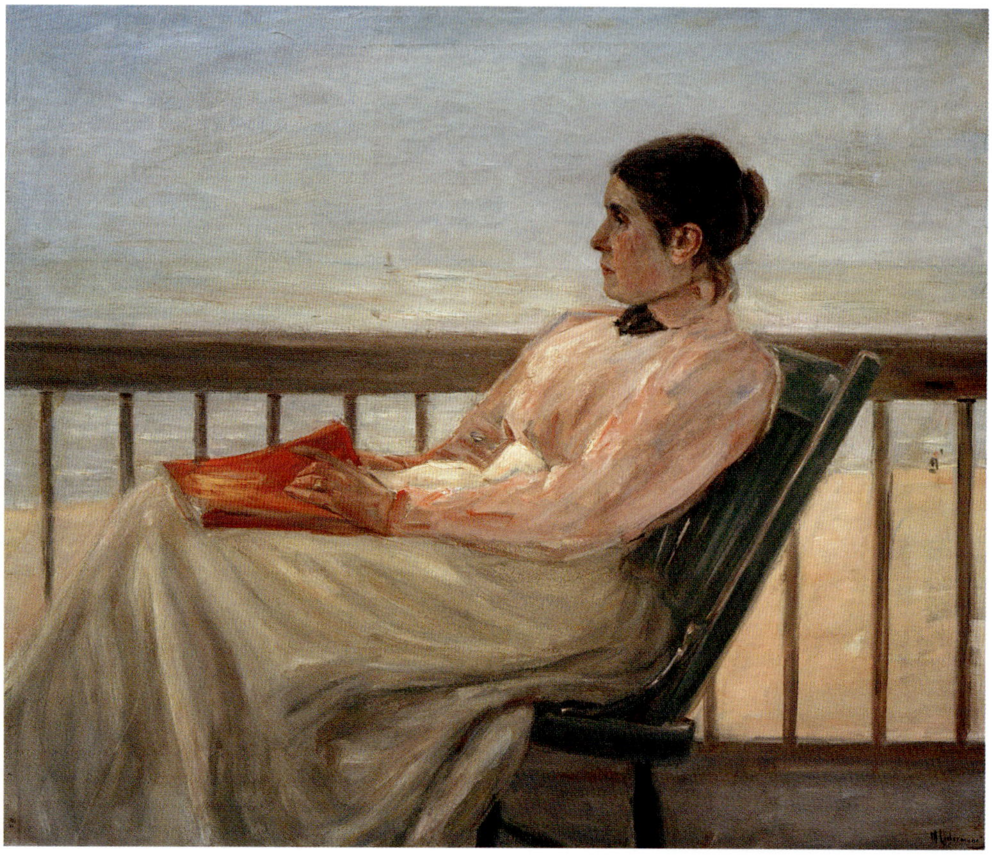

Die Gattin des Künstlers am Strand, 1895
Öl auf Leinwand, 100 x 126 cm
Weimar, Schlossmuseum

sind, aber die Heiterkeit und Leichtigkeit des Sommers unterstreichen: Spaziergänger, Reiter am Strand, badende Jungen, im Sand spielende Kinder oder Tennis spielende Frauen und Männer. Längst ist es nicht mehr die arbeitende Landbevölkerung, sondern das wohlsituierte Bürgertum, das auf den Bildern zu sehen ist. Im Impressionismus angelangt, ist Liebermann kein „Armeleutemaler" mehr.

Gartencafés, Biergärten und Alleen

Schon lange bevor sein eigener Garten am Großen Wannsee zum Lieblingsmotiv seiner impressionistischen Werke wurde, hatte Max Liebermann häufig Alleen, Wiesen oder Gärten im Wechselspiel von Licht und Schatten gemalt. Zahlreiche Motive dafür fand er während seiner Holland-Aufenthalte, so das 1901 entstandene Gemälde „Landhaus in Hilversum", das damals der Familie Bredius gehörte. Die helle, vom kräftigen Grün der hohen Bäume gerahmte Fassade des Landhauses wirkt fast wie eine Vorwegnahme der Gartenbilder, auf denen Liebermann seine Wannsee-Villa ganz ähnlich in Szene setzte.

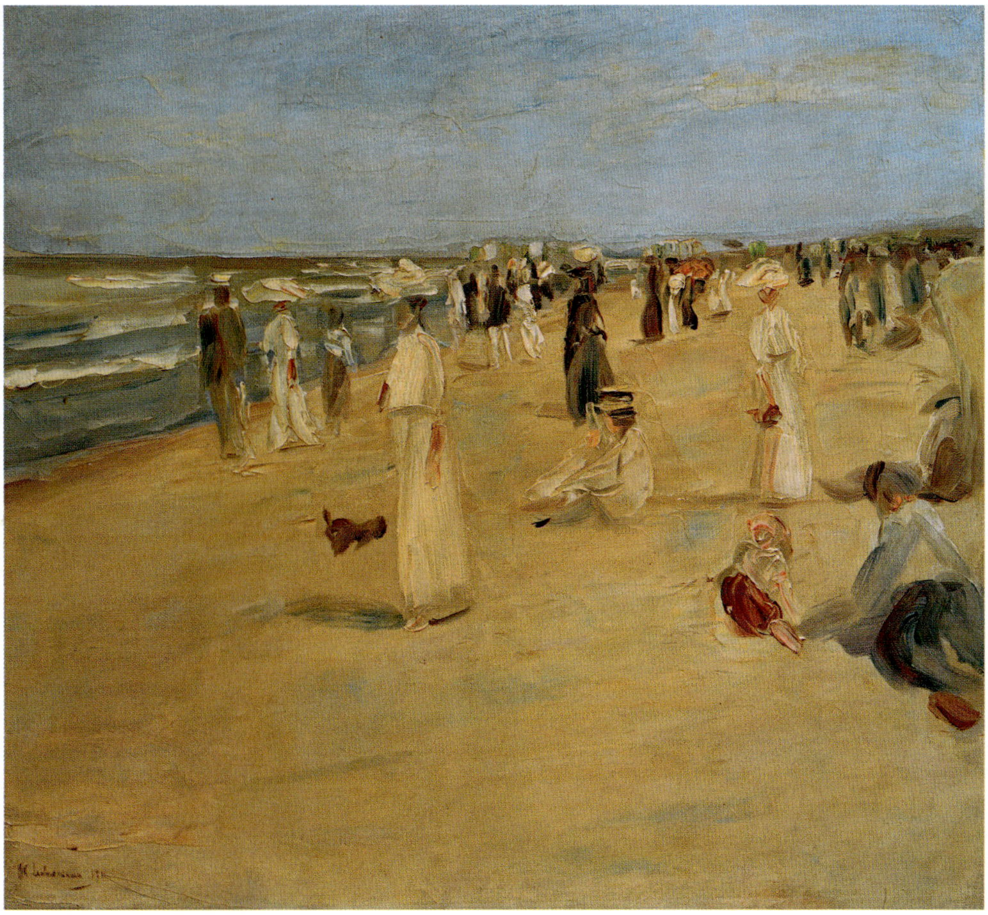

Strandbild Noordwijk, 1911
Öl auf Leinwand, 65,3 x 71 cm
Berlin, Privatbesitz

Ganze Serien widmete er der stimmungsvollen Darstellung von Gartenlokalen, Biergärten und Caféterrassen. Wie die holländischen Strandbilder sind es Szenen, die die Unbeschwertheit und friedliche Ruhe heiterer Sommertage in schöner landschaftlicher Umgebung zum Thema machen. Am Ende seiner Münchner Zeit entstand 1884 der „Münchner Biergarten". Durch die Kronen hoher Bäume dringt Sonnenlicht und wirft ein wechselndes Spiel von Licht und Schatten auf die bunte Schar der Gäste an den Gartentischen.

Auf ähnliche Weise malte Liebermann während einem seiner zahlreichen Hamburg-Aufenthalte „Die Terrasse des Restaurants Jacob in Nienstedten an der Elbe" (1902), einem romantisch gelegenen Gartenlokal in einem der schönen Elbvororte im Westen der Stadt. In der dazugehörigen Pension hatte er damals selbst logiert. Das Gemälde zeigt einen Blick auf die schattige Gartenterrasse an einem sonnigen Sommertag. Helle Holztische unter gestutzten Lindenbäumen, deren Kronen ein Blätterdach formen, die bunte Kleidung der Gäste, die fast wie hingetupft wirkt, der Blick auf das blassblaue Wasser der Elbe und die flirrenden Sonnenflecken, die sich auf Bäume, Weg und Tische legen, machen die sommerliche Atmosphäre der Szene beinahe fühlbar. Das stimmungsvolle Bild gehört zu einer Reihe von Gemälden und Pastellen, die Lie-

bermann seit 1890 für die „Sammlung von Bildern aus Hamburg" angefertigt hatte, mit denen sein Freund, der Hamburger Kunsthistoriker Alfred Lichtwark, weitere Impressionisten, wie Lovis Corinth und Max Slevogt, Edouard Vuillard und Pierre Bonnard, beauftragt hatte. Heute ist es in der Hamburger Kunsthalle zu sehen, für die Lichtwark auch Liebermanns frühes, in den Niederlanden entstandenes Meisterwerk „Die Netzflickerinnen" angekauft hatte.

In Berlin malte Liebermann idyllisch gelegene Gartencafés und Biergärten, wie sie in den Parks und an den Seen am Stadtrand häufig zu finden waren. Sein Gemälde „In den Zelten" aus dem Jahr 1900 zeigt einen Blick in einen Biergarten nahe des Brandenburger Tors: ein sonnenbeschienener Platz unter großen Bäumen mit sommerlich gekleideten Menschen an einfachen Gartentischen. Das dunkle Grün des Laubs bildet dabei einen schönen Kontrast zur hellen Kleidung der Gäste.

1916 entstand das Gemälde „Gartenlokal an der Havel – Nikolskoe", das damals zu den beliebten Ausflugszielen des gutsituierten Berliner Bürgertums gehörte. Wieder sitzen Gäste von Bäumen beschirmt an schlichten weißen Tischen. Der Blick geht auf die Havel hinab. Sonnenflecken bedecken den Boden, hingetupfte kleine Segelboote beleben das Wasser. Unter den oft

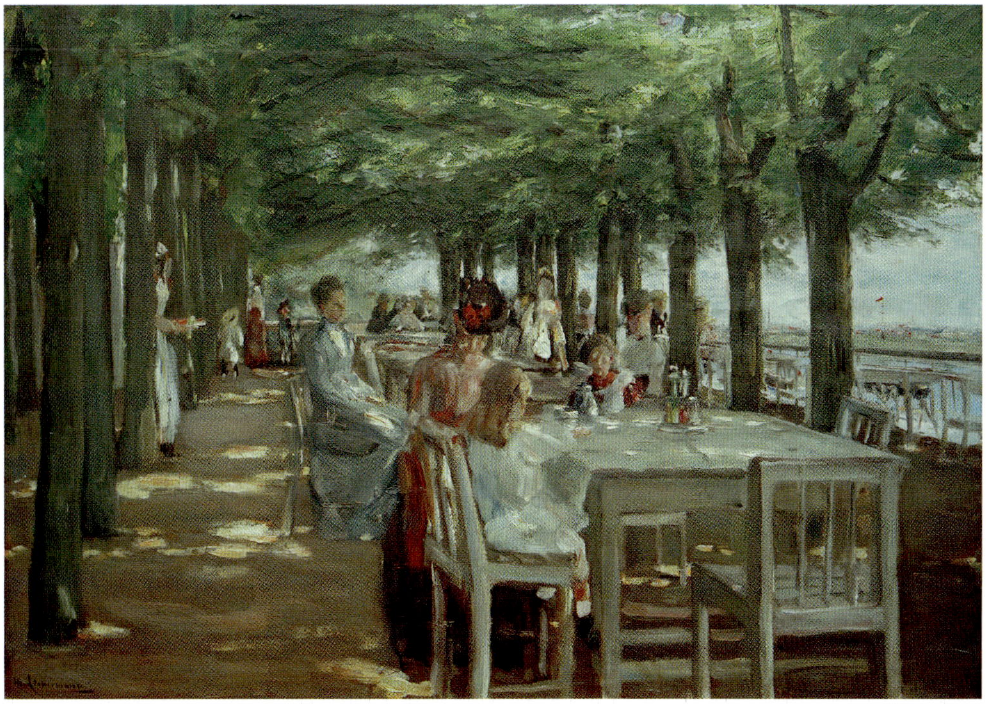

Terrasse des Restaurants Jacob in Nienstedten an der Elbe, 1902
Öl auf Leinwand, 70 x 100 cm
Hamburg, Kunsthalle

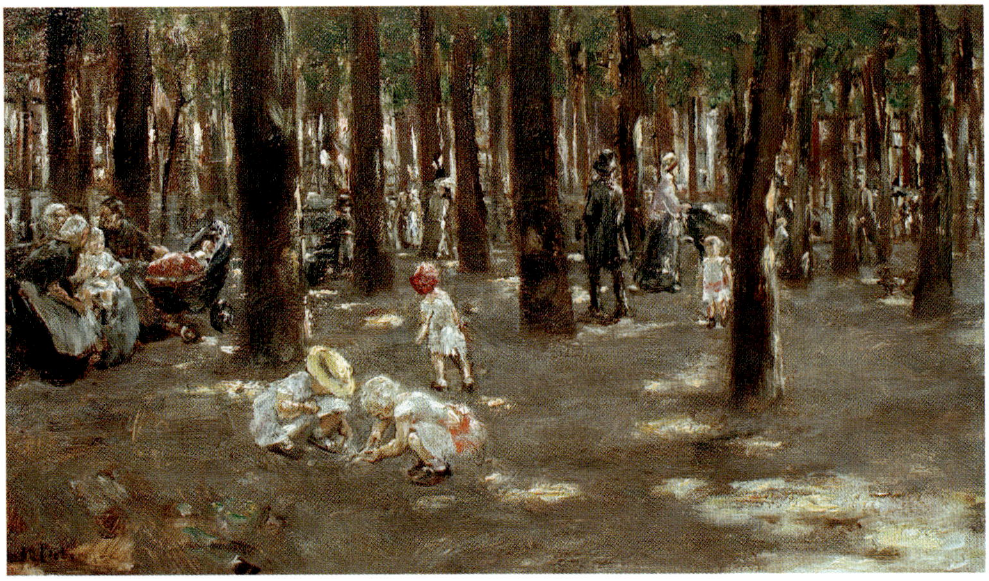

Kinderspielplatz im Tiergarten zu Berlin, um 1885
Öl auf Leinwand, 17,5 x 30,5 cm
Köln, Kunstsalon Franke

nur grob skizzierten Gesichtern der Frauen und Männer ist ein allein sitzender Mann in der Bildmitte vage als Wilhelm von Bode zu erkennen. Als Gründer und Leiter des Berliner Kaiser-Wilhelm-Museums (heute Bode-Museum) gehörte er zu den guten Bekannten des Malers; bereits 1904 hatte ihn Liebermann porträtiert. Am linken Bildrand schließlich ist ein junger Mann in Uniform zu sehen – ein stiller Hinweis auf den seit zwei Jahren tobenden Ersten Weltkrieg, von dem in der friedlichen Stimmung des Gartenlokals nichts zu spüren ist (Bild auf S. 130/31).

Nicht nur an den Berliner Seeufern, auch im Tiergarten, durch den er von Kindheit an gewandert und geritten war, fand Liebermann immer wieder Inspirationen für seine impressionistischen Bilder. Der weitläufige, waldartige Tiergarten, Berlins größte Parkanlage, begann gleich hinter dem Brandenburger Tor, also direkt hinter Liebermanns Stadthaus am Pariser Platz. Wie auf den Szenen der Gartenterrassen fing er in den Tiergarten-Bildern die Muße und Leichtigkeit entspannter Freizeit ein. Bürgerfamilien bevölkern die Wege und Alleen, Kinder spielen oder gehen an der Hand ihrer Kinderfrauen, Menschen flanieren unter den schattigen Baumkronen oder ruhen sich auf Bänken aus. Einige Winterszenen widmete Liebermann den Schlittschuhläufern, die auf den zugefrorenen Seen und Wasserläufen des Tiergartens ihre Bahnen ziehen. Immer wieder sind auch Pferdedroschken und elegante Reiter zu sehen. In der

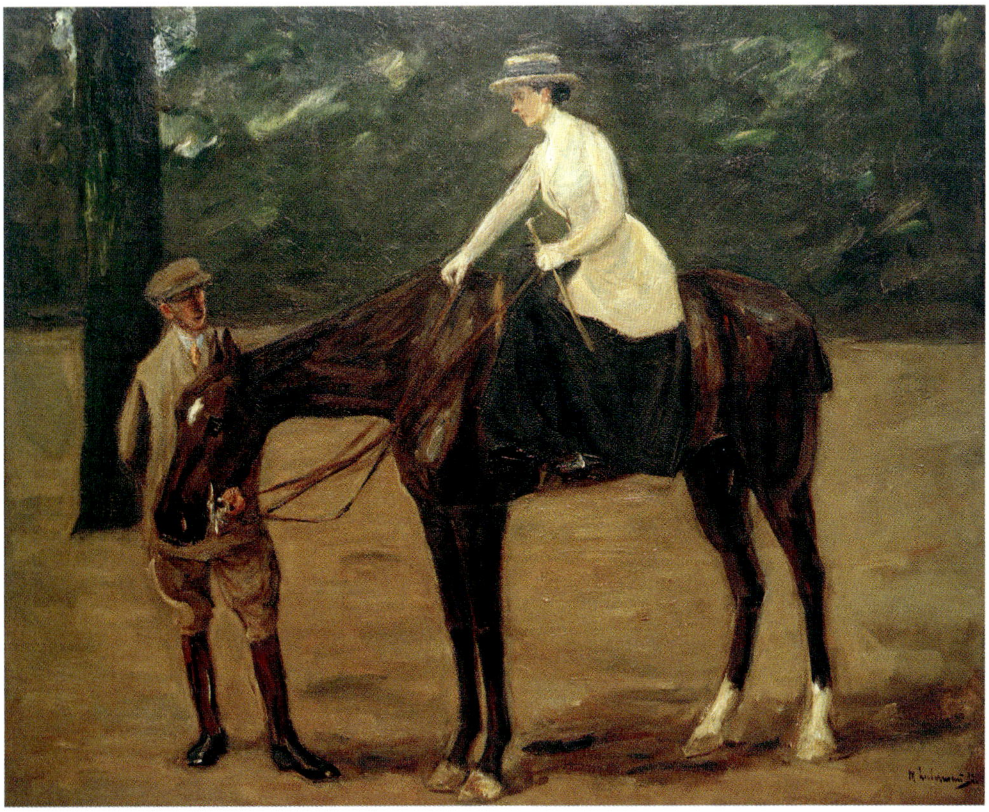

Des Künstlers Tochter zu Pferd, 1913
Öl auf Leinwand, 80 x 100 cm
Köln, Wallraf-Richartz-Museum

Darstellung von Pferden war Liebermann seit seinem frühen Malunterricht bei „Pferde-Steffeck" geübt. Gleich mehrmals porträtierte er seine Tochter Käthe als junge Frau im Park hoch zu Ross. Wie ihr Vater ritt sie passioniert und unternahm gern ausgedehnte Ausritte.

Zu Liebermanns bevorzugten impressionistischen Bildthemen gehörten Alleen, wie er sie bereits in seinen in den Niederlanden entstandenen Werken „Allee in Overveen" (1895) oder „Allee in Laren" (1896) dargestellt hatte. Später malte er die baumbestandenen Straßen der naturnahen Berliner Umgebung, unter ihnen etwa die „Allee beim Jagdschloss Dreilinden" (1929). Gleich in mehreren Varianten stellte er die „Große Seestraße in Wannsee mit Spaziergängern" dar (Bild auf S. 56). Dabei handelt es sich um die heutige Colomierstraße, an deren Ende Liebermanns Sommerhaus steht.

In seinen Alleebildern studierte er immer wieder, wie die Sonnenstrahlen durch die dichten, von hell bis dunkelgrün changierenden Baumkronen fallen und die Szenen in ein mildes, warmes, stimmungsvolles Licht tauchen. Das wechselnde Spiel von Hell und Dunkel legt sich auf die Straßen, flimmert über die wandelnden Spaziergänger. Wie auf den Bildern der Biergärten und Gartencafés fing Liebermann auch hier mit wenigen künstlerischen Mitteln die Unbeschwertheit des Sommers ein.

LIEBERMANNS SOMMERIDYLL: HAUS UND GARTEN AM GROSSEN WANNSEE

Max Liebermann war bereits 62 Jahre alt, als er mit dem Kaufvertrag vom 14. Juli 1909 für 145.000 Reichsmark das fast 7000 Quadratmeter umfassende Grundstück Große Seestraße 42 am Großen Wannsee (heute: Colomierstraße 3) erwarb. Es war einer der letzten Bauplätze am Seeufer, die in der Villenkolonie Alsen noch zu haben gewesen waren.

Nachdem der geschäftstüchtige Bankier Wilhelm Conrad Mitte des 19. Jahrhunderts um den Kleinen und den Großen Wannsee herum Land erworben, parzelliert und nach und nach an wohlhabende Kunden verkauft hatte, herrschte hier ein regelrechter Bauboom. Bankiers, Industrielle, Wissenschaftler, Politiker, Verleger und Künstler ließen sich aufwendige Villen und Landhäuser in altdeutscher Burgentradition, als Fachwerkhaus oder barockes Pseudoschlösschen errichten, in denen sie, umgeben von Wald und Wasser, idyllische Sommermonate verbringen konnten. Bei wichtigen Terminen war man trotzdem schnell zurück in der Stadt, denn bereits 1874 war die Wannseebahn eröffnet worden, die mehrmals täglich in kurzen Abständen zwischen Potsdam und Berlin verkehrte.

Liebermann war stolz darauf, dass er seinen Sommersitz unabhängig vom väterlichen Erbe mit seinen eigenen Einnahmen als Künstler hatte finanzieren können. Lange hatte er in der Familie als schwarzes Schaf gegolten; niemand hatte geglaubt, dass er mit seinen Bildern einmal genügend Geld für seinen Lebensunterhalt verdienen, geschweige denn berühmt werden würde. Sein älterer Bruder Georg war erfolgreich als Textilfabrikant tätig, der vier Jahre jüngere Felix ein anerkannter Historiker.

Am Wannsee lebte Max Liebermann in bester Gesellschaft. Direkte Nachbarn waren der AEG-Direktor und Reichstagsabgeordnete Johann Hamspohn und der Verleger Carl Langenscheidt auf der gegenüberliegenden Straßenseite in der Colomierstraße 1/2, auf die Liebermann von seinem Atelier im Obergeschoss aus blicken konnte. Nicht weit entfernt lebten der Wissenschaftsverleger Ferdinand Springer, der Industrielle Franz Oppenheim mit seiner Frau Margarete, eine der ersten Sammlerinnen moderner Kunst, sowie der Unternehmer und Kunstmäzen Eduard Arnhold, dessen Wannseegarten Liebermann 1911 in einem Gemälde festhielt (Bild auf S. 128). Zu den Anwohnern gehörten auch Philipp Franck, Maler und Mitglied der Berliner Secession, sowie in späteren Jahren Liebermanns Arzt und guter Bekannter Ferdinand Sauerbruch.

Die Straßenseite des Sommerhauses
Fotografie, 1996

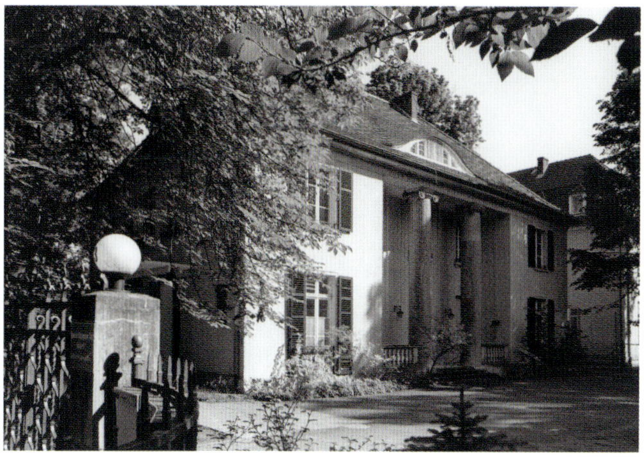

Der Bau der Sommervilla

„… ich möchte ein Landhaus, das sich ein Städter gebaut hat."
(Max Liebermann)

Knapp zwei Wochen nach dem Kauf wurde der Bauantrag für Liebermanns „Schloss am See" eingereicht. Mit dem Entwurf beauftragte er den Architekten Paul Baumgarten – nicht ahnend, dass dieser im „Dritten Reich" Karriere machen würde. Baumgarten hatte gerade die Villa für Liebermanns Nachbarn Hamspohn geschaffen. Ganz in der Nähe, Am Großen Wannsee 56/58, baute er einige Jahre später außerdem die Villa für den Fabrikanten pharmazeutischer Präparate Ernst Marlier: Das Haus war 1942 Ort der „Wannseekonferenz", auf der die nationalsozialistische „Endlösung der Judenfrage", die Vernichtung der europäischen Juden, beschlossen wurde. Heute ist die Marlier-Villa die Gedenkstätte „Haus der Wannseekonferenz".

Liebermann überließ Baumgarten damals nicht einfach die Ausführung seiner Sommervilla, er trug auch eigene Ideen bei. Als Vorbild könnte ihm das Godeffroy'sche Haus in Hamburg-Nienstedten („Hirschparkhaus") gedient haben, das sich der Großkaufmann und Reeder Johan Cesar IV. Godeffroy um 1790 von Christian Frederik Hansen an der noblen Elbchaussee hatte erbauen lassen. Vor allem die schlichte, klassizistische Form und die beiden kolossalen dorischen Säulen, die den Eingang rahmen, ähneln Liebermanns Sommervilla auffällig. Er kannte Godeffroys Haus von einer Hamburg-Reise im Jahr 1902, während der er mit seinem Freund, dem Kunsthistoriker und damaligen Direktor der Hamburger Kunsthalle Alfred Lichtwark, verschiedene Elbvillen besichtigt hatte. Liebermann hielt es auf einem kleinen Pastell in lichten Farbtönen fest. Die Seeseite der Wannsee-Villa mit dem markanten Dreiecksgiebel wiederum entstand möglicherweise in Anlehnung an das um 1826 errichtete Hamburger Landhaus Wesselhoeft, das ebenfalls an der Elbchaussee liegt.

Von der exklusiven Lage der vornehmen Hamburger Häuser in schöner landschaftlicher Lage war Liebermann damals dermaßen angetan, dass er im Jahr darauf bei Lichtwark anfragte: „Wissen Sie vielleicht ein Häuschen mit großem Garten für uns in der Umgebung von Hamburg?"

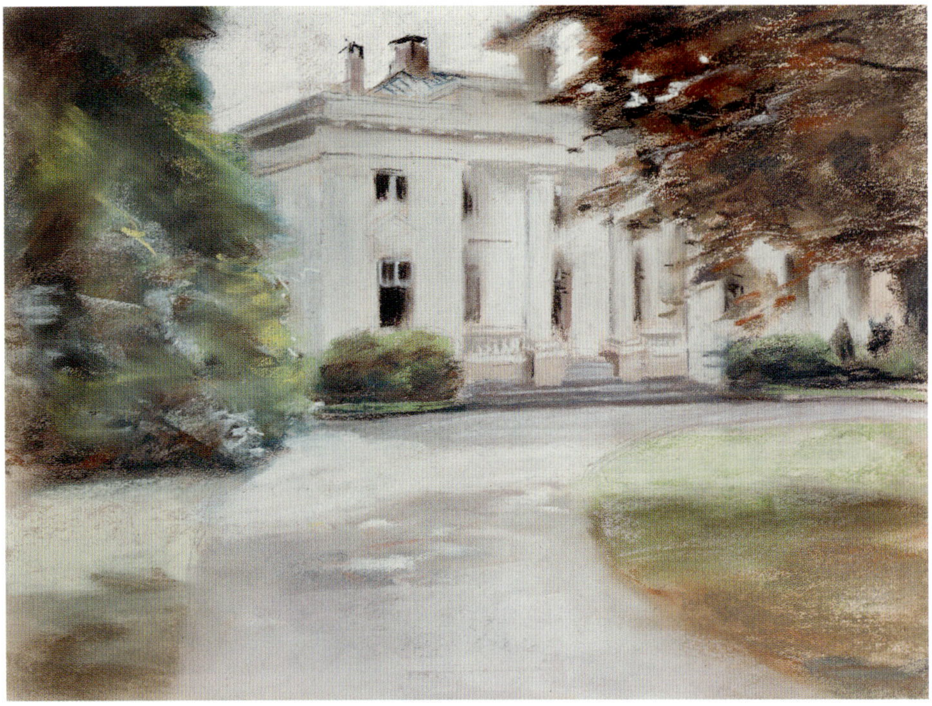

Das Godeffroy'sche Landhaus im Hirschpark von Nienstedten an der Elbe, 1902
Pastell, 31 x 42 cm
Hamburg, Kunsthalle

Die Anlage des Gartens

Auch an der Konzeption des Gartens beteiligte sich Liebermann intensiv. Dabei tauschte er sich eng mit Lichtwark aus, der, neben seiner Position als Museumsdirektor, auch ein prominenter Vertreter der damals engagiert und oft kontrovers geführten Gartenreformbewegung war. Mit Büchern wie *Markartbouquet und Blumenstrauss* hatte er eine klare Aussage für moderne, einfache und gradlinige Gartenanlagen getroffen. Sie sollten die landschaftlichen Villengärten des späten 19. Jahrhunderts mit ihrer Vorliebe für künstlich gewundene Wege und verschnörkelte Broderien nach französischem Vorbild ablösen und sich an traditionellen, alten Bauerngärten orientieren. Statt der exotischen Pflanzen, die die Gründerzeitgärtner bevorzugten, sollten robuste, heimische Gewächse favorisiert werden.

Liebermann, seit einigen Jahren Mitglied der Berliner Parkdeputation, war 1908 gemeinsam mit Lichtwark Mitglied der Jury zur Gestaltung des Berliner Schillerparks gewesen und somit bereits mit dem Thema Gartengestaltung vertraut. Nach einem ersten Besuch Lichtwarks am Wannsee im November 1909 entwickelte sich zwischen Berlin und Hamburg ein intensiver Briefwechsel zum Thema Gartenanlage. Lichtwark und Liebermann erörterten fast alle Details miteinander, vom Grundriss des Gartens über die Auswahl der Blumen und Pflanzen bis zur Ansiedlung von Singvögeln. Auch Martha Liebermann und die damals 25-jährige Tochter Käthe, die auch selbst mit Lichtwark korrespondierte, waren mit Elan dabei: „Meine Frau u Käthe interessieren sich weiter für den Garten u Ihre liebenswürdigst ertheilten Vorschläge werden mit Brodersen durchberathen." Den erfahrenen Gärtner Albert Brodersen, der mit seiner Gartenbaufirma Körner und Brodersen Villengärten in ganz Deutschland anlegte und damals gerade zum Berliner Stadtgartendirektor berufen worden war, hatte Liebermann mit der gärtnerischen Ausführung beauftragt. Auch wenn er aufmerksam Blumen- und Staudenkataloge studierte und auf einer Fotografie aus dem Jahr 1927 mit einer Gartenschere im Rosengarten posiert – Liebermann legte beim Gärtnern nicht selbst Hand an.

In seinem Brief an Lichtwark vom 27. Oktober 1909 skizzierte Liebermann in groben Zügen, wie er sich die Anlage seines Gartens vorstellte. Statt einer vornehmen Auffahrt sollte auf dem zur Straße gelegenen Teil des Grundstücks ein großzügiger Vorgarten mit Beeten für Blumen und Gemüse angelegt werden. Für den seeseitigen Bereich hinter dem Haus wünschte er sich eine Terrasse und eine einfache große Rasenfläche, „... so daß ich von den Zimmern aus ohne Hindernisse an den See kann. Und links und rechts vom Rasen will ich gerade Wege. Das ist die Hauptsache." Dabei sollten Haus und Garten durch eine große Blickachse miteinander verbunden werden. „Wenn ich hier am Ufer stehe", hatte Liebermann seinem Architekten zu Beginn der Bauplanungen gesagt, „so will ich durch das Haus hindurch auf den Teil des Gartens sehen können, der dahinter liegt."

Gartenskizze von Max Liebermann, 1909

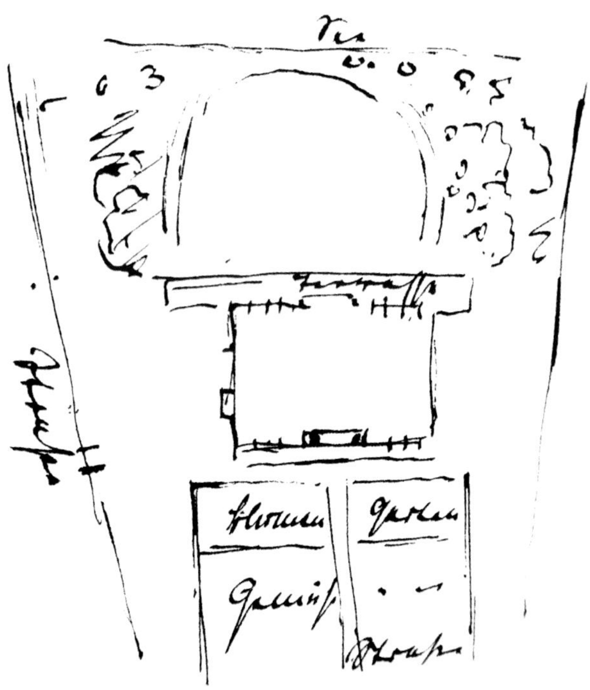

Der vordere Garten

Wie im traditionellen Bauerngarten wurden im vorderen Grundstücksbereich von geraden Wegen begrenzte Beete angelegt, auf denen jedes Jahr ein reiches Sortiment bodenständiger Blumen und Blütenstauden gedieh. Ihre Artenvielfalt und Farbenpracht regte Liebermann zu zahlreichen Gemälden an.

In Liebermanns Vorgarten wurden die Ideen der Gartenreformbewegung exemplarisch umgesetzt. Der Berliner Gartenarchitekt und Lehrer an der Königlichen Gärtnerlehranstalt in Dahlem, Willy Lange, nahm ihn 1913 sogar in seine Publikation *Gartengestaltung der Neuzeit* auf. In der sechsten Auflage des Bandes aus dem Jahr 1928 ist eine Fotografie der üppigen Blumen- und Staudenbeete abgebildet – die einzige bekannte historische Farbaufnahme des Liebermann'schen Wannseegrundstücks.

Ausgesuchte Pflanzen wurden aus der Gärtnerei des bekannten Staudenzüchters und „Gartenphilosophen" Karl Foerster in Potsdam-Bornim bezogen, die besonders für ihren blauen Rittersporn berühmt war. Foerster erinnerte sich später, dass Liebermann ihn 1928 in Bornim besucht und sich ausgiebig mit einzelnen Blumensorten beschäftigt hatte. Für die Anzucht weiterer Blumen besaß Liebermann zwei eigene Gewächshäuser an der Großen Seestraße.

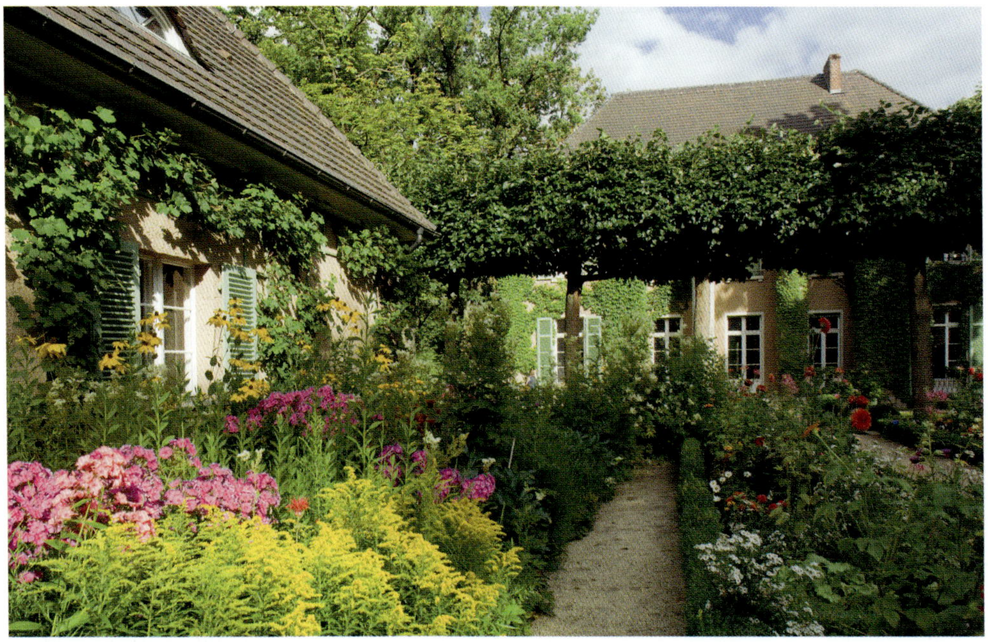

Ansicht des Staudengartens
Fotografie, 2018

Wie es Liebermann schon auf seiner Gartenskizze vorgesehen hatte, wurden nicht nur Blumen gepflanzt. Im Unterschied zur damals gängigen Praxis, Nutzgärten auf separaten Parzellen anzulegen, wuchs das Gemüse hier direkt neben den Blumenbeeten: Kohl und Kartoffeln, Bohnen, Kohlrabi oder Mangold zum eigenen Verbrauch. Liebermann legte viel Wert auf eine gesunde Ernährung: „Wo det Salatessen anfängt", sagte er, „bejinnt de Kultur."

Auf eine repräsentative Inszenierung der Hausfassade wurde verzichtet. Lediglich ein schmaler Kiesweg in der Mitte der Beete leitete zum säulenbestandenen Eingang der Sommervilla, vor dem durch Buchsbaumkugeln akzentuierte Rasenquadrate angelegt waren. Um dennoch einen gebührenden Abstand zu den üppigen Blumen- und Gemüsebeeten herzustellen, wurde der Vorgarten durch eine Lindenhochhecke, das heißt eine Reihe in Form geschnittener Linden, abgegrenzt. Wahrscheinlich handelte es sich dabei um eine Idee Lichtwarks, der solche Hecken von ammerländischen Bauernhäusern her kannte, wo sie zum Schutz vor Wind und Sonne dienten.

Der Garten an der Seeseite

Den seeseitigen Grundstücksteil hinter dem Haus betrat man über eine große, mit Muschelkalkplatten gedeckte Hausterrasse, wie sie Liebermann in seine Gartenskizze eingezeichnet hatte. Seinem Wunsch entsprechend, konnte man von Salon und Esszimmer aus durch Fenstertüren direkt ins Freie treten und einen unverstellten Blick über die ausgedehnte Rasenfläche auf den Großen Wannsee genießen. Von der Terrasse aus war auch die kleine Gartenloggia an der südlichen Hausseite zu erreichen, die Liebermann, nach dem Vorbild eines Freskos in der antiken römischen Villa der Kaiserin Livia, 1911 mit blühenden Obstbäumchen sowie Motiven aus seinen eigenen Werken gemalt hat. Er ließ die Bilder später übertünchen, 2002 wurden Reste wiederentdeckt und freigelegt.

Etwa einen Meter unterhalb der Hausterrasse breitete sich die sogenannte Blumenterrasse aus. Hier wurden auf Liebermanns Wunsch hin im Frühjahr blaue und gelbe Stiefmütterchen und im Sommer Geranien gepflanzt, deren kräftiges Rot er besonders mochte. Eine halbrunde weiße Holzbank am südlichen Ende der Blumenterrasse lud zum Verweilen und Betrachten der blühenden Beete ein. Als leuchtende Farbarrangements finden sie sich auf seinen Gemälden und Pastellen wieder.

Da zu jedem Garten idealerweise auch ein plätschernder Brunnen gehören sollte, ließ Liebermann gegenüber der Sitzbank eine Brunnenstele aus Muschelkalk aufstellen. Auf ihr thronte ein bronzener Fischotter, ein Werk des Berliner Tierbildhauers August Gaul. Die kleine Figur, die oft auf Liebermanns Gartenbildern zu finden ist, hatte er seiner Frau 1909 zu Weihnachten geschenkt. Briefe zwischen Liebermann und Lichtwark verdeutlichen, wie sorgfältig damals die Aufstellung des Fischotters überlegt wurde. „An Ort und Stelle wird sich zeigen", schrieb Lichtwark, „wo er seiner Größe nach noch am besten wirkt. Wir werden gut thun, eine Silhouette des Brunnens in Pappe zum Aufstellen mit hinauszunehmen." Die originale Figur ist verschollen und heute durch einen Neuguss ersetzt.

Aus dem „Musterkatalog" Lichtwarks scheinen auch die drei Heckengärten am nördlichen Rand des Grundstücks zu stammen: ein Lindenkarree, ein ovaler Garten und ein Rosengarten. Durch halbhohe „Wände" aus beschnittenen Hainbuchen gleichermaßen vor Wind und Einblicken geschützt, bieten sie abgeschiedene Räume im Freien, die nach den Vorstellungen der Gartenreformer fester Bestandteil eines jeden modernen Landhausgartens sein sollten. Ein schnurgerader Weg verbindet die „grünen Salons" miteinander, und über die Hainbuchenwände hinweg sind immer neue Ausblicke auf die große Rasenfläche oder die von Bäumen halb verdeckte Villa zu entdecken.

Auf Liebermanns Wunsch hin nahm die zum Ufer des Großen Wannsees verlaufende, leicht abfallende Rasenfläche schließlich den größten Bereich des Grundstücks ein. Sie wurde lediglich rechts und links durch zwei schmale Seitenwege eingefasst. Dabei verlief der südliche Weg durch ein lichtes Birkenwäldchen, das bereits beim Kauf des Grundstücks vorhanden war und bei der Rekonstruktion des Gartens vor einigen Jahren neu angelegt wurde. Ein schöner Baumbestand aus hochgewachsenen Pappeln, Linden, Ahornbäumen, Kastanien und Trauerweiden begrenzt die Ränder.

An zahlreichen Stellen laden Gartenbänke unter den Baumkronen zum Verweilen ein und bieten romantische Blicke über die Wiese zum Haus oder zum Seeufer hinab. Ein besonders schöner Platz ist das inzwischen rekonstruierte, reetgedeckte Teehäuschen am Bootssteg. Vor der Sonne geschützt, kann man von hier aus müßig das sommerliche Treiben der Boote auf dem Großen Wannsee beobachten.

Wie die bunten Beete im Vorgarten gehörten die verschiedenen Bereiche des seeseitigen Gartens viele Jahre lang zu den bevorzugten Bildmotiven Liebermanns: die grünen Heckenräume, die weißen Bänke unter den dichten Baumkronen, der Blick über den Rasen auf die Villa oder in anderer Richtung auf das in der Sonne glitzernde Wasser.

Die Jahre am Wannsee und die Gartenbilder

Am 26. Juli 1910 zog Liebermann mit Ehefrau Martha und Tochter Käthe, die erst nach ihrer Heirat mit Kurt Riezler im Jahr 1916 das Elternhaus verließ, zu seinem ersten Sommeraufenthalt an den Großen Wannsee. Freund Lichtwark bemerkte: „Es war eine große Freude zu fühlen, wie glücklich die drei Menschen dort sind." Bis an sein Lebensende verbrachte Liebermann hier die Sommermonate. Oft verließ die Familie die Stadtwohnung am Pariser Platz bereits im Mai und

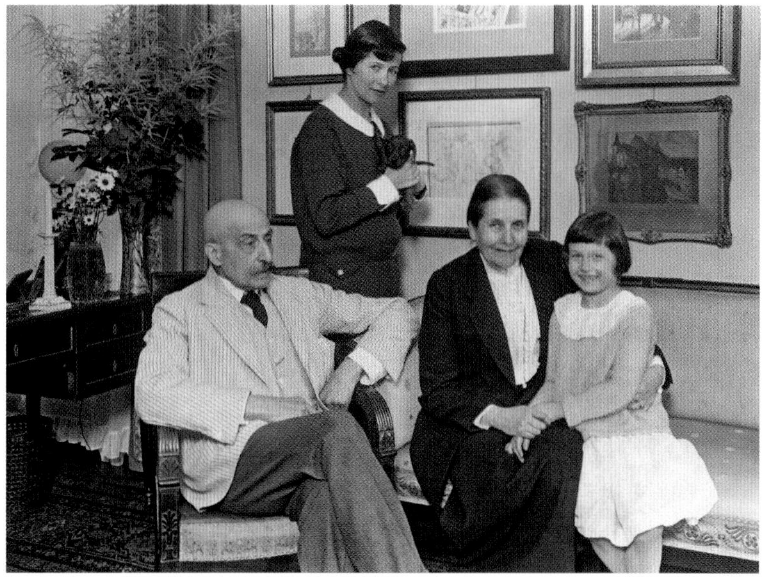

Familie Liebermann im Salon der Sommervilla
Fotografie, 1924

blieb bis in den September hinein oder, wenn das Wetter es zuließ, sogar noch einige Wochen länger am Wannsee.

Das Sommerhaus war kleiner als die repräsentative Stadtwohnung, in der Feiern und Empfänge mit bis zu 150 geladenen Gästen stattfanden. Im Vergleich zu den dortigen eher dunkel gehaltenen Räumen wirkte es heller, luftiger und heiterer. Neben einem kleinen Salon, der Küche und dem Kaminzimmer bildete das Esszimmer den zentralen Raum des Erdgeschosses. Im Obergeschoss befanden sich die Schlafzimmer der Familie und Liebermanns nicht allzu großes Atelier, das er mehrfach auf Gemälden darstellte.

Auch wenn es in der Sommervilla informeller zuging, die Familie behielt auch hier ihren großbürgerlichen Lebensstil bei. Liebermann hielt nichts von der bohèmehaften Attitüde mancher Künstlerkollegen: „Ich weiß nicht, warum ein Künstler Läuse haben muß." Er gab sich als Familienpatriarch und präsentierte sich auch in der ländlichen Umgebung am Wannsee als Grandseigneur, stets korrekt gekleidet, nur ab und zu im Malkittel, den er über den eleganten Anzug zog. Lise Leibholz, die für die *Central Verein-Zeitung* schrieb, berichtete nach ihrem Besuch bei Max Liebermann im Juli 1927, dass er ins Haus ging, um seinen Hut zu holen, bevor er mit ihr einen Rundgang durch den Garten unternahm: „Damit ich auch fein bin, wenn Sie mich knipsen wollen", zitierte sie ihn.

Historische Fotografien zeigen die Familie im eleganten Ambiente des mit ausgewählten Antiquitäten eingerichteten Salons. Immer wieder suchte Liebermann nach besonderen Möbelstücken. So erkundigte er sich bei Lichtwark nach den Esszimmerstühlen im Hamburger Haus Godeffroy, die es ihm angetan hatten. Auch ein Teil seiner Kunstsammlung befand sich in der Sommervilla. Über Liebermanns Schreibtisch hing „Don Quixote und Sancho Pansa" von Honoré Daumier. „Det is' mein Lieblingsbild", sagte er dem Schriftsteller Wilhelm Herzog, der am Wannsee zu Gast war, „det war ein Genie von einem Maler."

Im Garten genossen die Liebermanns das stille Vergnügen umherzuwandeln, die vielseitigen Ausblicke, die Blütenfülle und den Blumenduft. Sport wurde nicht getrieben, schon gar keine „modernen" Sportarten. Man bevorzugte das traditionelle Reiten. Es wurde nicht Tennis gespielt, wie es in großbürgerlichen Kreisen zunehmend in Mode kam und Liebermann es selbst auf seinen niederländischen Strandbildern zum Thema gemacht hatte. Am Bootssteg lag kein eigenes Segelboot. Und Liebermann wäre wohl nicht auf die Idee gekommen, im Wannsee zu schwimmen, wenngleich im Strandbad am gegenüberliegenden Ufer lebhafter Badebetrieb herrschte.

Der Maler fand am Wannsee zwar Abstand vom Berliner Großstadtleben, doch Nichtstun und Entspannung waren nicht seine Sache. Auch hier arbeitete er diszipliniert und unermüdlich an seinen Werken, malte draußen im Garten oder im Atelier. „Ich bin in meinen Lebensgewohnheiten der vollkommene Bourgeois", charakterisierte er sich selbst, „ich esse, trinke, schlafe, gehe spazieren und arbeite mit der Regelmäßigkeit einer Turmuhr." Dabei ließ er sich ungern stören und reagierte auf manchen Besucher durchaus ungehalten. „Wat wollense denn eijentlich von mir", empfing er den Journalisten Géza von Cziffra, der ihn anlässlich seines 80. Geburtstags interviewen wollte. Erst nachdem sein Dackel zutraulich auf den Schoß Cziffras gesprungen war, wurde Liebermann zugänglich: „Wenn mein Hund so freundlich zu Ihnen ist, muß ich es wohl auch sein und Ihnen was erzählen."

Fast ein Vierteljahrhundert lang war der Garten am Wannsee eines seiner wichtigsten Bildmotive. Waren es früher die jährlichen Holland-Aufenthalte gewesen, lag die künstlerische Inspiration nun vor der eigenen Haustür. Bereits vor dem Bezug seines Sommerhauses war Liebermann bewusst geworden, dass er bald ein Alter erreicht hatte, in dem er weniger würde reisen können. Im September 1908 hatte er aus Amsterdam an Hugo von Tschudi geschrieben: „Habe ich Ihnen schon erzählt, daß wir mit der Idee umgehen, uns in Wannsee anzukaufen, um den langen Sommerreisen zu entgehn? Allerdings wird es mir als Maler schwer werden auf die 3monatliche Badekur in jedem Jahr zu verzichten, aber schließlich ist man auch Mensch u es ist menschenunwürdig, sich mit 61 Jahren noch in den greulichen hiesigen Hotels herumtreiben zu müssen. Und wenn es Einem die Malerei wenigstens noch danken würde, was man für sie aushält!" 1914 reiste er das letzte Mal in die Niederlande.

Für einen Künstler stellt ein Garten eine fast unerschöpfliche Inspirationsquelle dar. Alfred Lichtwark berichtete, wie er mit Liebermann einst einen Bauerngarten in der Hamburger Marsch besucht hatte: „Mein Freund [d.i. Liebermann] machte mit den Händen einen Rahmen vor die Augen und probierte Bildmotive, wie die Maler thun. Hundert Bilder könnte man hier malen, meinte er." Liebermanns Gemälde und Pastelle des eigenen Gartens zeigen ein irdisches Paradies. Nie stellte er ihn im Wechsel der Jahreszeiten dar, zumal er sich nur in den Sommermonaten am Wannsee aufhielt. In den Gartenbildern herrscht „immerdar Sommer und Sonne, nie Regen, Nebel, Abend oder Sturm, die Liebermann in anderen Bildern wohl festhielt." (Angelika Wesenberg) Stattdessen entdeckte er immer neue Perspektiven und Details. Die sich wandelnde Farbenpracht der Blumen und Stauden im vorderen Garten, von Frühblühern bis zu Rosen und Sonnenhut im Sommer und Astern im Herbst, faszinierte ihn jedes Jahr aufs Neue. Mit lockerem Pinselstrich und teils grobem Spachtelauftrag malte er auch die anderen Bereiche des Gartens: die weitläufige Rasenfläche mit dem seitlichen Baumbestand, die Heckengärten, das lichte Birkenwäldchen und das Wannseeufer mit Blick auf die kleinen Boote mit ihren weißen Segeln. Auch sein Sommerhaus setzte er dabei in Szene. Die Bilder sind das Ergebnis intensiver Beobachtungen. Eine Fotografie aus dem Jahr 1924 zeigt Liebermann in Rückenansicht auf einem Stuhl auf der Hausterrasse sitzend, während er konzentriert in den Garten hinabblickt.

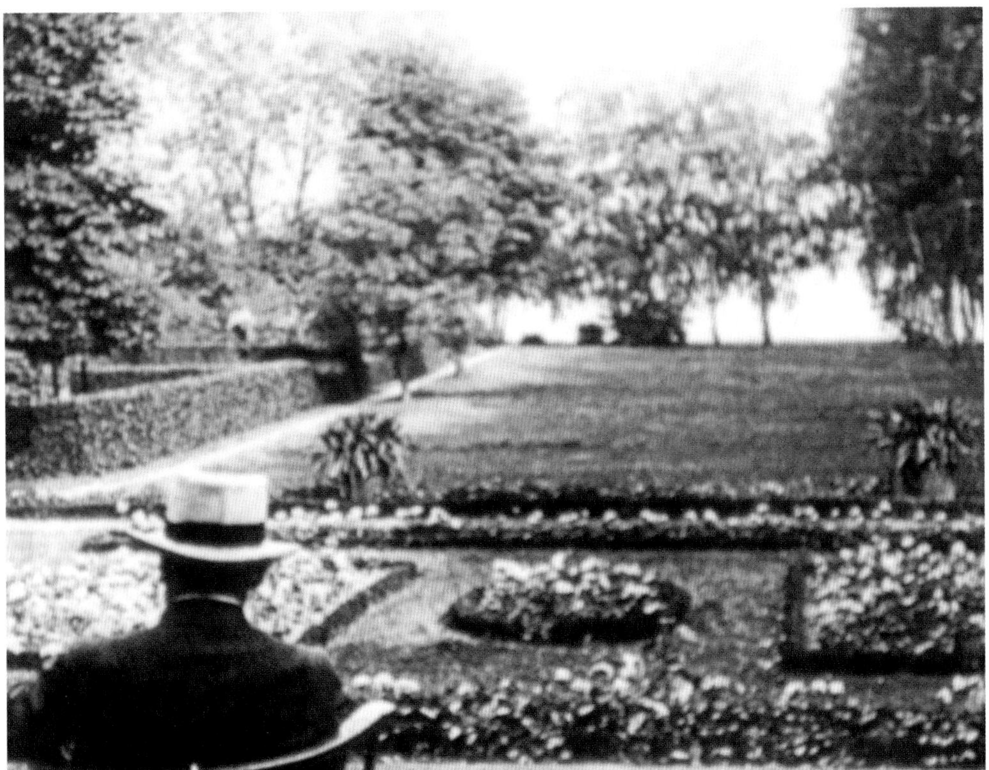

Max Liebermann auf der Terrasse
Fotografie, um 1924

Auch wenn er auf seinem Sommersitz zahlreiche Gäste empfing und hier zuletzt zu seinem 85. Geburtstag eine große Feier ausrichtete, ist der Garten auf seinen Gemälden meist menschenleer. Dann und wann stellt er eine Gartenarbeiterin zwischen den Beeten dar, sonst ist nur seine Familie auf den Bildern zu finden. So sitzt Tochter Käthe unter einem großen Schatten spendenden Kastanienbaum oder wandelt im Heckengarten umher. Liebermanns Lieblingsmodell war die kleine Maria, sein einziges Enkelkind. Er malte sie im Kinderwagen, beim Spielen im Garten oder wie sie, an der Hand der Gouvernante, auf den Wegen erste Schritte übt.

Mit seinen Gartenbildern festigte Liebermann seinen Ruf als einer der bedeutendsten deutschen Impressionisten. Er stellte sich darüber hinaus in die Reihe bedeutender Künstler, die sich eigene Gärten anlegten und sie zum Sujet ihrer Bilder machten, unter ihnen der von ihm bewunderte Claude Monet und dessen weltberühmter Garten in Giverny in der nordfranzösischen Normandie.

Enteignung, Zerstörung und Rekonstruktion

Die Zeit am Wannsee fand mit Liebermanns Tod ihr Ende. Seine Frau kehrte allein nicht mehr in die Sommervilla zurück, die ihr Mann ihr 1928 testamentarisch überschrieben hatte. Im Juni 1940 wurde Martha Liebermann infolge der „Verordnung über den Einsatz jüdischen Vermögens" zum Verkauf des Anwesens an die Deutsche Reichspost gezwungen. Über den Erlös konnte sie nicht verfügen, das Geld kam auf ein Sperrkonto.

Im einstigen Sommeridyll der Liebermanns wurde anschließend ein Schulungslager für weibliche Postangestellte eingerichtet. Später diente es als Lazarett, zwischen 1945 und 1969 war hier ein Krankenhaus untergebracht. Liebermanns Tochter Käthe Riezler, die dauerhaft in den USA lebte, hatte das Haus 1951 zurückerhalten und an die Stadt West-Berlin vermietet. Maria Riezler-White, Liebermanns Enkelin, verkaufte es 1958 schließlich an das Land Berlin. Zwischen 1971 und 2002 unterhielt der Deutsche Unterwasser Club in der Villa ein Vereinsheim. Alle Versuche, das Haus zu Ehren Liebermanns als historische Stätte einzurichten, scheiterten. Erst nach dem Auszug des Tauchclubs konnten Haus und Garten durch die Initiative der Max-Liebermann-Gesellschaft wiederhergestellt werden.

Die Sommervilla wurde aufwendig saniert und in den ursprünglichen baulichen Zustand zurückversetzt. Die verloren gegangene Einrichtung wurde nicht erneuert, aber in den ehemaligen Wohnräumen wird heute eine Reihe von Liebermann-Gemälden gezeigt, die durch eine historische Dokumentation und regelmäßige Sonderausstellungen ergänzt werden.

Der Garten war, bis auf Teile der Stützmauern und Treppen, die Lindenhochhecke im Vorgarten und Reste der Hainbuchenhecke an der Seeseite, fast völlig zerstört. Mit Hilfe historischer Fotografien, erhaltener Briefe, den Erinnerungen der Enkelin, die hier viele Tage ihrer Kindheit

Max Liebermann mit seiner Enkelin Maria auf der Terrasse
Fotografie von Suse Byk, 1922

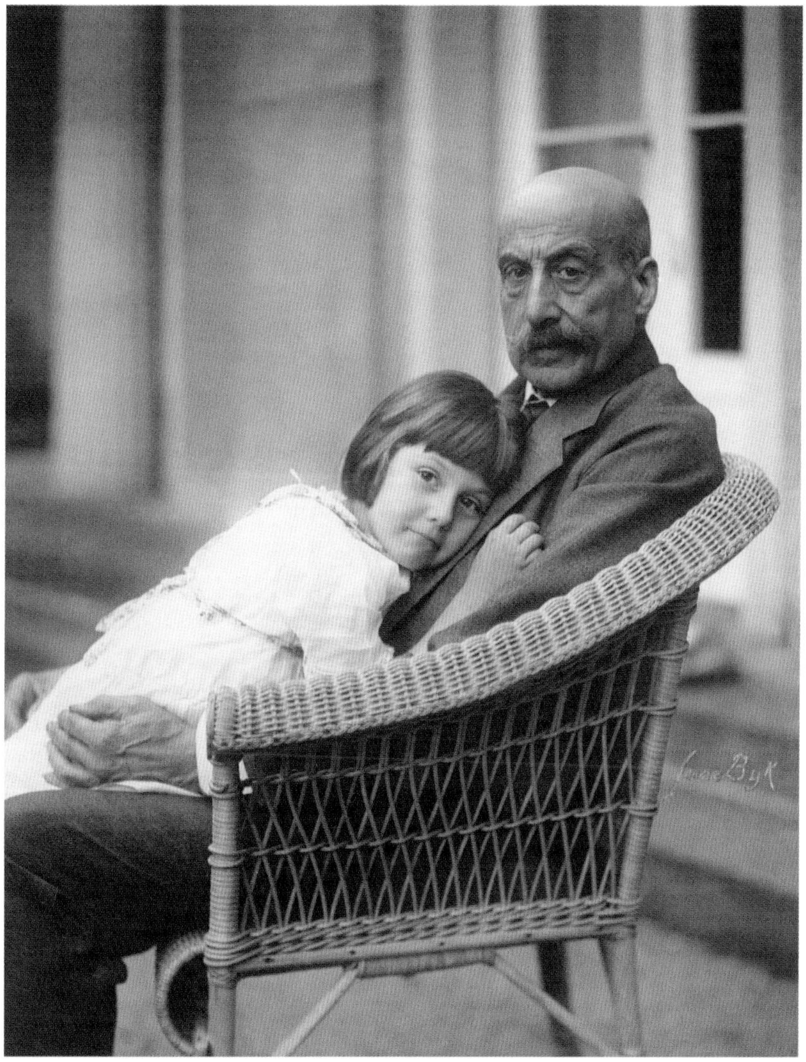

verbracht hatte, und nicht zuletzt anhand der Gartenbilder Liebermanns konnte die Anlage nach und nach rekultiviert werden. Ziel war es dabei, wieder das Erscheinungsbild von 1927 zu erreichen, das Jahr, in dem Liebermann in seinem Haus am Wannsee seinen 80. Geburtstag gefeiert hatte.

Seit dem Frühjahr 2006 ist das Anwesen für Besucherinnen und Besucher aus aller Welt als Museum zugänglich. Bei einem Rundgang durch den in neuer Pracht erblühten Garten fühlt man sich fast wie ein Spaziergänger inmitten von Liebermanns bis heute faszinierenden Gartenbildern.

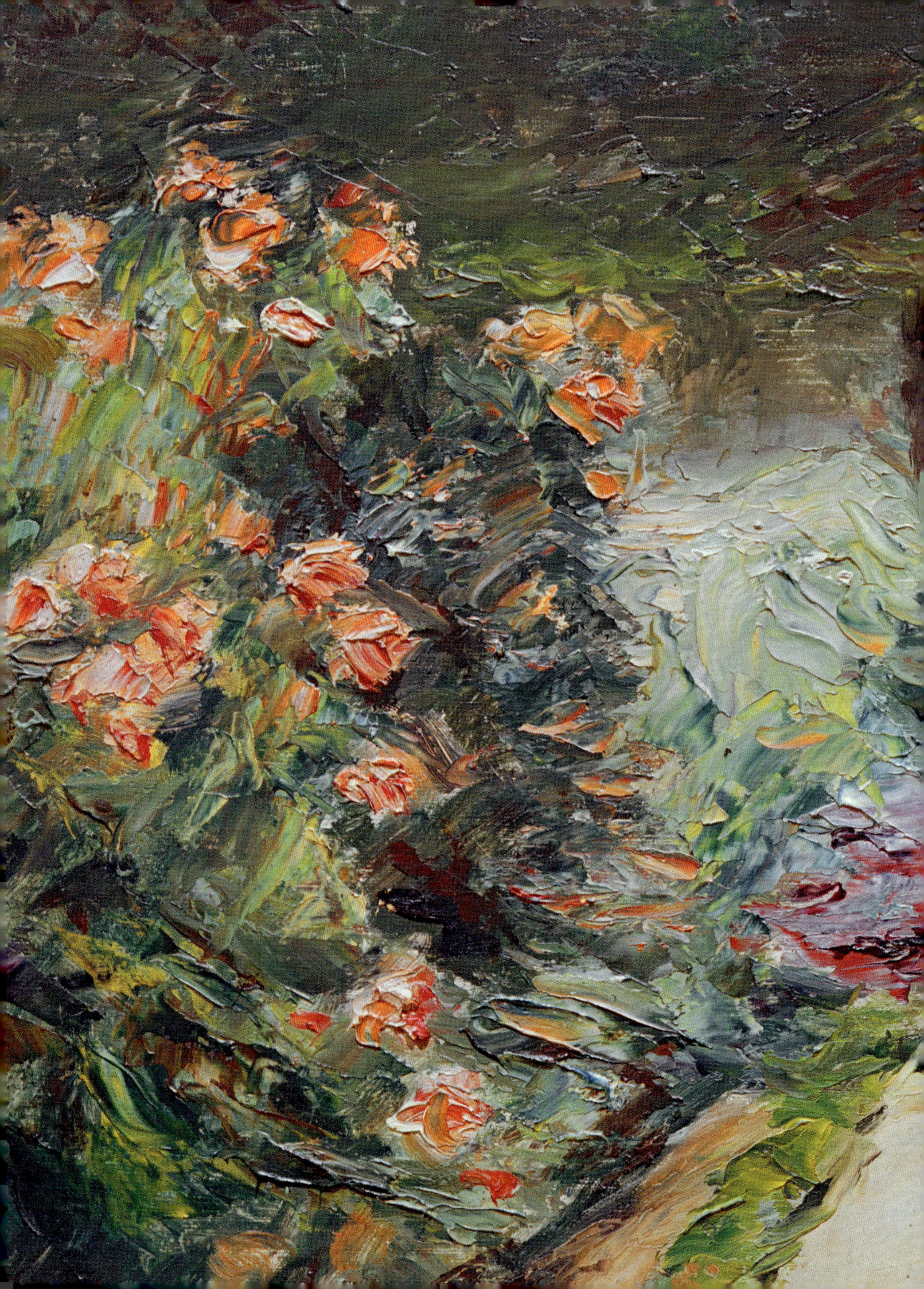

Die Gartenbilder

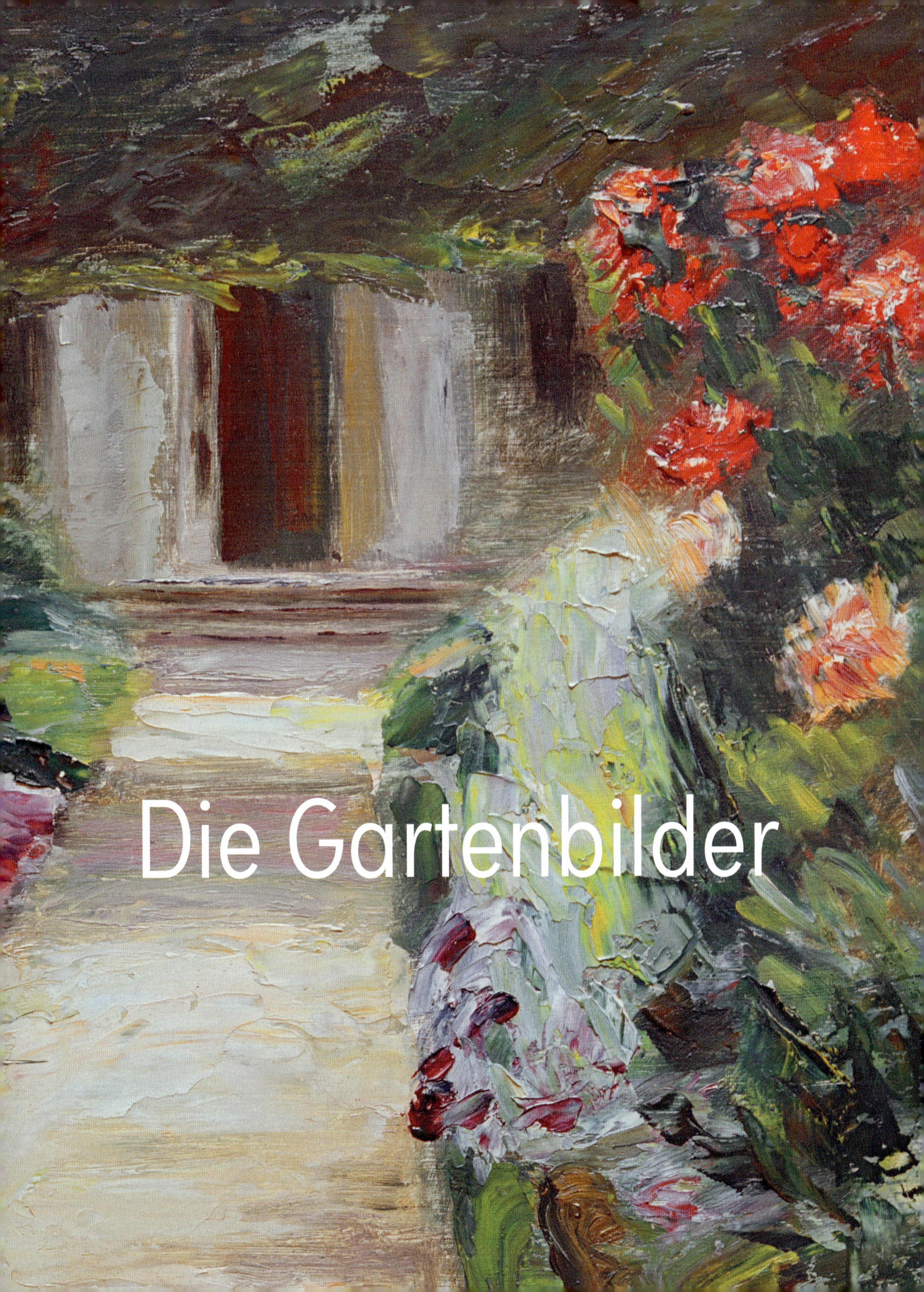

BLUMENBEETE, STAUDEN UND GEMÜSE: DER BLUMEN- UND NUTZGARTEN

Die Journalistin Lise Leibholz schrieb am 15. Juli 1927 in der *Central Verein-Zeitung* über ihren Besuch in Liebermanns Garten am Wannsee: „Ein Blumenbeet hält unsern Blick gefangen. Blau, rot, gelb, weiß leuchten die Blüten. Die kennen wir. In der Nationalgalerie, in der Ehrenausstellung der Kunstakademie leuchtet diese Pracht des Gartens in den Bildern des Meisters. Kein anderes Haus in Wannsee kann solche Blumenbeete haben. Blumen und immer wieder Blumen, Bauerngartenblumen, blaßrote, tiefrote Gartennelken, Rosen."

Den zur Straße gelegenen Blumen- und Gemüsegarten hatte Liebermann nach dem Vorbild traditioneller norddeutscher Bauerngärten anlegen lassen, wie sie um 1900 durch die Reformgartenbewegung in Mode gekommen waren. In den durch niedrige Buchsbaumeinfassungen gerahmten Beeten ist auch heute wieder, wie einst zu Liebermanns Zeiten, ein fast überreiches Sortiment verschiedener Blumensorten und Stauden zu finden, darunter Phlox, Salvien, Cosmeen und Dahlien, die vom Hochsommer bis in den Herbst hinein blühen. Es gibt auch Lupinen, Malven, hoch wachsenden Rittersporn, gelben Sonnenhut und weiße Sumpfgarben, Schwertlilien und Anemonen, Goldruten, Löwenmäulchen und Sommerastern, Hortensien und hoch aufragenden Stockrosen, daneben Saisongemüse jeder Art.

Über mehr als zwei Jahrzehnte hinweg inspirierte Liebermann das bunte Blütenmeer zu ganzen Serien von Gemälden. „Liebermann malte wieder den ganzen Sommer und immer nur in seinem Garten. Immer andere Blumen werden gepflanzt", schrieb der Maler Albert Lamm 1929 nach einem Besuch am Wannsee. Die im Verlauf der langen Sommermonate wechselnde Bepflanzung, die sich immer wieder wandelnde Farbenpracht faszinierten Liebermann stets aufs Neue. Dabei spielte die genaue botanische Wiedergabe der verschiedenen Pflanzen für ihn kaum eine Rolle. Die Farben interessierten ihn weit mehr als die Motive selbst. Auf zahlreichen Gemälden und Pastellen löste er die Blumen und blühenden Stauden seines Gartens in fast abstrakte, leuchtende Farbflecke auf oder gestaltete sie zu geradezu expressiven Farbexplosionen. Liebermanns Palette ist dabei zwar bunt, aber nie grell. Die Skala reicht von schlichtem Weiß über Orange und Tiefrot bis zu violetten Tönen und zartem Rosé. Blautöne – vom blassen Blau bis zum Helllila – interessierten ihn besonders: „Blau im Garten ist das malerisch Interessanteste", sagte er einmal, „und nirgends ist die Hintergrund- und Nachbarschaftsfrage so bedeutsam."

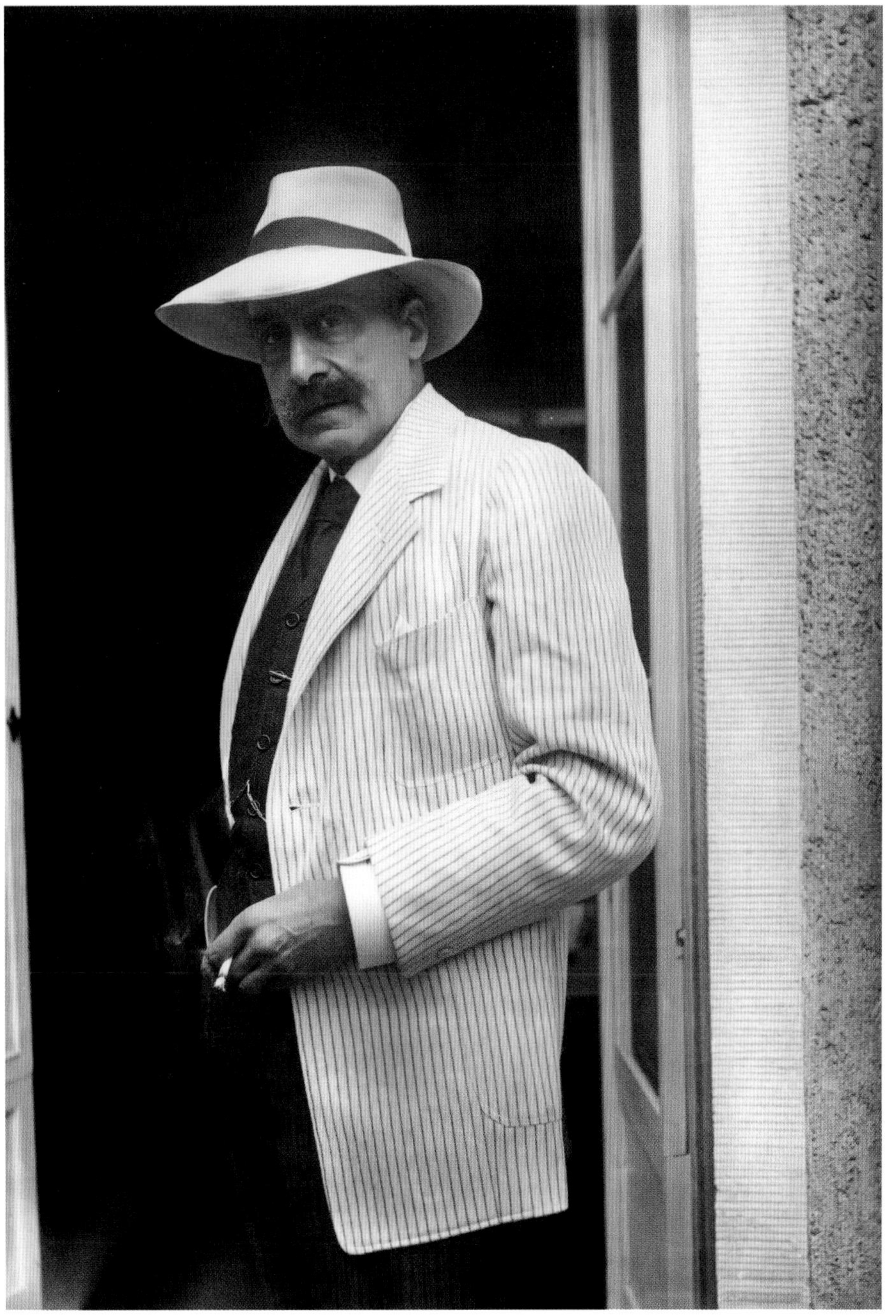

Porträtfoto Max Liebermann, 1910

Die im Jahr seines Einzugs aufgenommene Fotografie zeigt den Künstler an der geöffneten Terrassentür seines Sommerhauses. Auch hier, in ländlicher Umgebung, präsentiert er sich als eleganter Gentleman. Er trägt ein helles Jackett über dunkler Weste mit passendem Sommerhut. Lässig hält er seine Zigarette in der Hand. Im Hintergrund sind Stühle des Esszimmers erkennbar.

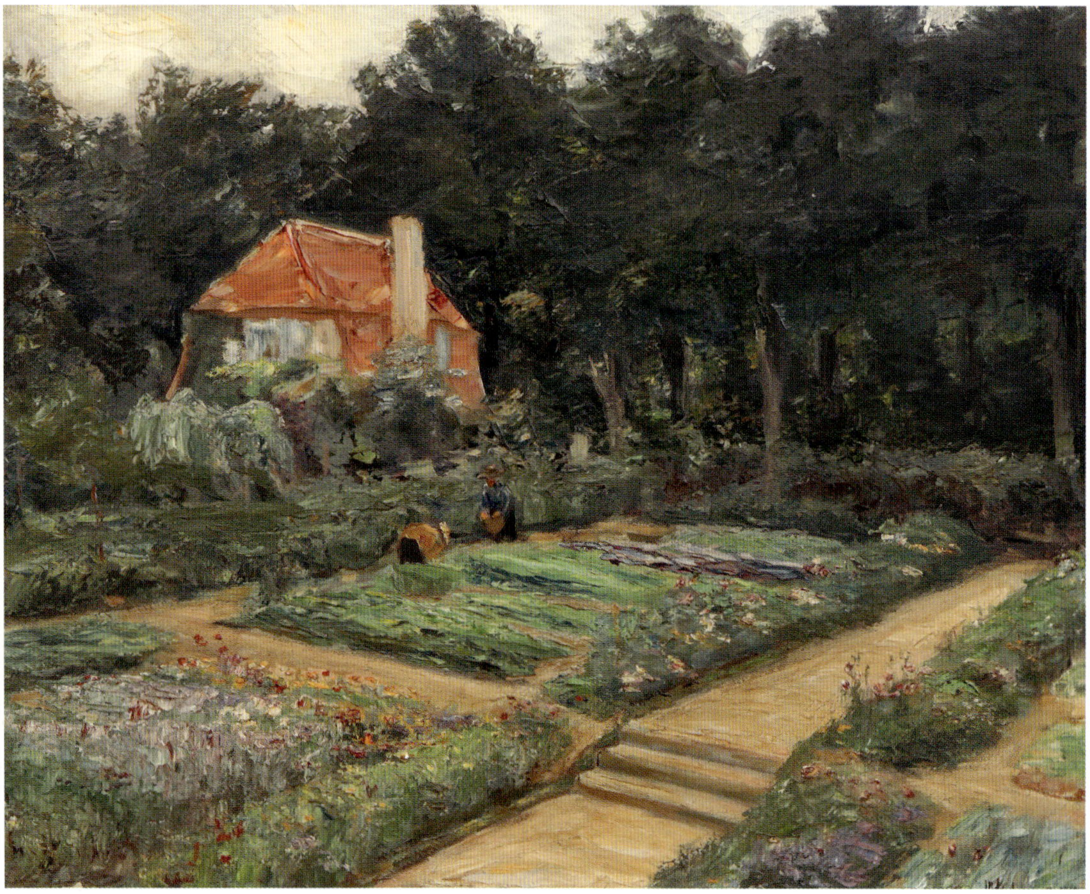

Des Künstlers Garten in Wannsee, 1910
Öl auf Leinwand, 75 x 90 cm
Privatbesitz, Dauerleihgabe in der Liebermann-Villa

Das Bild entstand im ersten Sommer, den Liebermann am Wannsee verbrachte, ist also eines der frühesten Gemälde, auf denen er seinen Garten darstellte. Er machte es vom Atelier im Obergeschoss aus. Der Blick geht über die Beete des vorderen Gartens in Richtung der heutigen Straße Am Großen Wannsee. Links liegt das Garagenhäuschen der Nachbarvilla, die dem AEG-Direktor Johann Hamspohn gehörte.

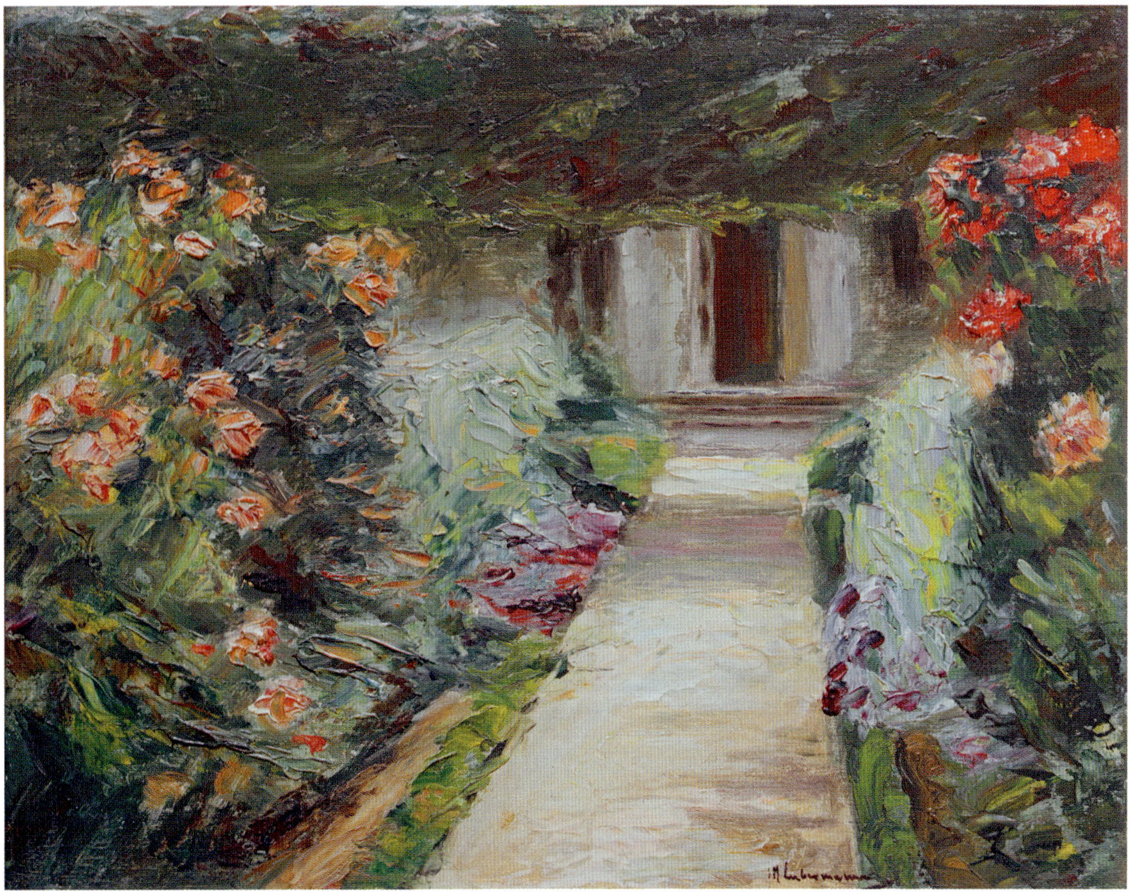

Der Nutzgarten nach Nordosten – Blumenstauden, 1916
Öl auf Leinwand, 55 x 75 cm
Privatsammlung

Für das Gemälde, das sechs Jahre nach der Fertigstellung der Gartenanlage am Wannsee entstand, wählte Liebermann einen engen Bildausschnitt des vorderen Gartens. Der Blick geht auf den Eingang der Villa im Hintergrund, die durch die dunkelgrüne Farbmasse der Linden-hochhecke fast verdeckt wird. Intensiv leuchten die Rot- und Orangetöne der hohen Stauden, die den sonnenbeschienenen Weg rahmen.

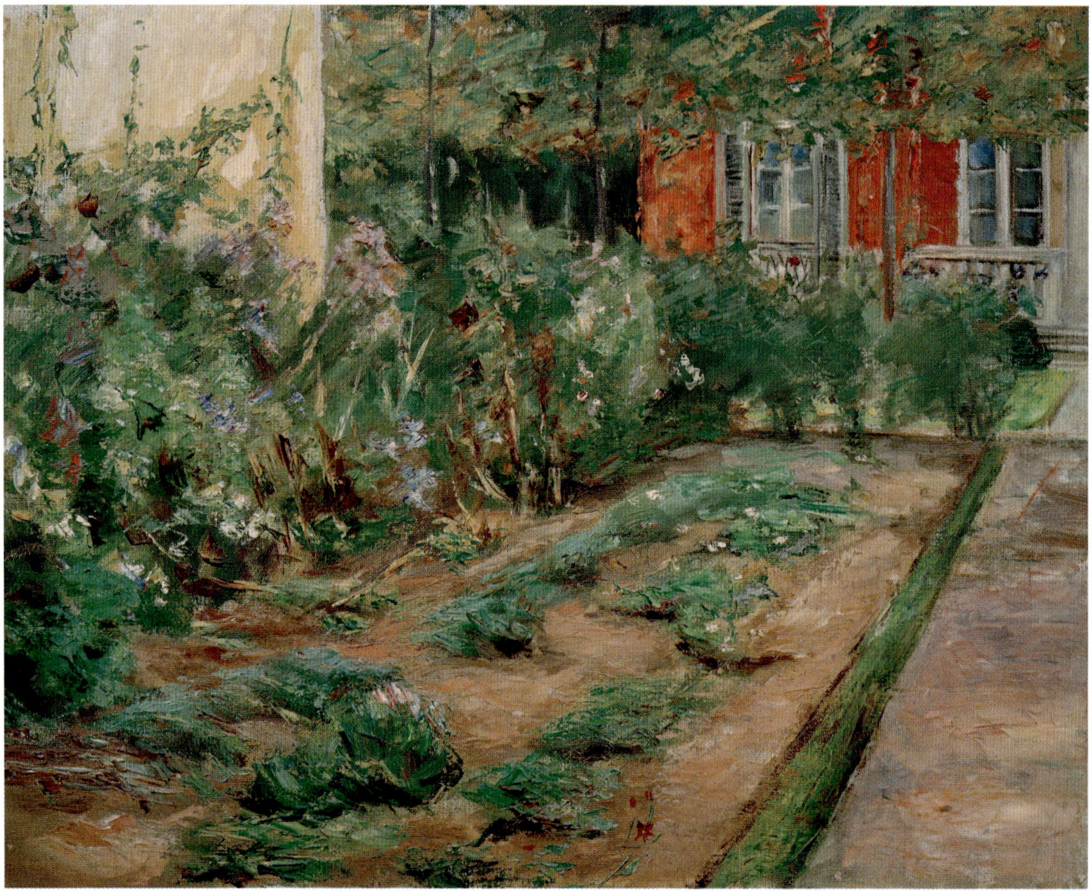

Blumenstauden am Gärtnerhäuschen nach Nordosten, 1919
Öl auf Leinwand, 71 x 90,5 cm
Privatsammlung

Liebermann zeigt hier zwar einige hochwachsende Stauden an der Wand des Gärtnerhäuschens, das an der Nordseite des vorderen Gartens liegt. Mit den Farbexplosionen der bunten Blumenpracht anderer Werke hat das Bild aber nur wenig gemeinsam. Der Betrachter sieht über ein fast kahles Beet, wenige bunte Blütenköpfe schimmern hervor. Im Hintergrund ist ein Ausschnitt der Sommervilla hinter der Lindenhochhecke zu erkennen.

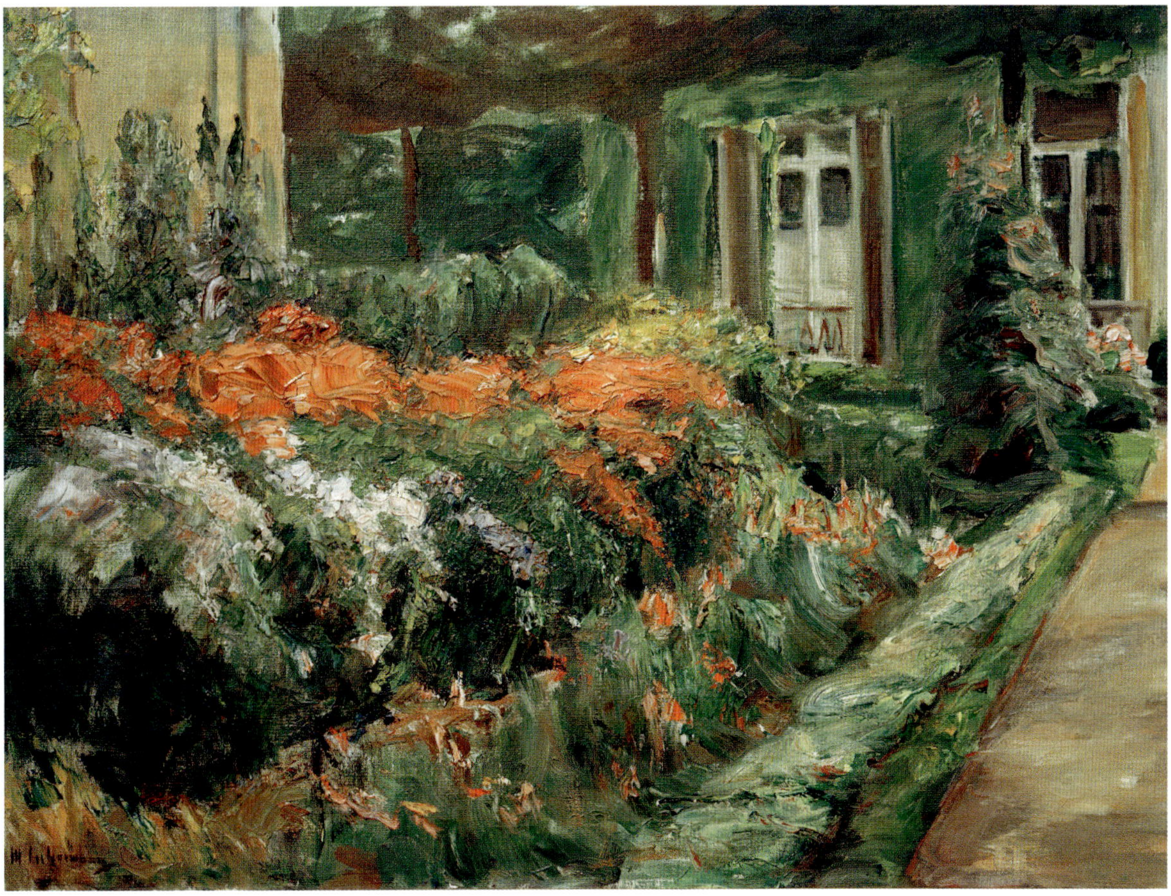

Blumenstauden am Gärtnerhäuschen nach Osten, 1928
Öl auf Leinwand, 54,5 x 75,5 cm
Privatsammlung

Die Perspektive des Gemäldes entspricht ungefähr der neun Jahre zuvor entstandenen Darstellung des vorderen Gartens (Bild auf S. 46), zeigt allerdings einen engeren Ausschnitt und rückt die jetzt dicht blühenden, rot und weiß leuchtenden Stauden vor dem Gärtnerhäuschen in den Vordergrund. Hinten schimmern zwei der großen Fenster der Sommervilla unter der Reihe der gestutzten Lindenbäume hindurch.

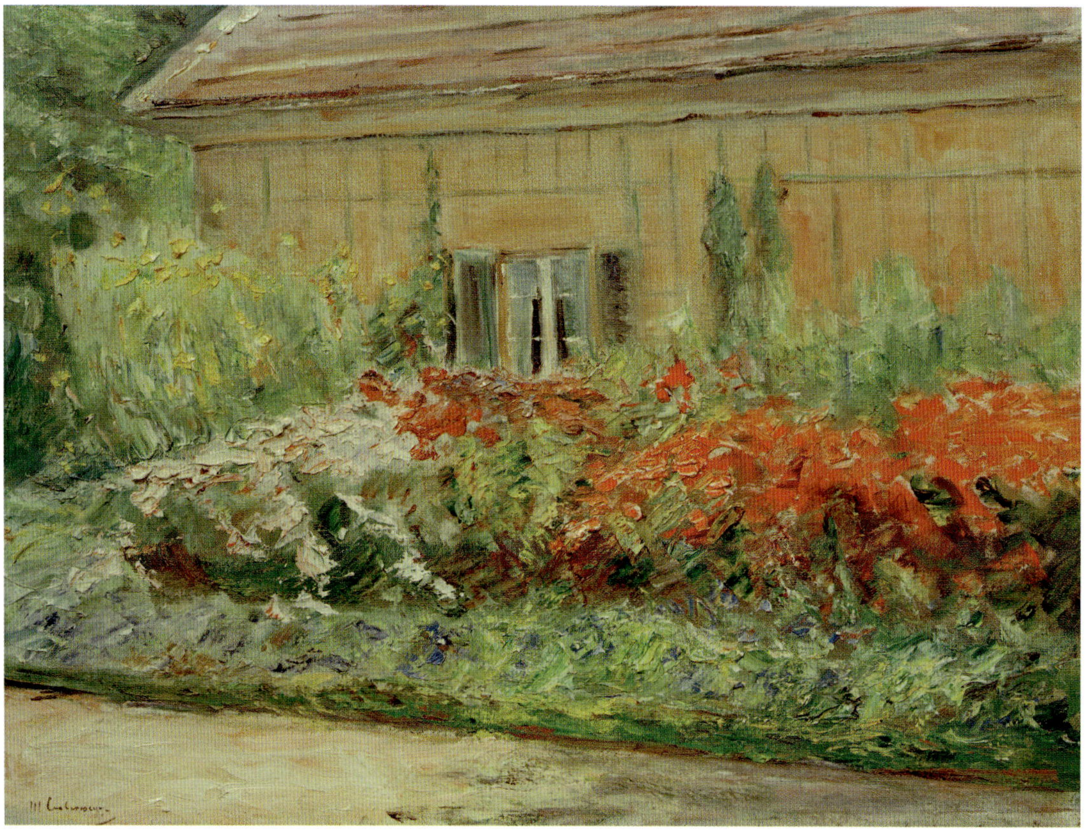

Blumenstauden am Gärtnerhäuschen nach Norden, 1922
Öl auf Leinwand, 56 x 75 cm
Privatsammlung

Der Blick geht nach Norden auf das Gärtnerhäuschen. Das sich in den Sommermonaten stetig wandelnde Farbenmeer der Blumen und Stauden faszinierte Liebermann immer wieder aufs Neue. Die Farben spachtelte er geradezu auf die Leinwand; die Blüten wirken fast expressionistisch, obwohl sie nie ins Grellbunte gehen, wie etwa auf den Gartenbildern seines Widersachers Emil Nolde.

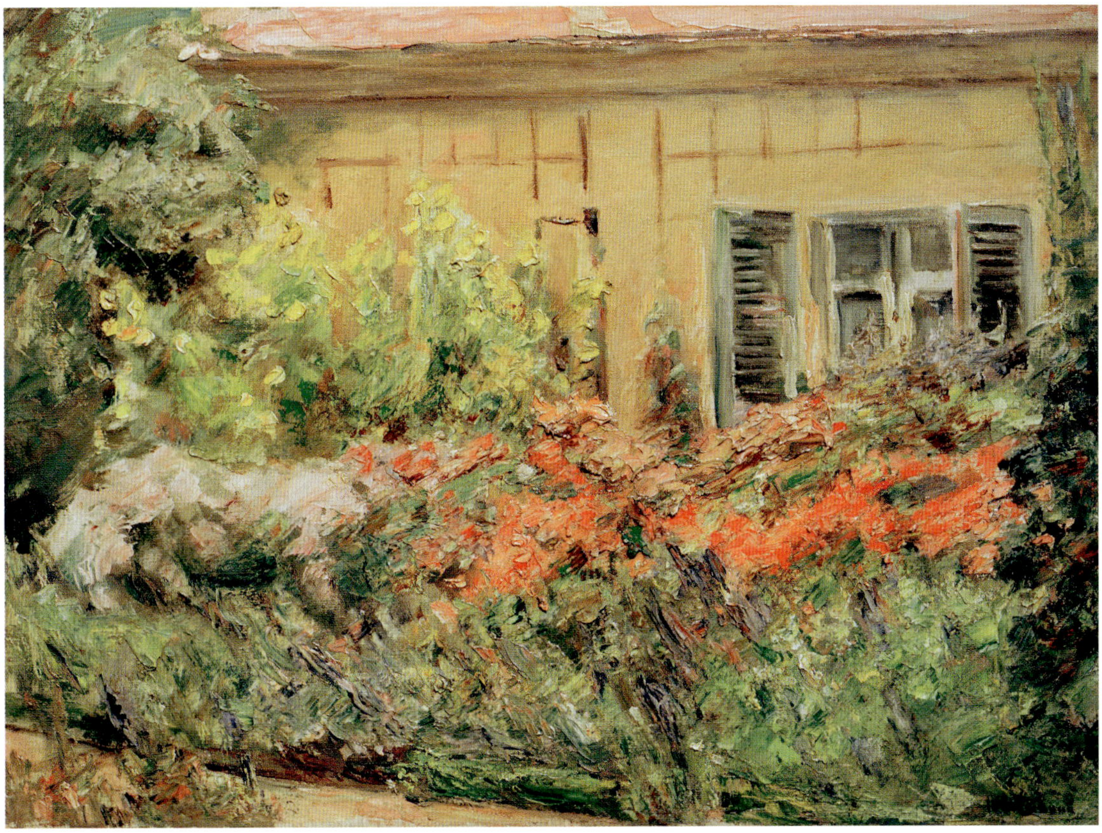

Blumenstauden am Gärtnerhäuschen nach Norden, 1928
Öl auf Leinwand, 53 x 74 cm
Berlin, Alte Nationalgalerie

Vor allem in den späten Zwanzigerjahren entstanden ganze Bildserien des dicht und intensiv blühenden Bereichs vor dem Gärtnerhäuschen. Auf diesem Bild erscheinen die Blumen und Blütenstauden wie ein wogendes Meer aus Gelb, Rot und Weiß vor changierenden Grüntönen. Das Gemälde verkaufte Liebermann noch im Entstehungsjahr an den Bankier Hugo Neuberg, dessen Frau Olga er 1928 ebenfalls porträtierte.

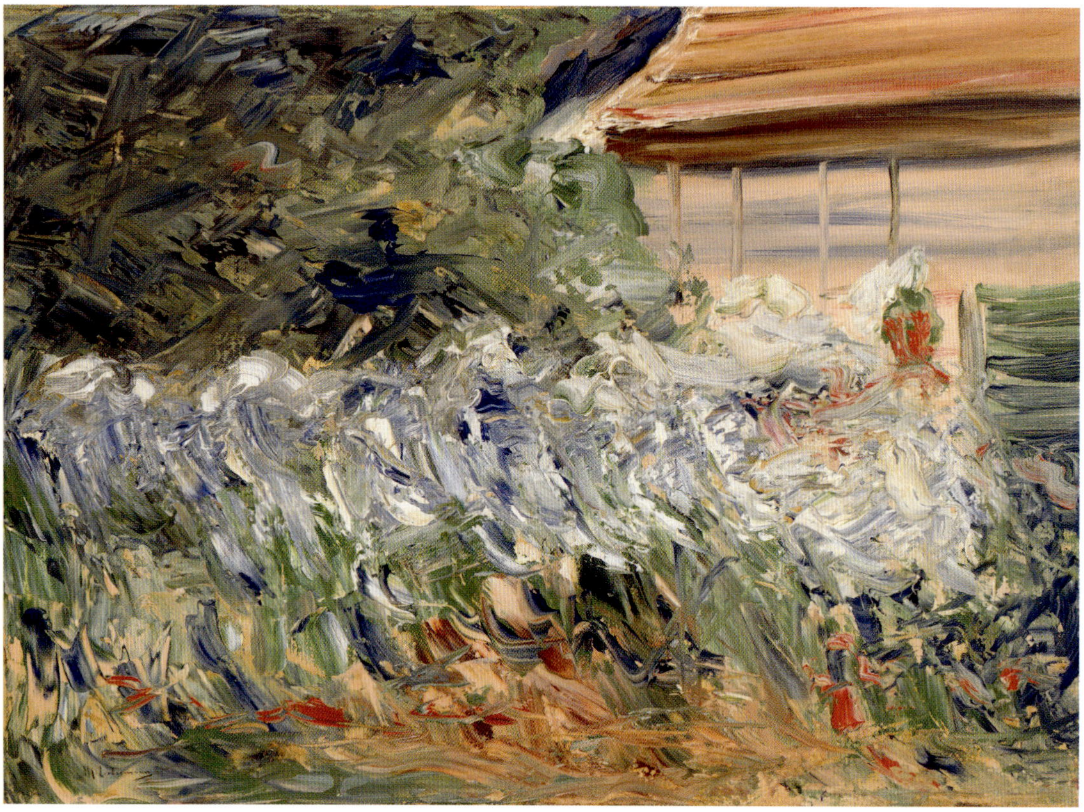

Blühende Büsche am Gärtnerhäuschen, 1927
Öl auf Leinwand, 50 x 70 cm
Privatsammlung

Das Gemälde zeigt eine fast abstrakte Variante der Stauden am Gärtnerhäuschen. Die eher kühlen Farben wurden dick gespachtelt. Liebermann, der früher zahlreiche Zeichnungen anfertigte, bevor er ein Gemälde begann, malte jetzt zügig drauflos und komponierte sozusagen „mit dem Pinsel in der Hand", wie sein Biograf Erich Hancke bemerkte: „Das Motiv ist unwichtig, was zählt, ist die Malerei, ‚peinture pure'."

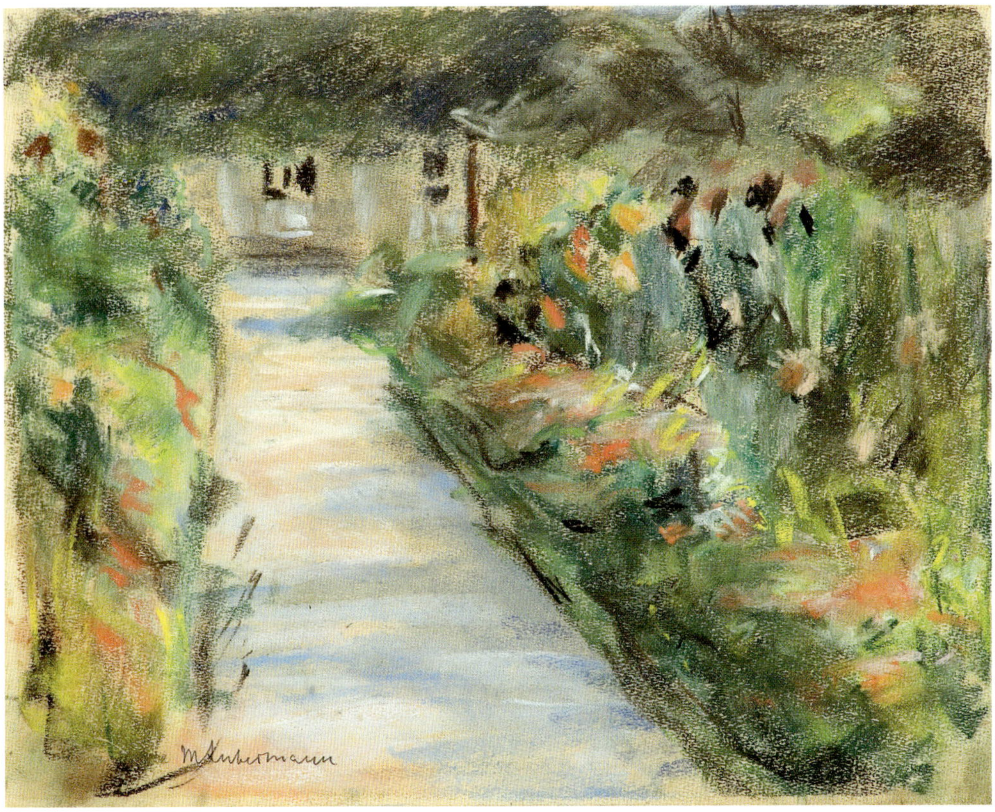

Blühender Garten, undatiert
Pastell auf Papier, 23 x 30,5 cm
Privatsammlung

Dargestellt ist der Mittelweg des Vorgartens. Er führt auf den Eingang der Villa zu, die hinter der Lindenhochhecke eher zu ahnen als zu erkennen ist. Mit seinen warmen Farben fängt das kleine Pastell die sommerliche Atmosphäre ein. Mildes Sonnenlicht legt sich auf die lange Reihe der Blumenrabatten, die Liebermann nicht realistisch wiedergibt, sondern in helle, bunte Farbflecke auflöst.

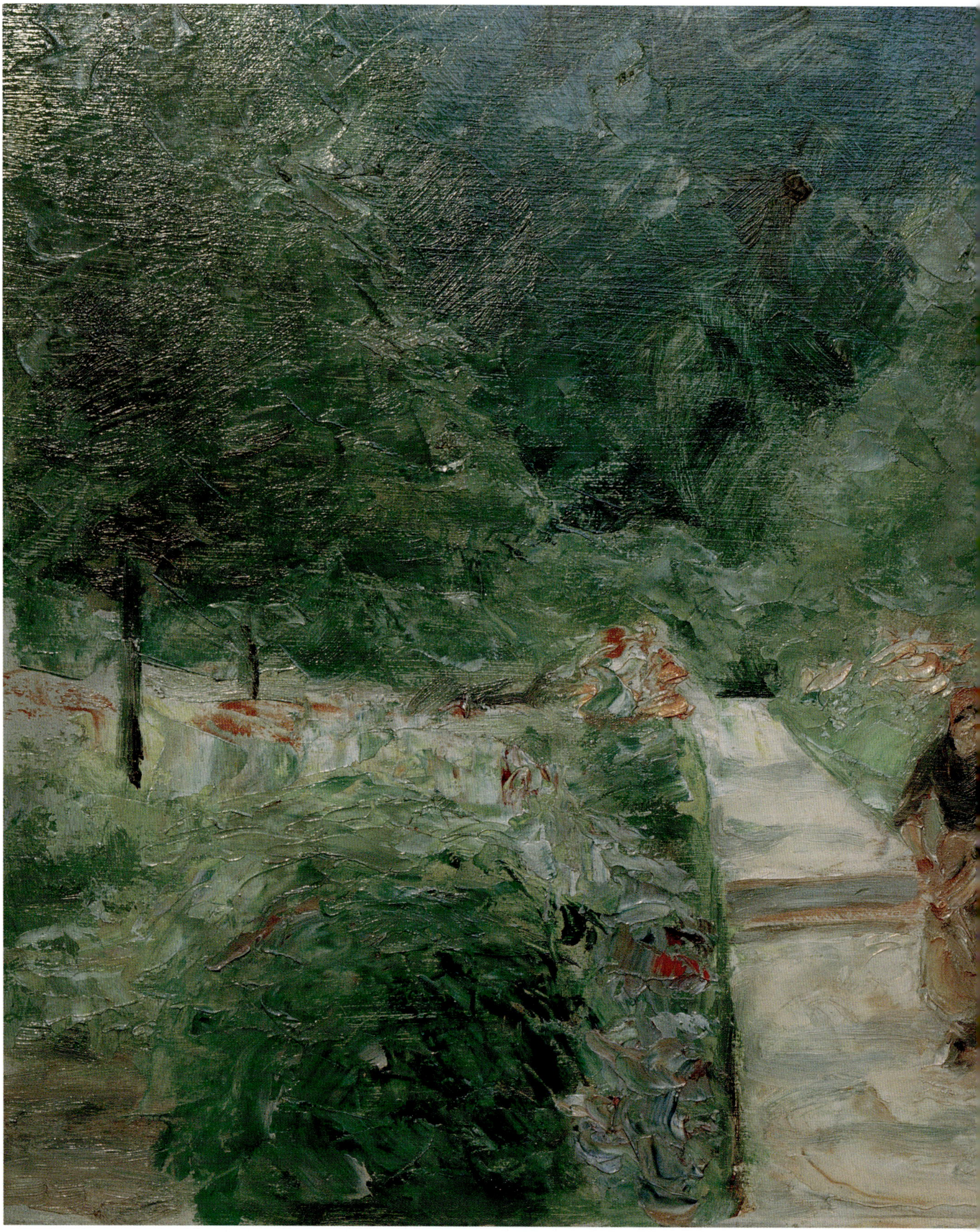

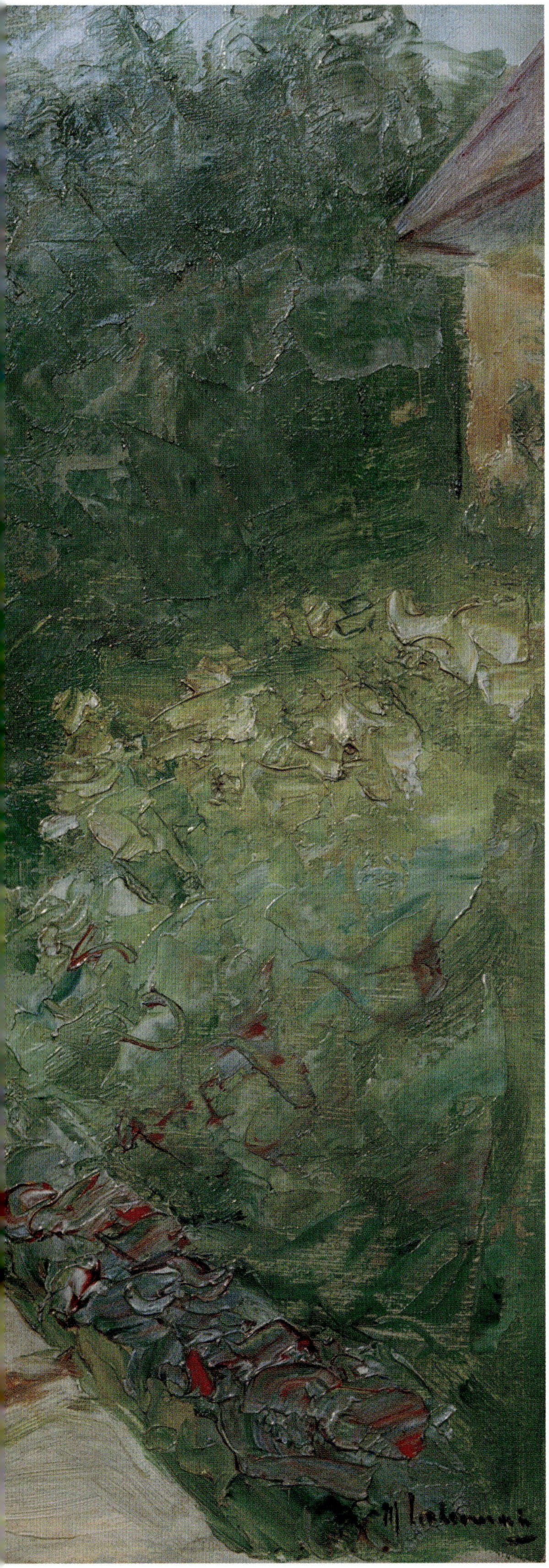

Der Nutzgarten in Wannsee nach Westen, auf dem Weg eine Gärtnerin, 1924
Öl auf Holz, 39,5 x 50 cm
Städtische Museen Zwickau

Der Blick geht von der Villa aus über den Vorgarten nach Westen. Rechts ist eine Ecke des Gärtnerhäuschens zu sehen. Sattes Grün, belebt durch rote und gelbliche Farbflecke, dominiert das kleinformartige Ölbild. Ein Hauch von Melancholie liegt über der Szenerie. Eine Gärtnerin harkt den Weg. Menschen, die still und konzentriert ihrer Arbeit nachgehen, sind in Liebermanns Werk immer wieder zu finden.

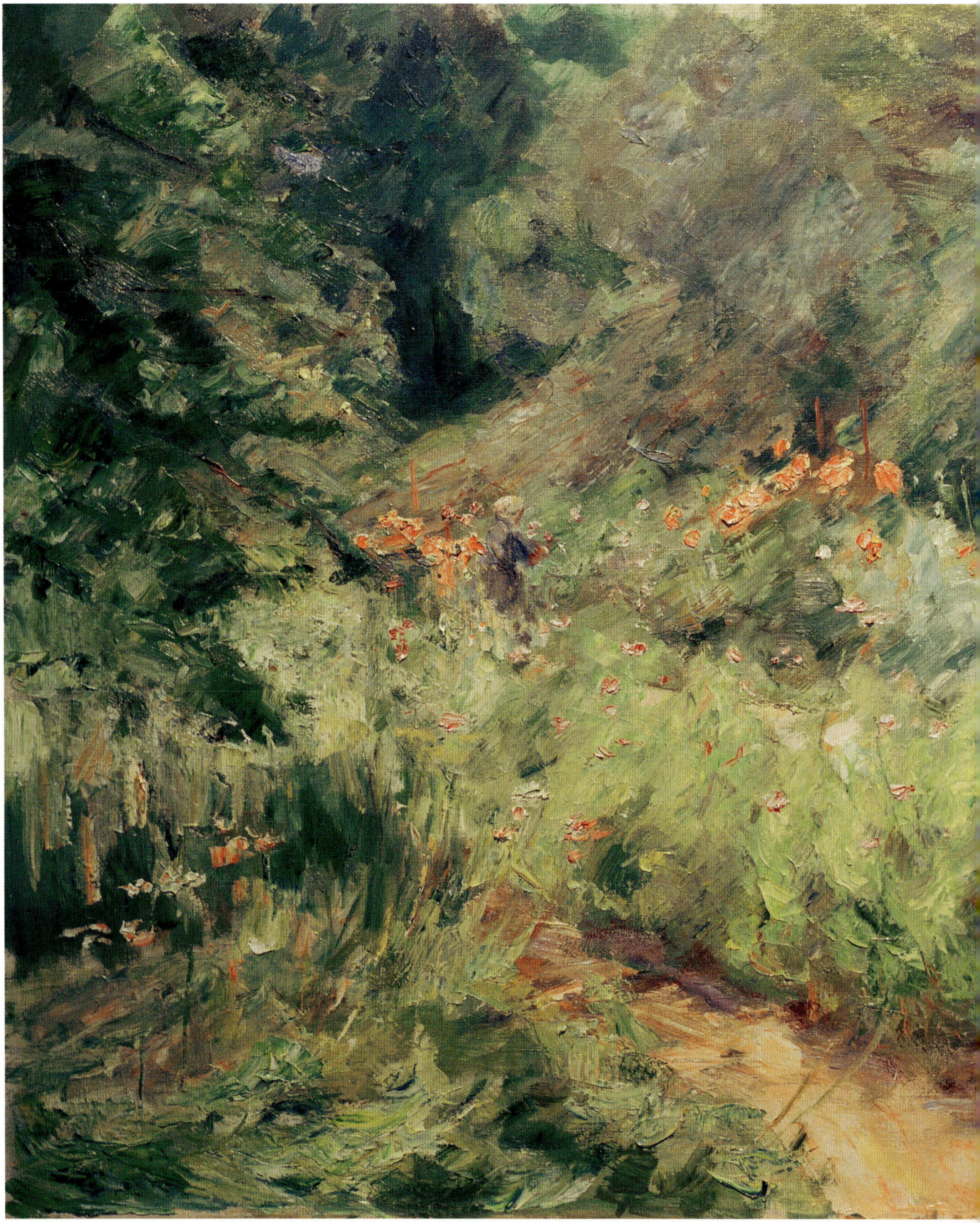

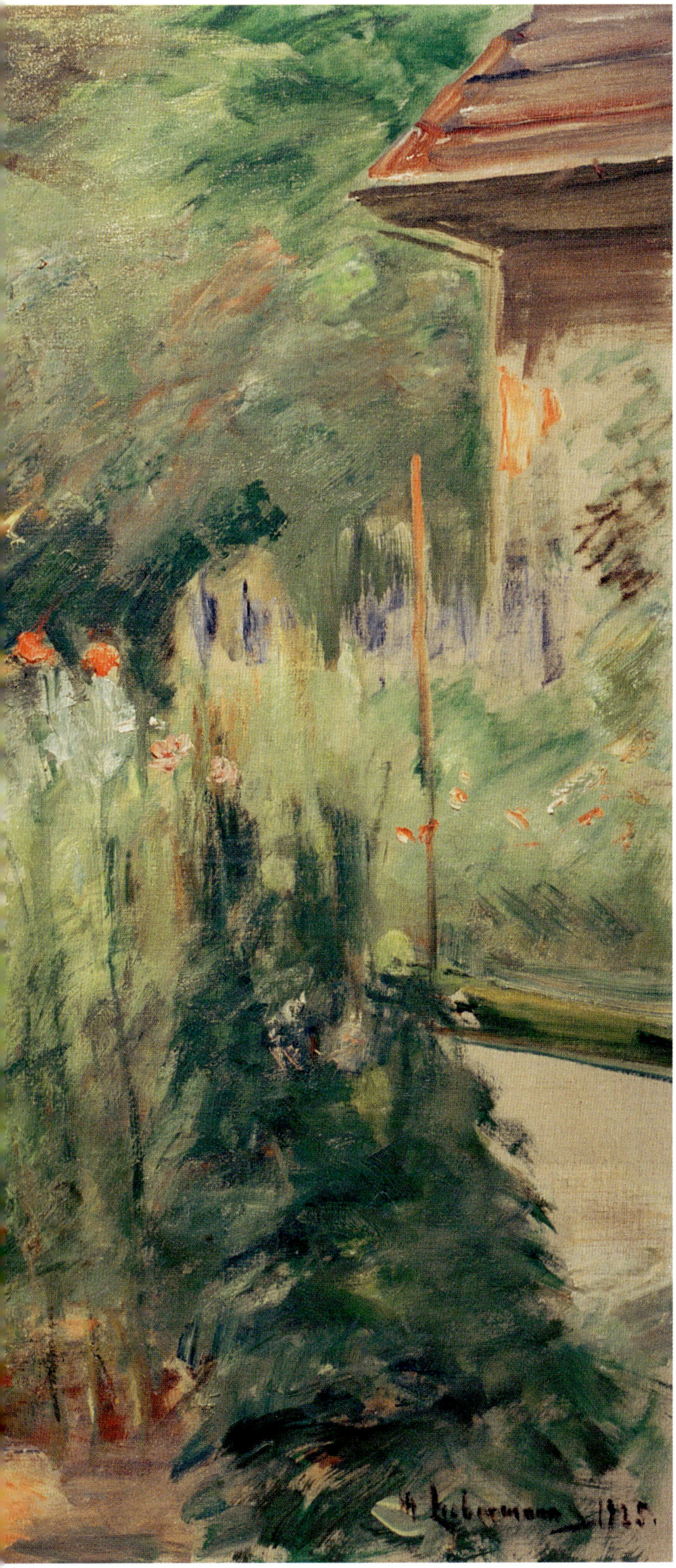

Der Nutzgarten in Wannsee nach Nordwesten, 1925
Öl auf Leinwand, 72 x 95 cm
Privatsammlung

Als er diesen Ausschnitt seines Gartens malte, stand Liebermann offensichtlich zwischen den Beeten, auf denen Blumen und Gemüse gedeihen. Wie zur Orientierung ist auch hier wieder eine Ecke des Gärtnerhäuschens ins Bild gerückt. Welche Pflanzen angebaut wurden, ist kaum erkennbar. Liebermann ging es auch auf diesem Bild um die Farben: die Vielfalt des Grüns, in dem bunte Blütenköpfe schimmern.

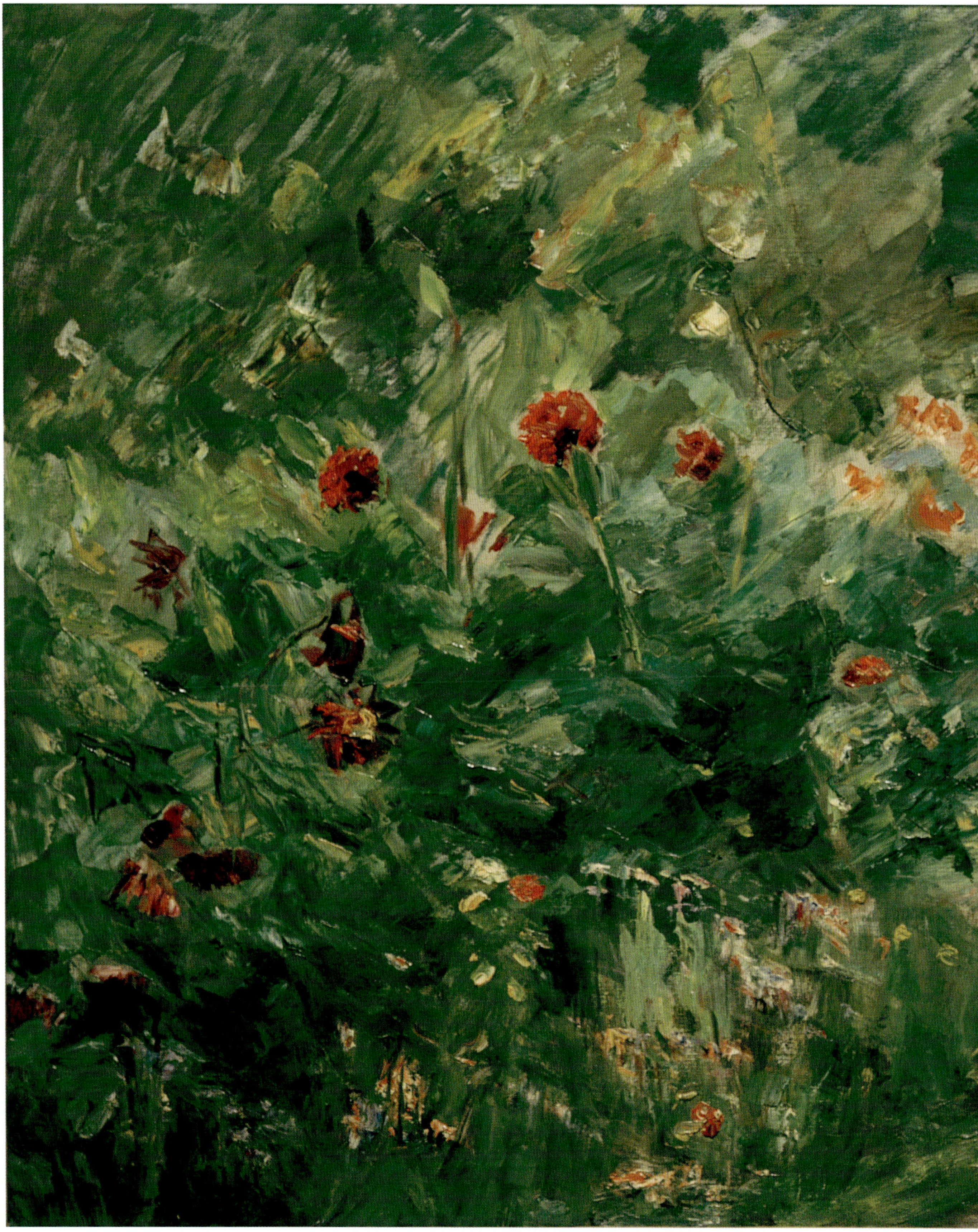

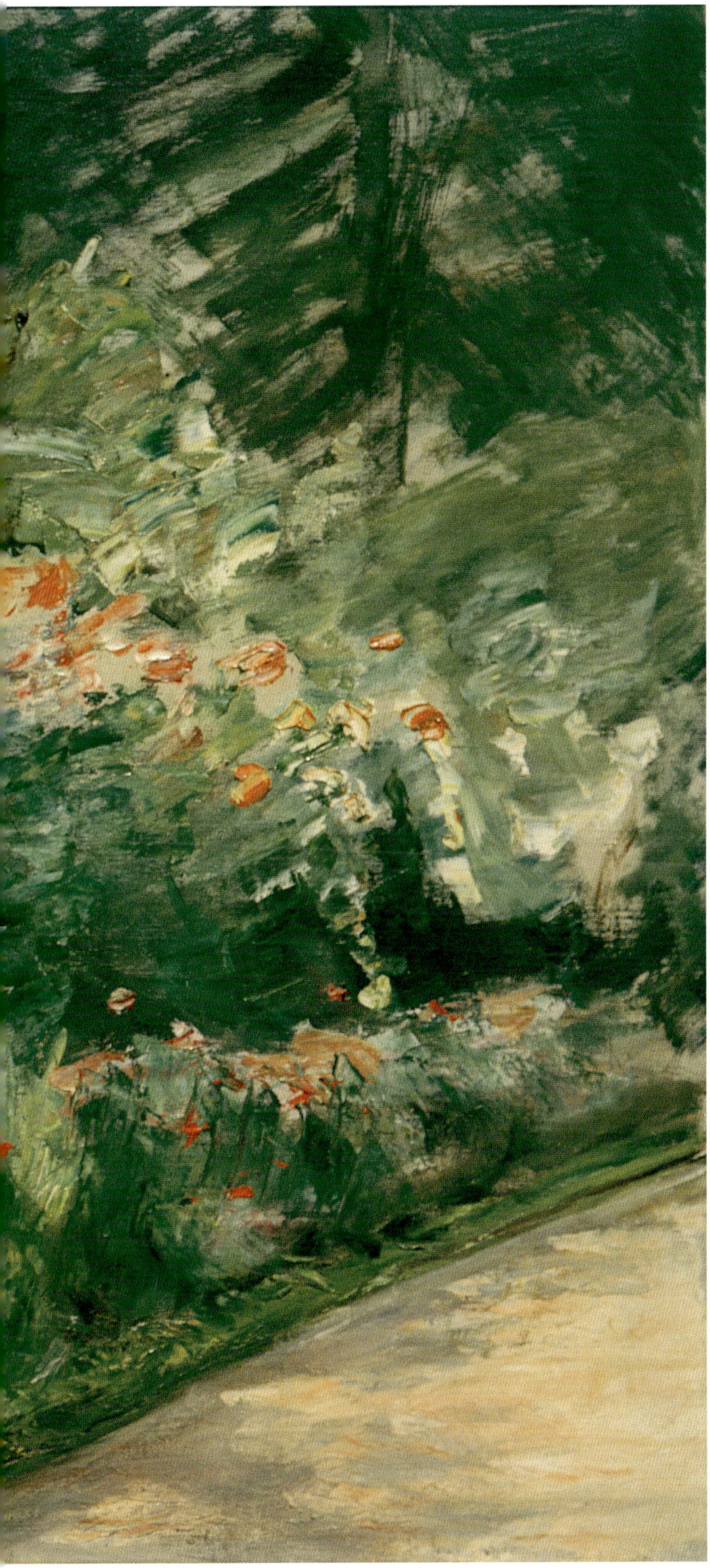

Blumenstauden im Nutzgarten nach Südwesten, 1926
Öl auf Leinwand, 71,5 x 94 cm
Zuletzt Kunsthandel (2011)

Das Gemälde zeigt erneut einen Ausschnitt aus dem Blumen- und Gemüsegarten, dieses Mal in Richtung Südwesten. Der Gartenweg ist nur angeschnitten. Auch hier interessierte Liebermann nicht die botanische Darstellung, sondern der intensive Farbkontrast. Man blickt mitten hinein in das kräftige Grün, vor dem die Blüten hoher Stauden mit unterschiedlichen Rottönen starke Akzente setzen.

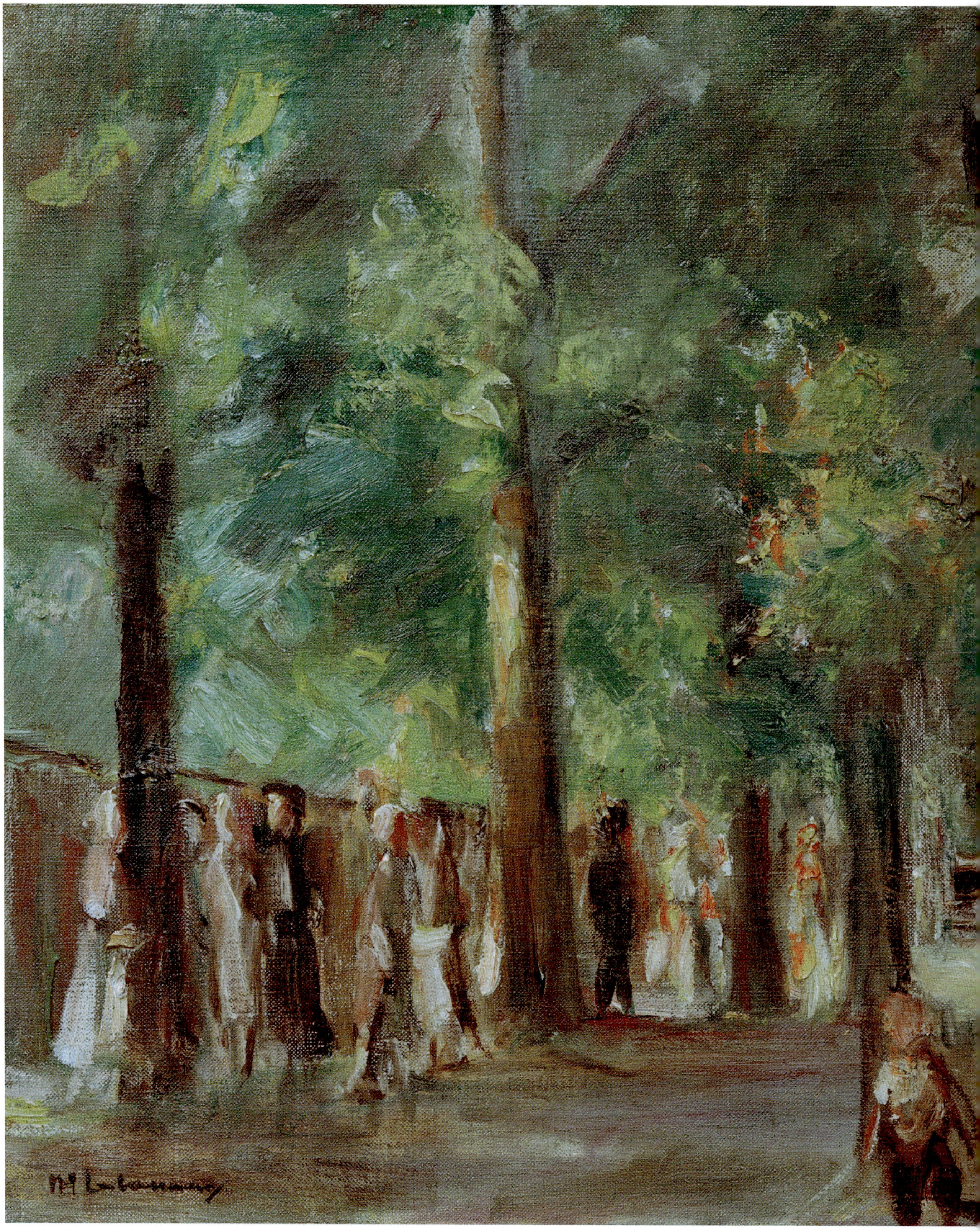

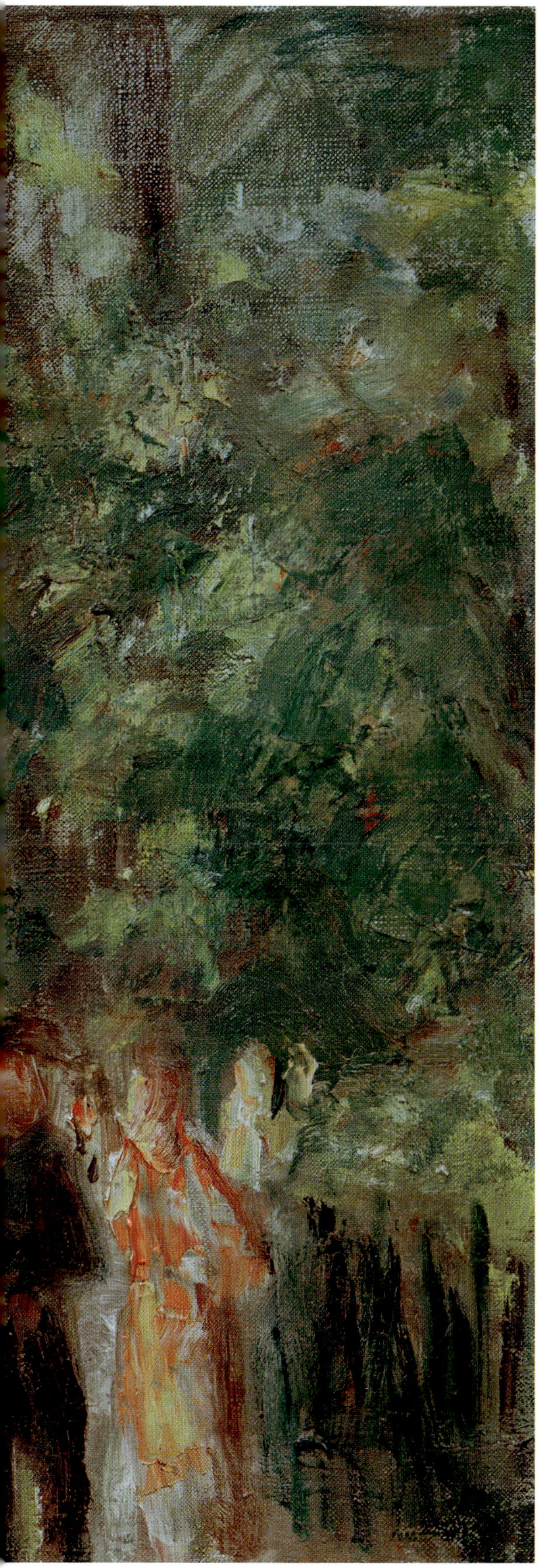

Große Seestraße in Wannsee mit Spaziergängern, um 1924
Öl auf Leinwand, 40,5 x 50,5 cm
Zuletzt München, Kunstsalon Franke-Schenk

Mehrfach malte Liebermann die Große Seestraße am Wannsee, die heutige Colomierstraße, an deren Ende sein Sommergrundstück zu erreichen ist. Die dichten Baumkronen der Straßenszene bilden ein grünes Blätterdach, unter dem eine Reihe Frauen, Männer und Kinder spazieren gehen. Mildes Sonnenlicht liegt über der Szene, die Menschen skizzierte Liebermann lediglich mit hellen und dunklen Farbstrichen.

GARTENRÄUME: TERRASSEN UND HECKENGÄRTEN

Wie der zur Straße gelegene Blumen- und Nutzgarten gehörte die große Blumenterrasse, die sich unterhalb der rückwärtigen, mit Muschelkalkplatten gedeckten Hausterrasse erstreckt, zu den favorisierten Bildmotiven Liebermanns. Er stellte sie auf mehr als sechzig Ölgemälden und Pastellen dar, für die er fast systematisch verschiedene Blickwinkel und Ausschnitte wählte. Allein die Ansicht der Blumenterrasse in nordwestliche Richtung fing er zwischen 1915 und 1933 in achtzehn verschiedenen Versionen ein. Auch sein letztes, im Jahr 1933 entstandenes Gartenbild, das Ölgemälde „Die Blumenterrasse nach Nordwesten", galt diesem Grundstücksbereich.

Hier wurden auf Liebermanns besonderen Wunsch hin im Frühjahr lange Reihen blauer und gelber Stiefmütterchen und im Sommer Geranien gepflanzt, deren kräftiges Rot er besonders mochte. Er malte die Blumenterrasse mit schnellem, lockerem Pinselstrich. Die blühenden Beete wandeln sich auf seinen Bildern dabei zu leuchtenden Farbtupfern vor sattem Grün. Auf einigen Bildern ist eine Teilansicht der Sommervilla zu sehen, manchmal nur eine kleine Ecke der Fassade. Oft ist die schmale steinerne Brunnenstele mit der bronzenen Fischotter-Skulptur des Berliner Tierbildhauers August Gaul zu erkennen – die einzige Skulptur, die sich in Liebermanns Garten befand. Auch die mit großen weißen oder blau-violetten Schmucklilien bepflanzten Blumenkübel auf der Stützmauer der Blumenterrasse oder die auf die Wege der großen Rasenfläche hinabführenden breiten Treppenstufen finden sich wiederholt auf den Gartenbildern wieder.

Ein weiteres Lieblingsmotiv Liebermanns waren die drei aufeinanderfolgenden Heckengärten, die nach dem Vorbild des damals modernen geometrischen Reformgartens als „Wohnräume" unter freiem Himmel am nördlichen Rand des Grundstücks angelegt worden waren: das Lindenkarree aus rechteckig beschnittenen Lindenbäumen, der mittlere sogenannte ovale Garten, der jedes Jahr neu bepflanzt wurde, und der Rosengarten mit einer Rundbogenlaube, in der eine – heute durch eine Nachbildung ersetzte – schmiedeeiserne Sonnenuhr aufgestellt war, wie man sie oft in holländischen Gärten des 17. Jahrhunderts finden konnte. Auf manchen Bildern wandelt eine weiß gekleidete junge Frau, wohl Liebermanns Tochter Käthe, versonnen in den Heckengärten umher. Ein Gemälde zeigt eine Gärtnerin beim Blumensprengen, denn auch die Gartenarbeit hielt Liebermann für durchaus darstellungswürdig.

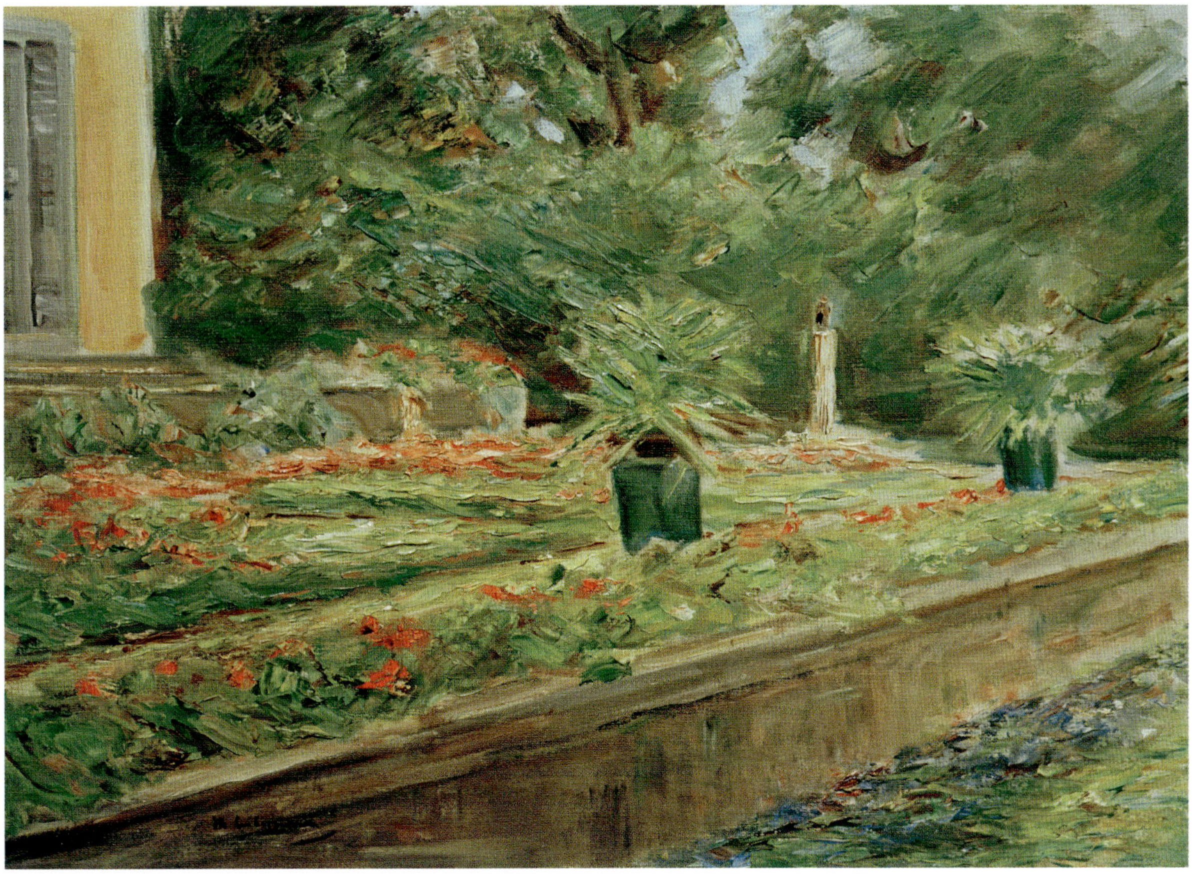

Die Blumenterrasse im Wannseegarten nach Nordwesten, 1915
Öl auf Leinwand, 54 x 74 cm
Privatsammlung

Das Detail der Blumenterrasse, die Liebermann hier vom unteren Garten aus malte, entstand fünf Jahre nach der Fertigstellung des Wannseegartens. Der eng begrenzte Ausschnitt lässt den Blick schräg über die Stützmauer in Richtung Nordwesten fallen. Die im Sommer dort wachsenden Geranien, deren kräftige Farbe ihn faszinierte, erscheinen als rote Farbtupfer. Zwischen zwei Pflanzkübeln ist die Brunnenstele mit der Fischotter-Skulptur von Gaul angedeutet.

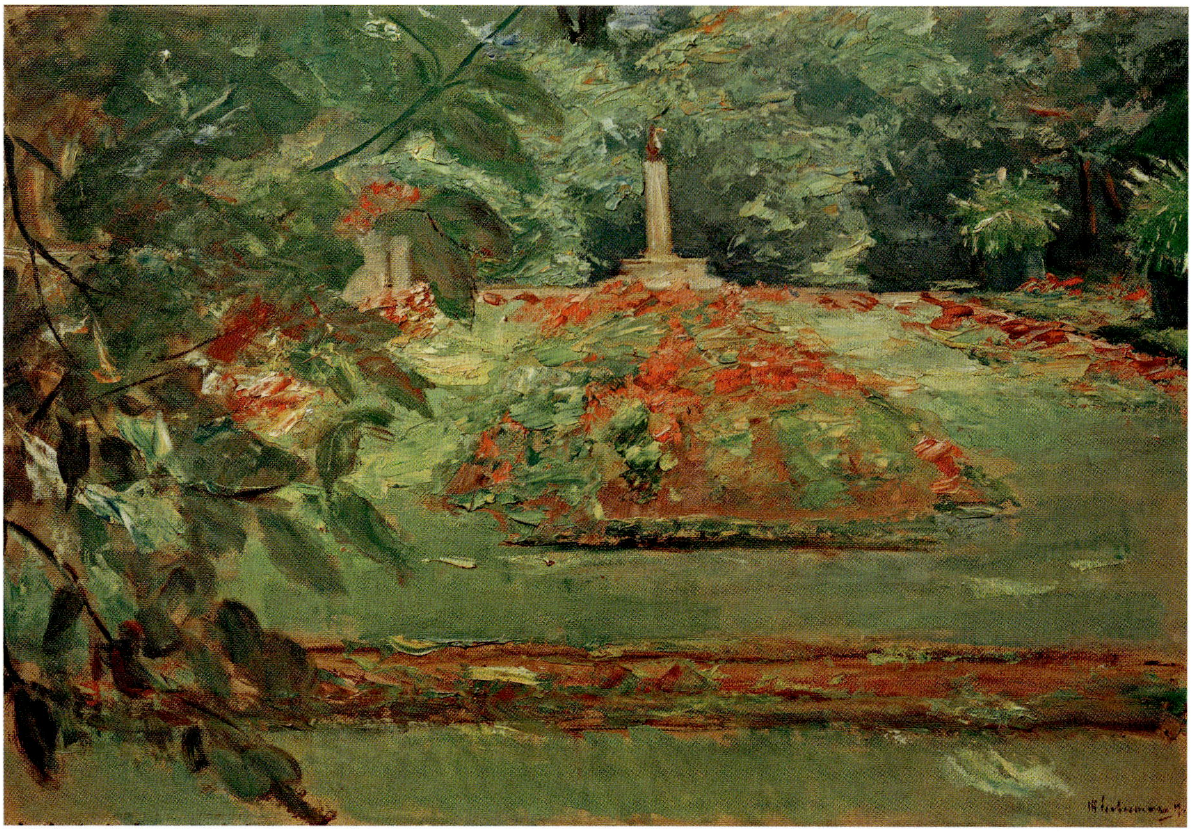

Die Blumenterrasse im Wannseegarten nach Norden, 1919
Öl auf Karton, 50,5 x 75,5 cm
Mannheim, Städtische Kunsthalle

Für diese Darstellung wählte Liebermann den Blick nach Norden. Man sieht über die regelmäßig angelegten Beete der Blumenterrasse, an deren Ende der Fischotter-Brunnen zu erkennen ist. Dichtes Grün, das nur durch das hingetupfte, kräftig leuchtende Rot der Geranien kontrastiert wird, dominiert das Gemälde und lässt den Garten wie einen abgeschiedenen, verträumten Ort erscheinen.

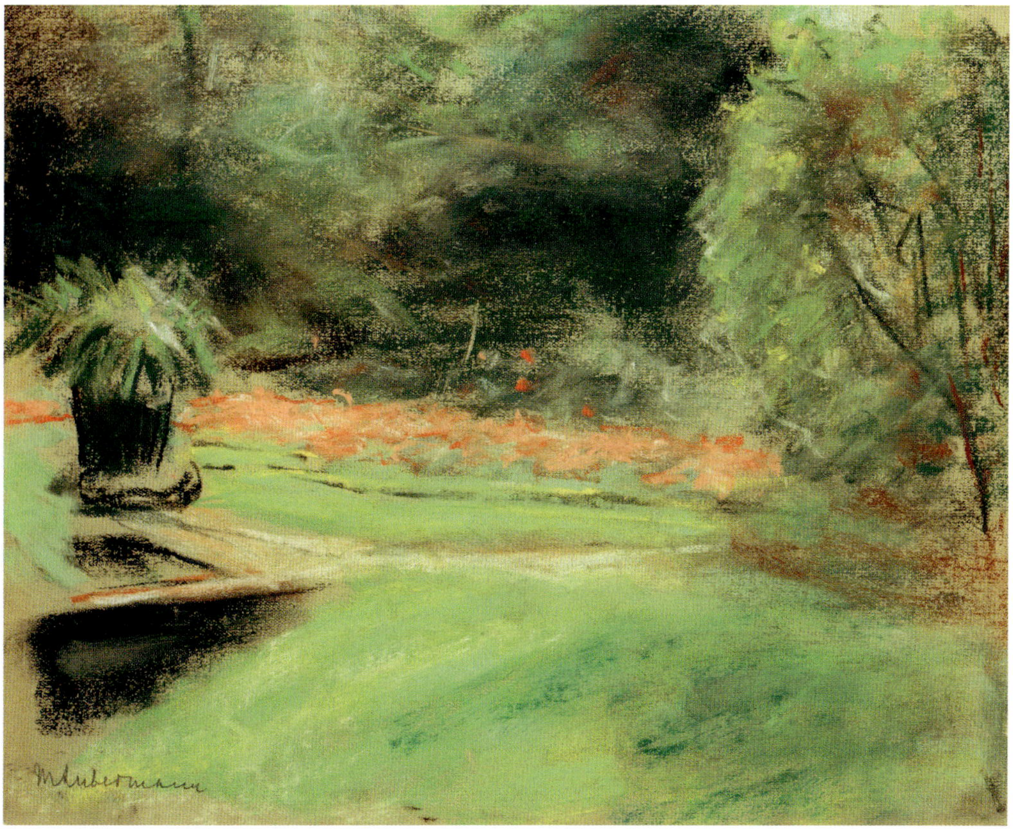

Blick auf die Terrasse des Wannseegartens mit Blumenbeeten und Pflanzkübel links, 1920
Pastell, 22,5 x 28,5 cm
Sammlung Kunstkreis Berlin GbR

Weit seltener als in Ölgemälden stellte Liebermann seinen Garten auf kleinformartigen Pastellen dar. Die verschiedenen Grüntöne wirken durch die Pastellfarben weich und zart. Helles, von gelben und roten Farbschimmern durchzogenes Grün geht im Hintergrund in dunkle Nuancen über. Dass es sich um den Gartenbereich an der Terrasse handelt, ist nur durch den Blumenkübel und die angedeutete Mauereinfassung zu erkennen.

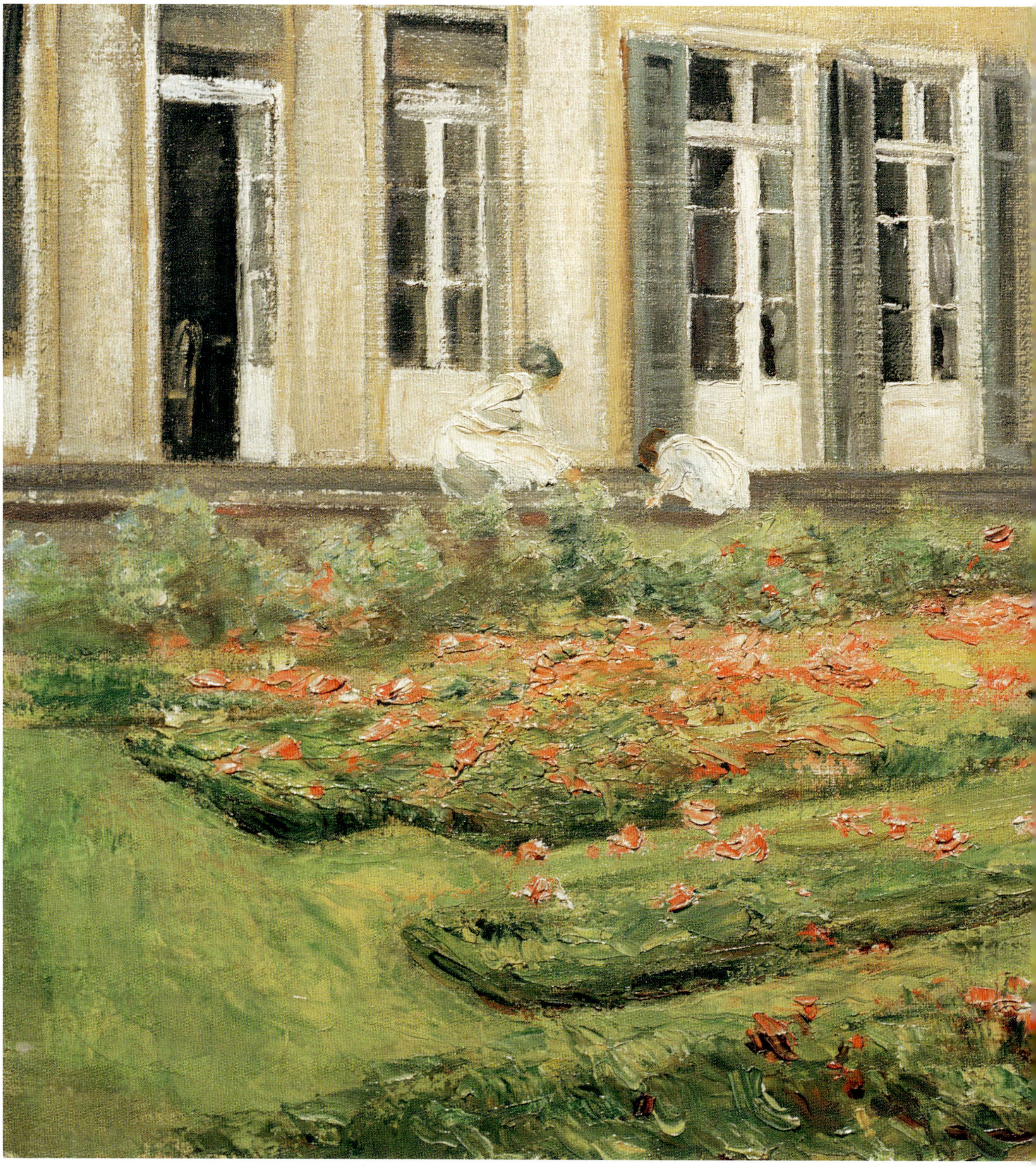

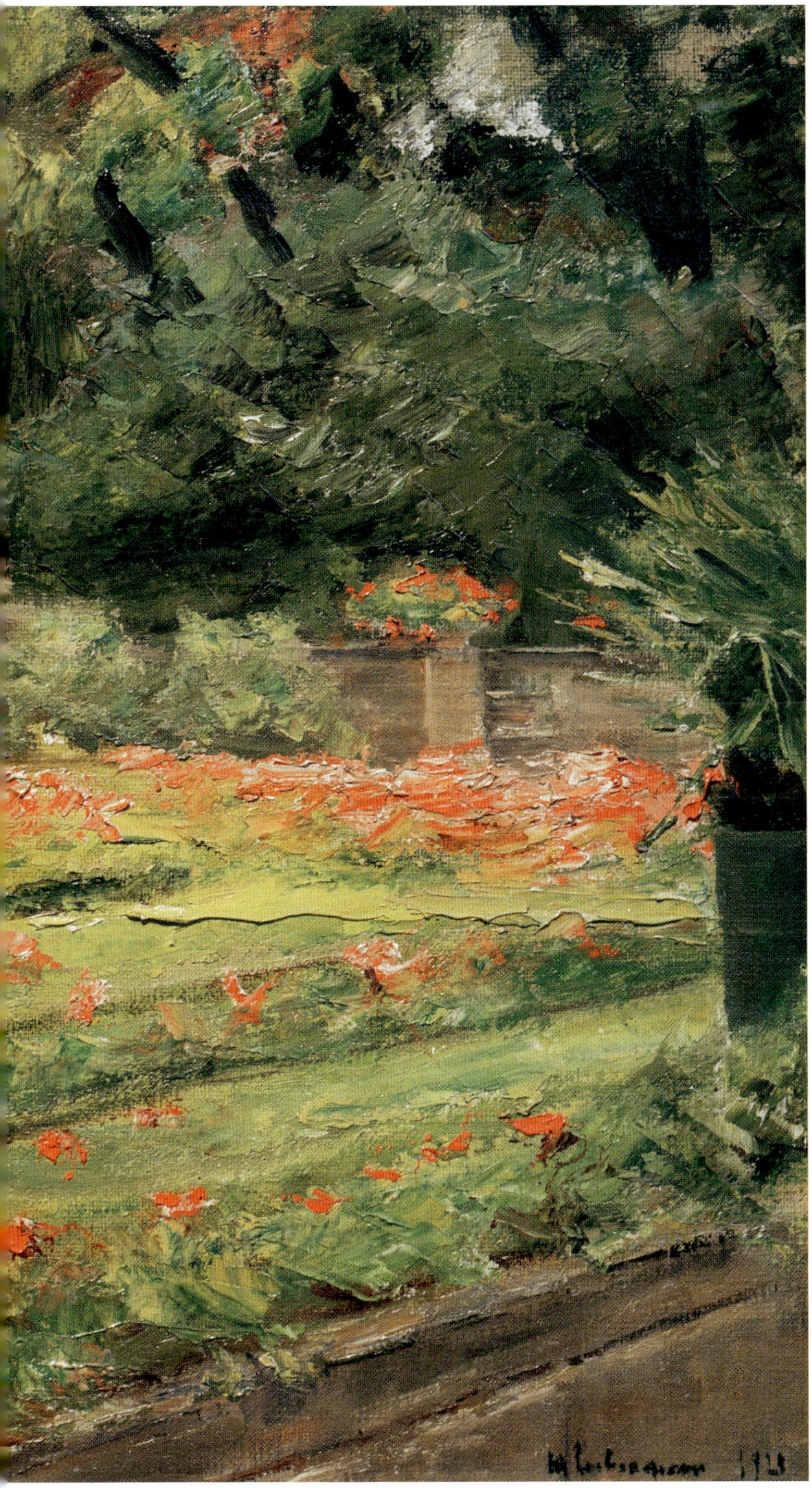

Die Blumenterrasse im Wannseegarten nach Nordwesten, 1921
Öl auf Leinwand, 50,3 x 75 cm
Gelsenkirchen, Städtisches Museum

Wieder zeigt der Ausschnitt, schräg angeschnitten von der unteren Stützmauer, die Blumenterrasse mit den roten Geranienbeeten. Im Hintergrund ist die Sommervilla mit den großen Fenstertüren zu sehen, vor der die Enkelin Maria mit ihrer Kinderfrau spielt. Deren weiße Kleidung, die geöffnete Esszimmertür und die hellen Fensterrahmen unterstreichen die friedliche Sommeratmosphäre der Szene.

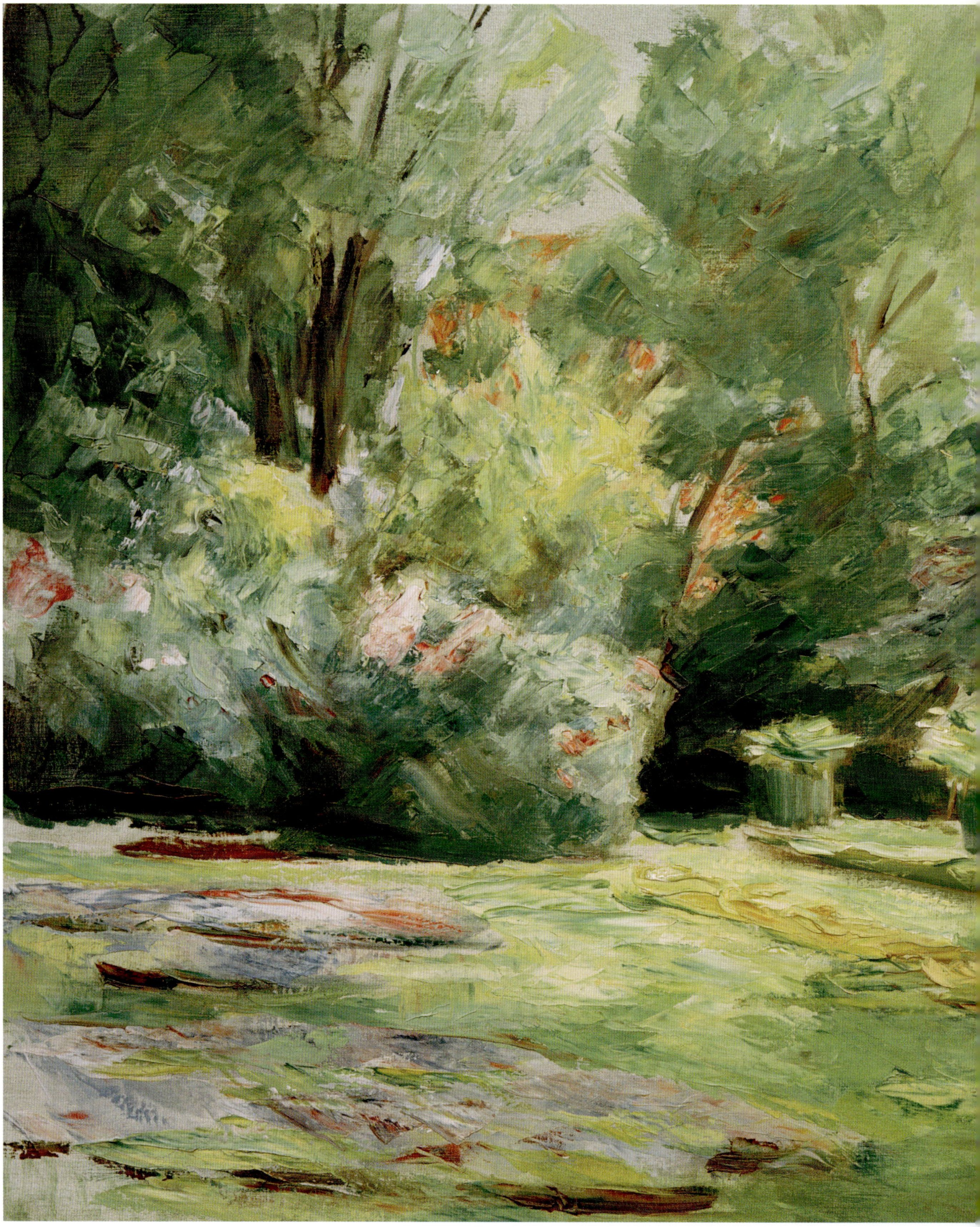

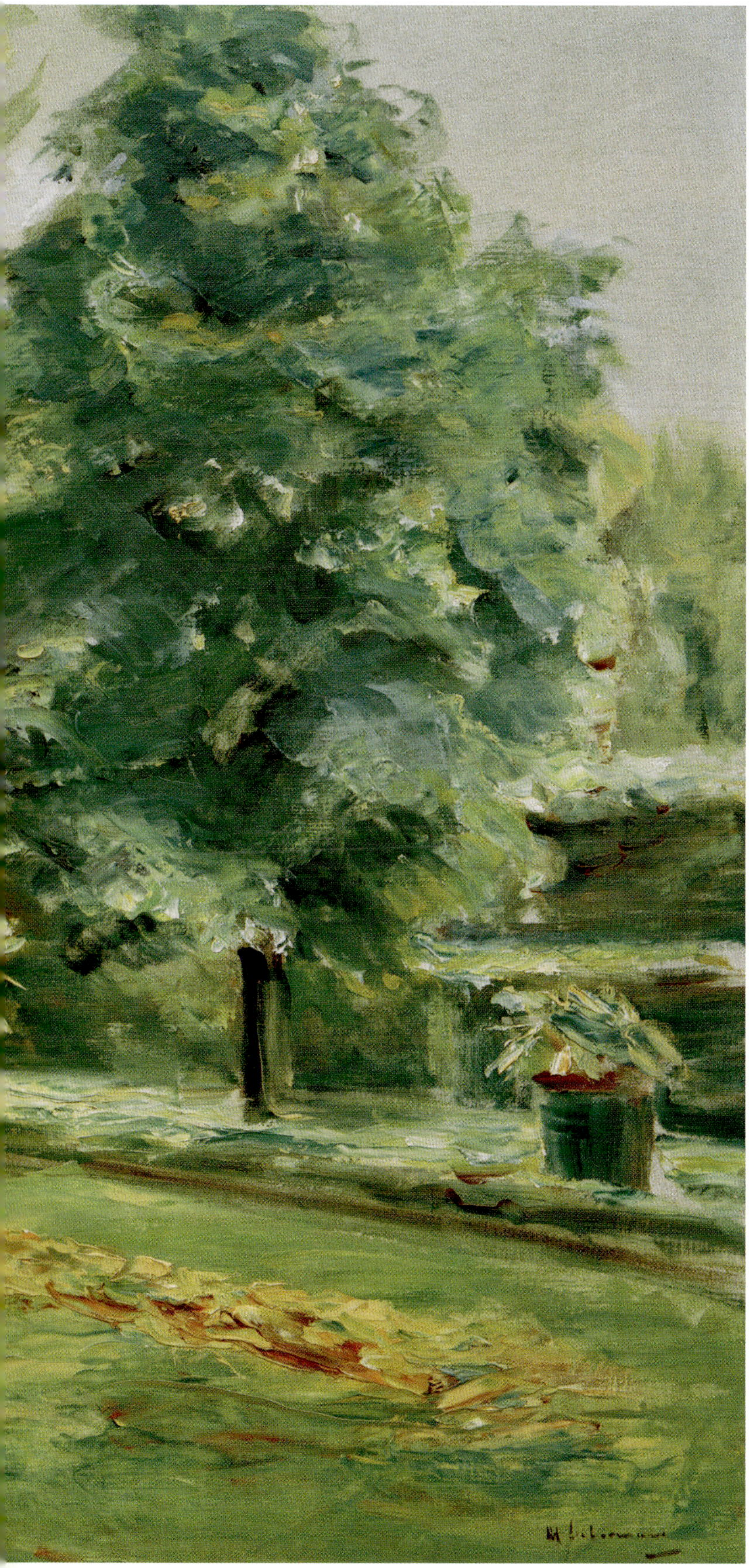

Die Blumenterrasse im Wannseegarten nach Nordosten, 1925
Öl auf Leinwand, 75,5 x 101 cm
Privatsammlung

Vom Haus aus fällt der Blick hinab auf die Blumenterrasse. Pflanzkübel grenzen sie von der unterhalb liegenden Rasenfläche ab. Auch auf diesem Gemälde konzentrierte sich Liebermann ganz auf die Farben. Die gelben und blauen Stiefmütterchen werden zu hellbunten Farbfeldern, Büsche zu Farbexplosionen, Bäume zu wogendem Grün.

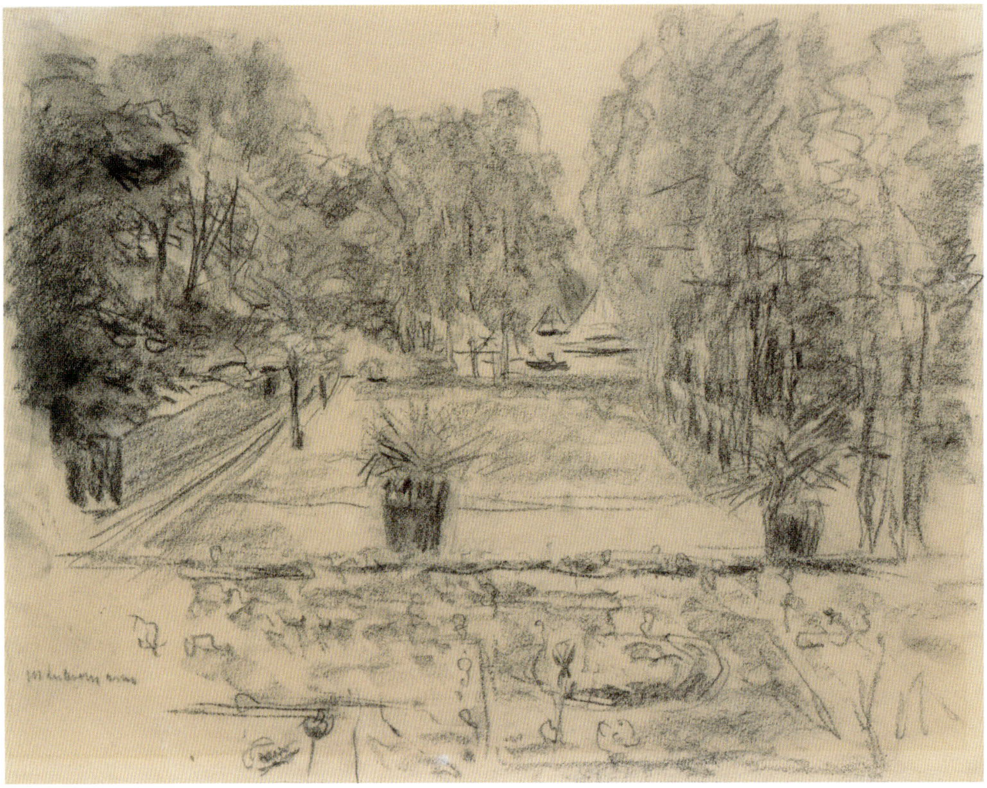

Die Blumenterrasse am Wannsee, um 1920
Kreidezeichnung, 25,9 x 43,2 cm
Berlin, Kupferstichkabinett

Weil ihn vor allem die Farben der Blumen und Pflanzen faszinierten, stellte Liebermann seinen Garten selten auf Zeichnungen dar. Diese Kreidezeichnung wirkt wie eine Studie für eines seiner Ölgemälde. Der gesamte hintere Garten ist hier skizziert: die Blumenterrasse, die darunterliegende Rasenfläche, an deren Ende die Boote auf dem Wannsee zu sehen sind, die Hecken auf der linken und die Birkenallee auf der rechten Seite.

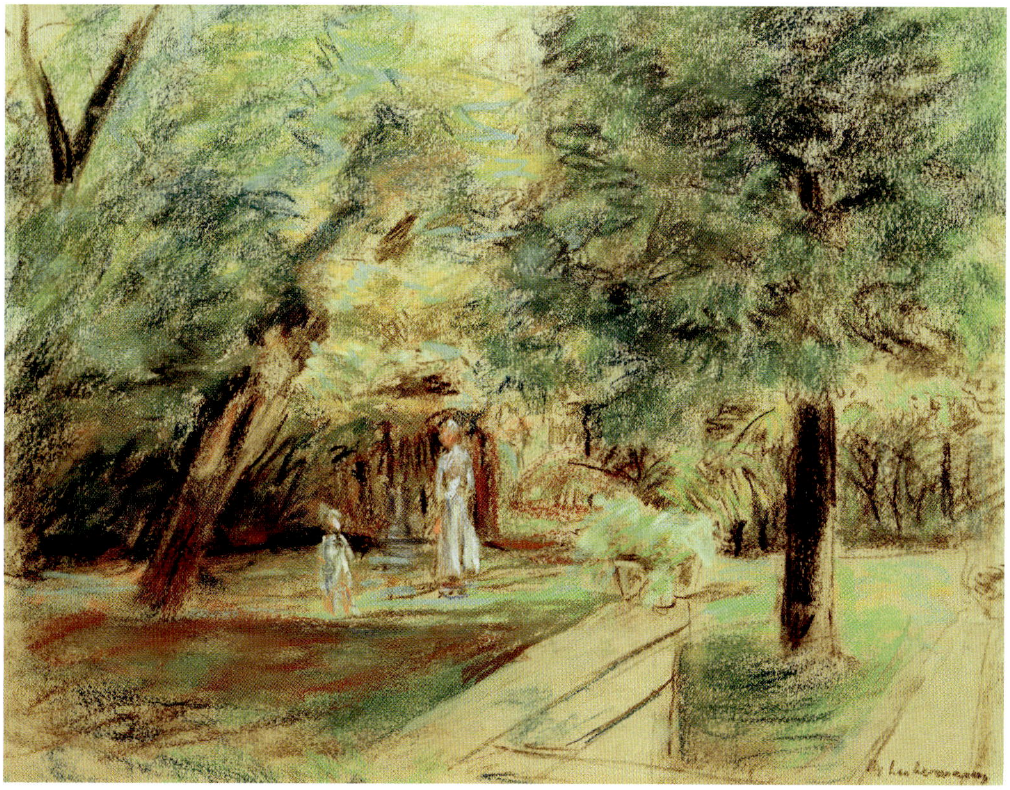

Enkelin mit Kinderfrau vor Heckengärten, um 1921
Pastell auf Papier, 25 x 33 cm
Privatsammlung

Der Blick des Betrachters fällt von der nördlichen Terrassentreppe auf dichtes, helles Grün. Den Mittelpunkt des kleinen Pastells bilden Liebermanns damals ungefähr vier Jahre alte Enkelin Maria und deren Kinderfrau, die vor den Heckengärten spazieren gehen. Liebermann skizzierte ihre Figuren nur in Umrissen. Wichtiger war ihm ihre weiße Kleidung, die als leuchtender Kontrast die Sommerstimmung hervorhebt.

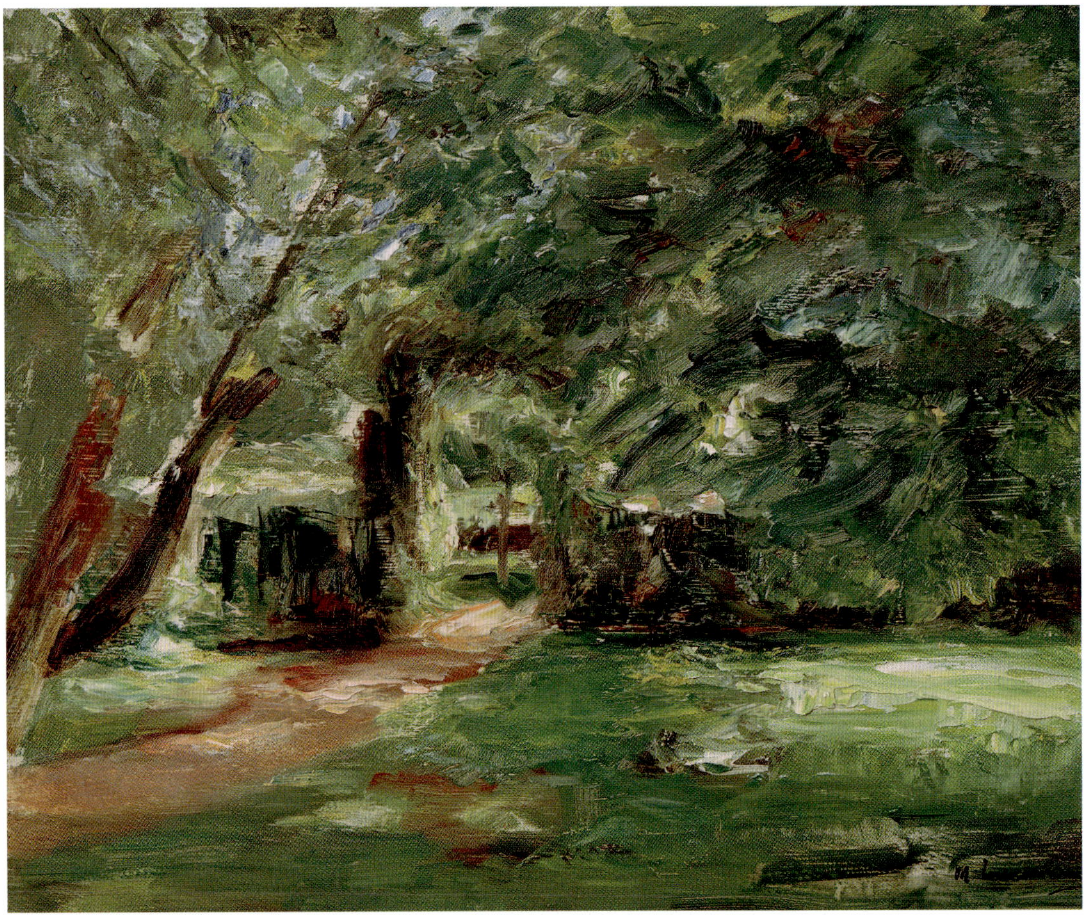

Heckengarten in Wannsee, 1924
Öl auf Holz, 40 x 49,5 cm
Privatsammlung

Fast abstrakt, mit dickem, grobem Farbauftrag stellt Liebermann hier einen Blick in Richtung Heckengarten dar. Wie für seine Terrassenbilder wählte er auch für die Darstellung der Heckenpartien meist Ausschnitte. Nur vage ist zwischen dem Laub der Bäume ein Heckenbogen zu erkennen. Das kleine Gemälde ist in erster Linie ein Farbspiel aus Grün- und Brauntönen, auf das sich in hellen Flecken das Sonnenlicht legt.

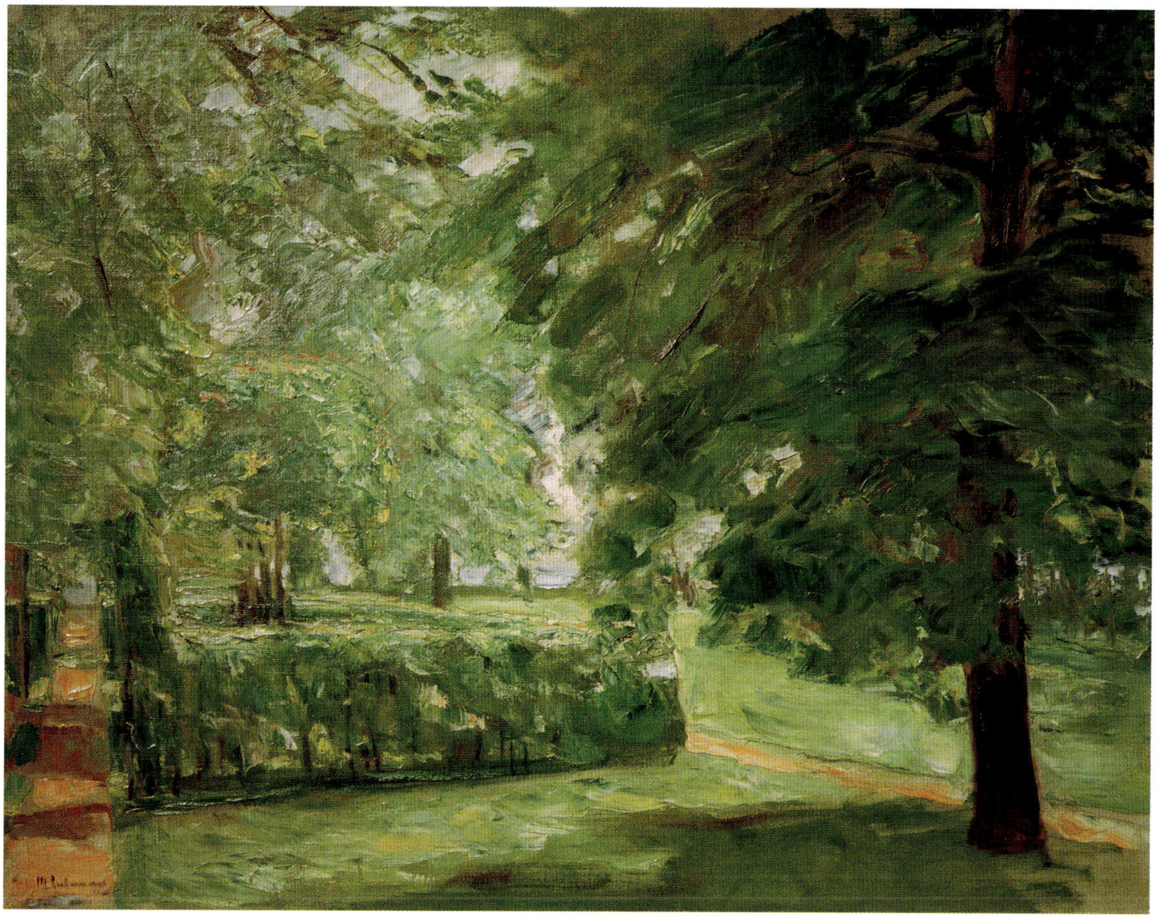

Heckengärten in Wannsee nach Osten, 1924/25
Öl auf Leinwand, 71 x 94 cm
Dresden, Galerie Neue Meister

Für dieses Gemälde wählte Liebermann einen Ausschnitt vom nördlichen Bereich der Terrasse oder der Gartentreppe in den großen Rosengarten hinab. Zwischen dicht belaubten hohen Bäumen fällt der Blick auf die gradlinig beschnittene Hainbuchenwand des Heckengartens. Dabei werden die changierenden Grüntöne durch die sandfarbenen Gartenwege kontrastiert. Im Hintergrund lässt zartes Hellblau das Wasser des Wannsees erahnen.

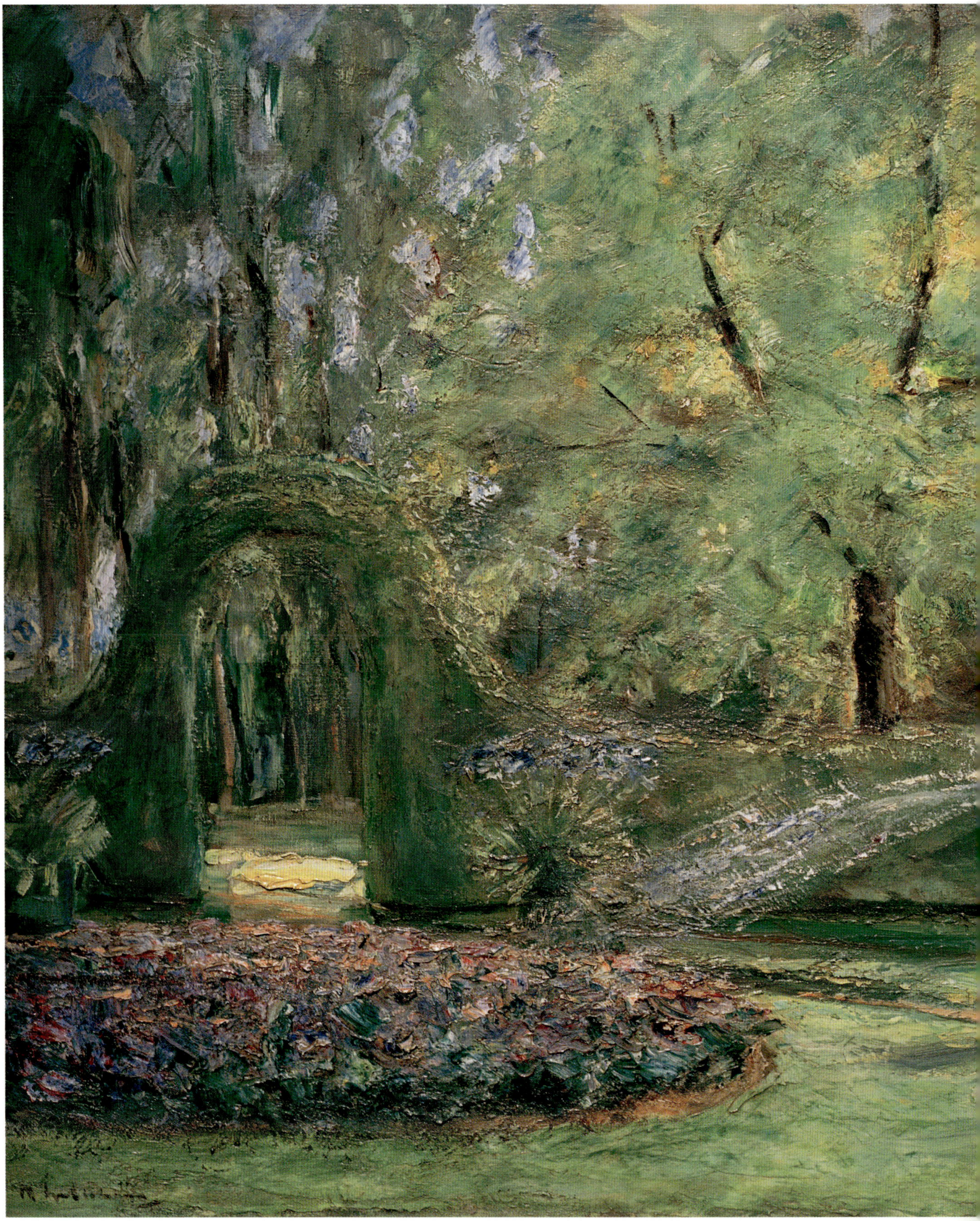

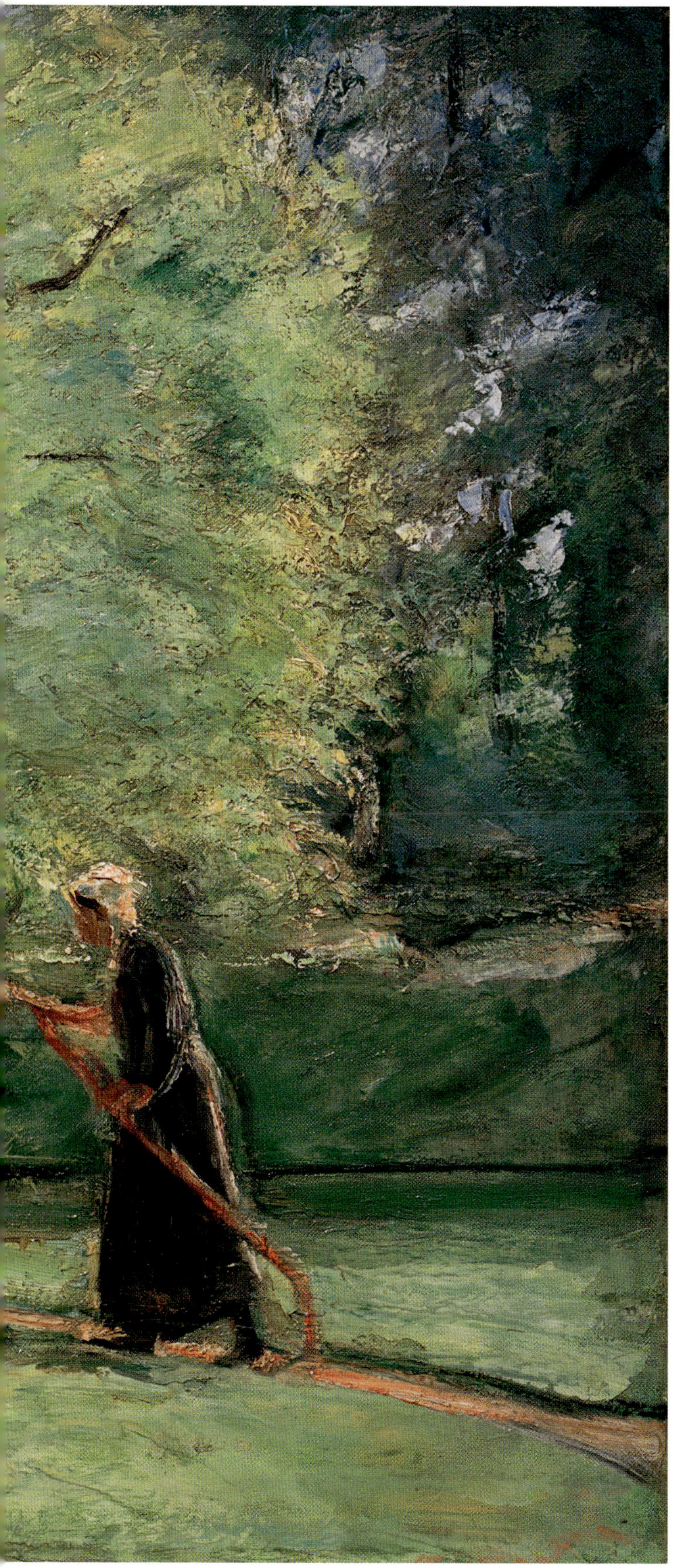

Das Rondell im Heckengarten mit Blumensprengerin, 1925
Öl auf Leinwand, 71,5 x 93 cm
Privatsammlung

Das Bild zeigt das Rondell im ovalen Heckengarten, dessen zentrales Blumenbeet nur durch bunte Farbtupfer angedeutet ist. Die sommerliche Szene ist ganz in Grün getaucht. Weiches Licht fällt durch die dichten Baumkronen auf den Rasen. Der große Baum in der Bildmitte strahlt gelblich im Sonnenlicht. Eine Gartenarbeiterin beim Blumensprengen hebt die milde Sommerstimmung des Gemäldes noch hervor.

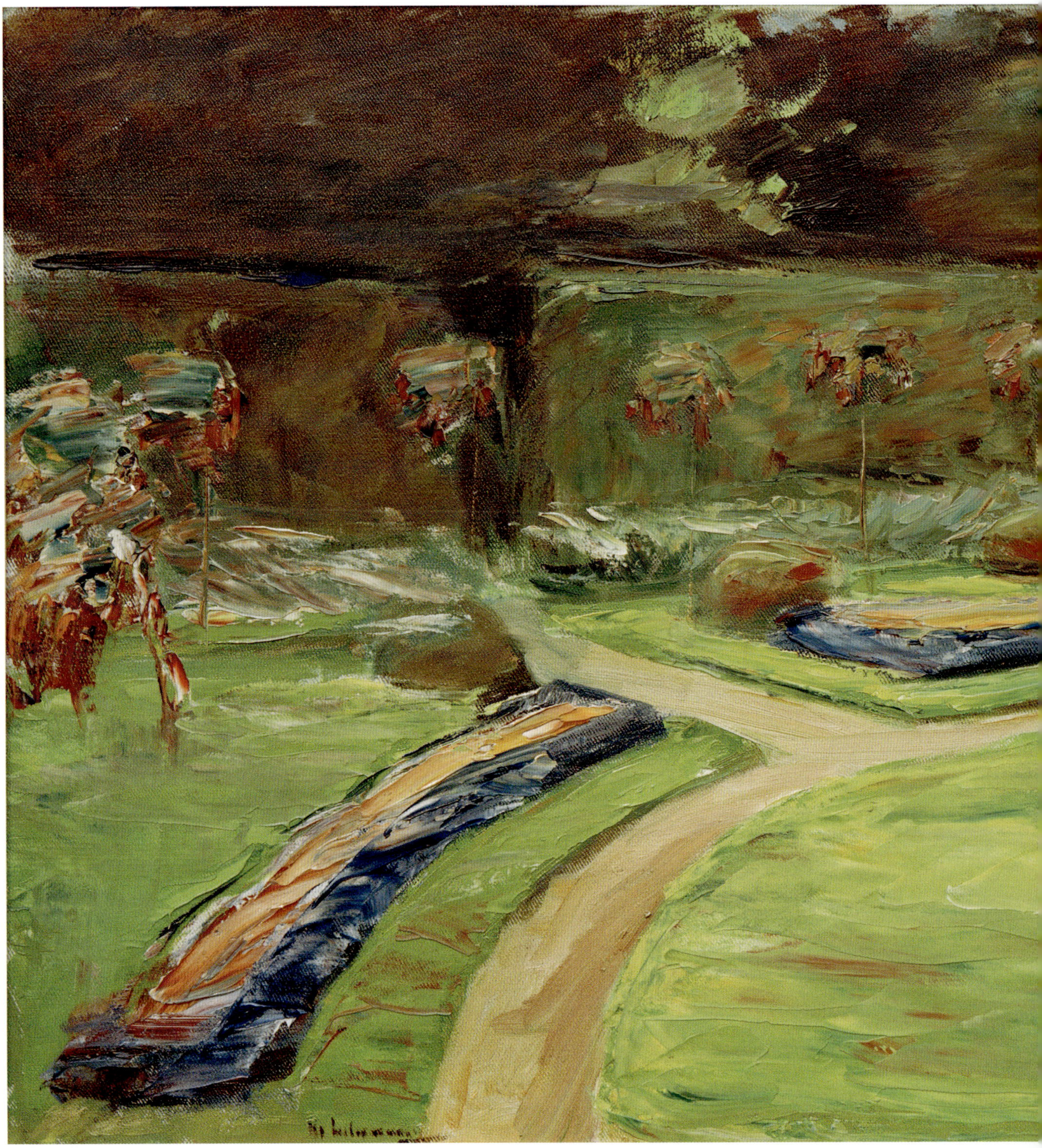

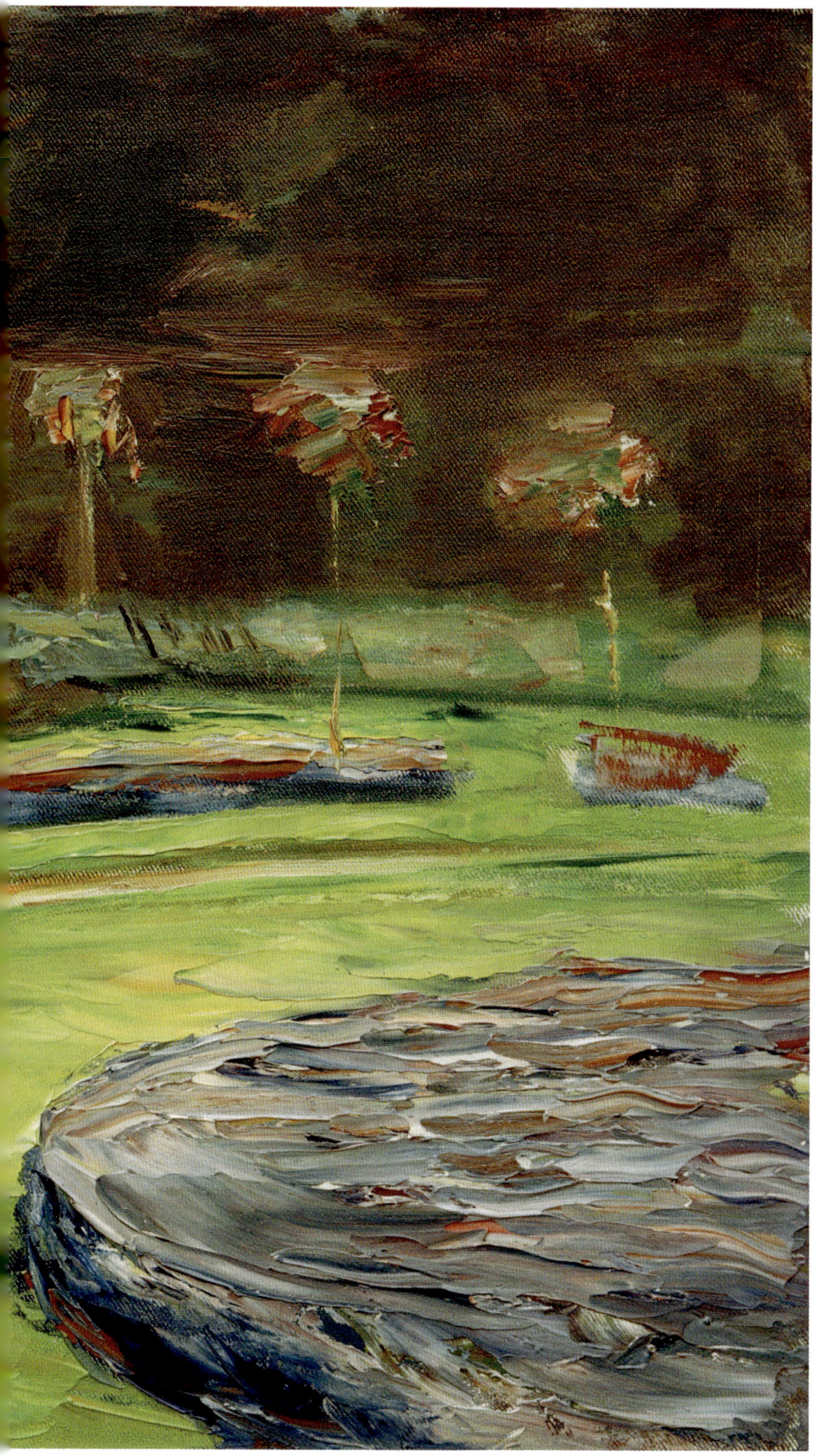

Das Rondell im Heckengarten, um 1927
Öl auf Leinwand, 65 x 86 cm
Privatsammlung

Wie die Beete unterhalb der Terrasse wurde auch der ovale Heckengarten mit dem runden Blumenbeet in der Mitte jedes Jahr neu bepflanzt. Hier malte Liebermann das Rondell mit blau-bunten Blumenfeldern zwischen hellgrünen Rasenpartien. Das Gemälde ist fast abstrakt, Blumenarten sind nicht identifizierbar. Liebermanns Aufmerksamkeit lag ganz auf dem effektvollen Kontrast der kräftigen Blau- und Grüntöne vor dichtem bräunlichem Hintergrund.

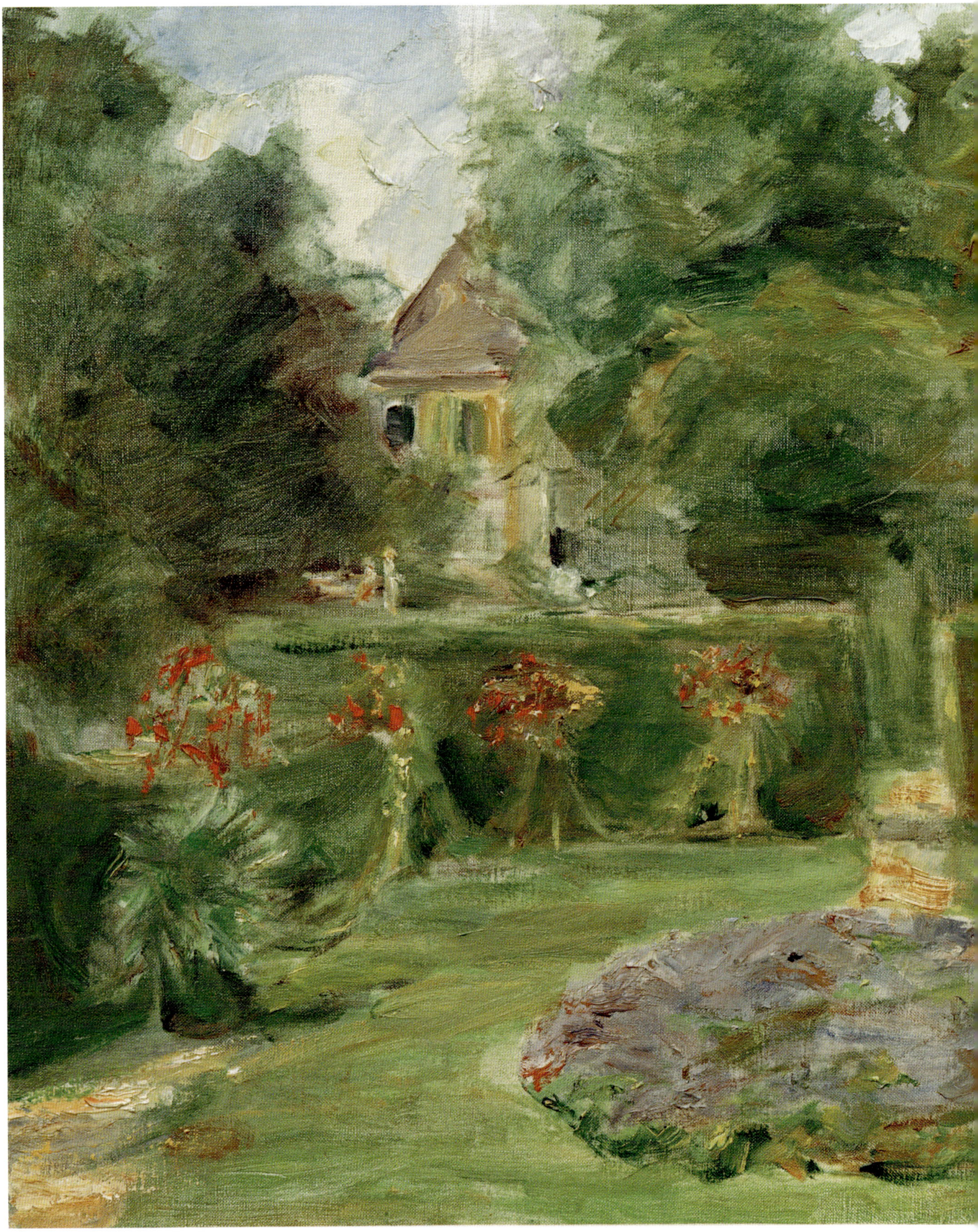

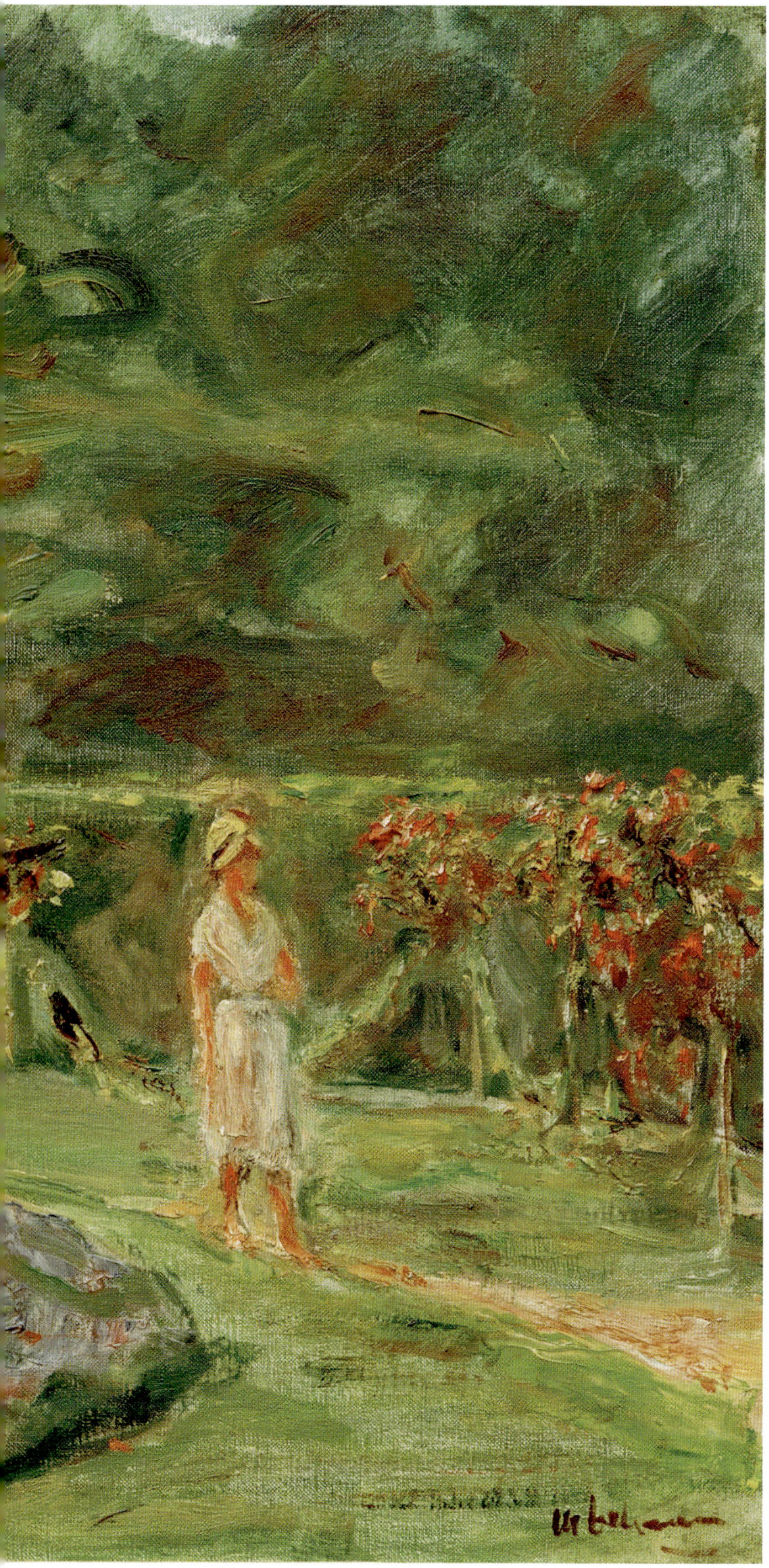

Rondell im Heckengarten, 1927
Öl auf Leinwand, 54,5 x 75,5 cm
Schweiz, Privatsammlung

Das Gemälde zeigt eine weitere Variante des Blumenrondells im ovalen Heckengarten. Der Bildausschnitt ist hier weiter gefasst und gibt einen Blick auf die von Bäumen fast verdeckte Sommervilla frei. Eine Frauenfigur, wohl Liebermanns Tochter Käthe, spaziert in der Abgeschiedenheit des von hohen Hecken umgrenzten Gartens umher. Ihr weißes Sommerkleid und das helle Lila und Rot der Blumen setzen bunte Akzente.

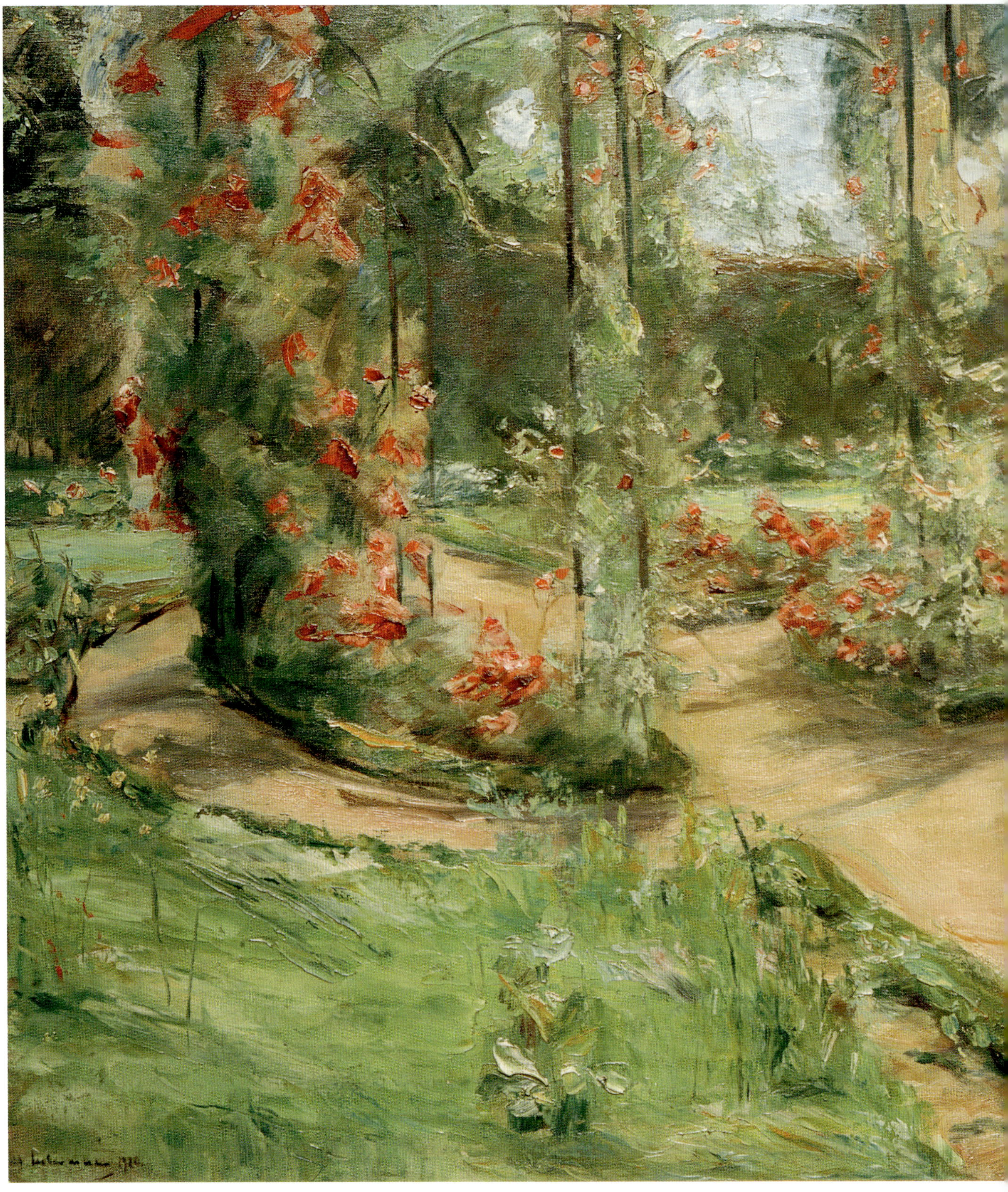

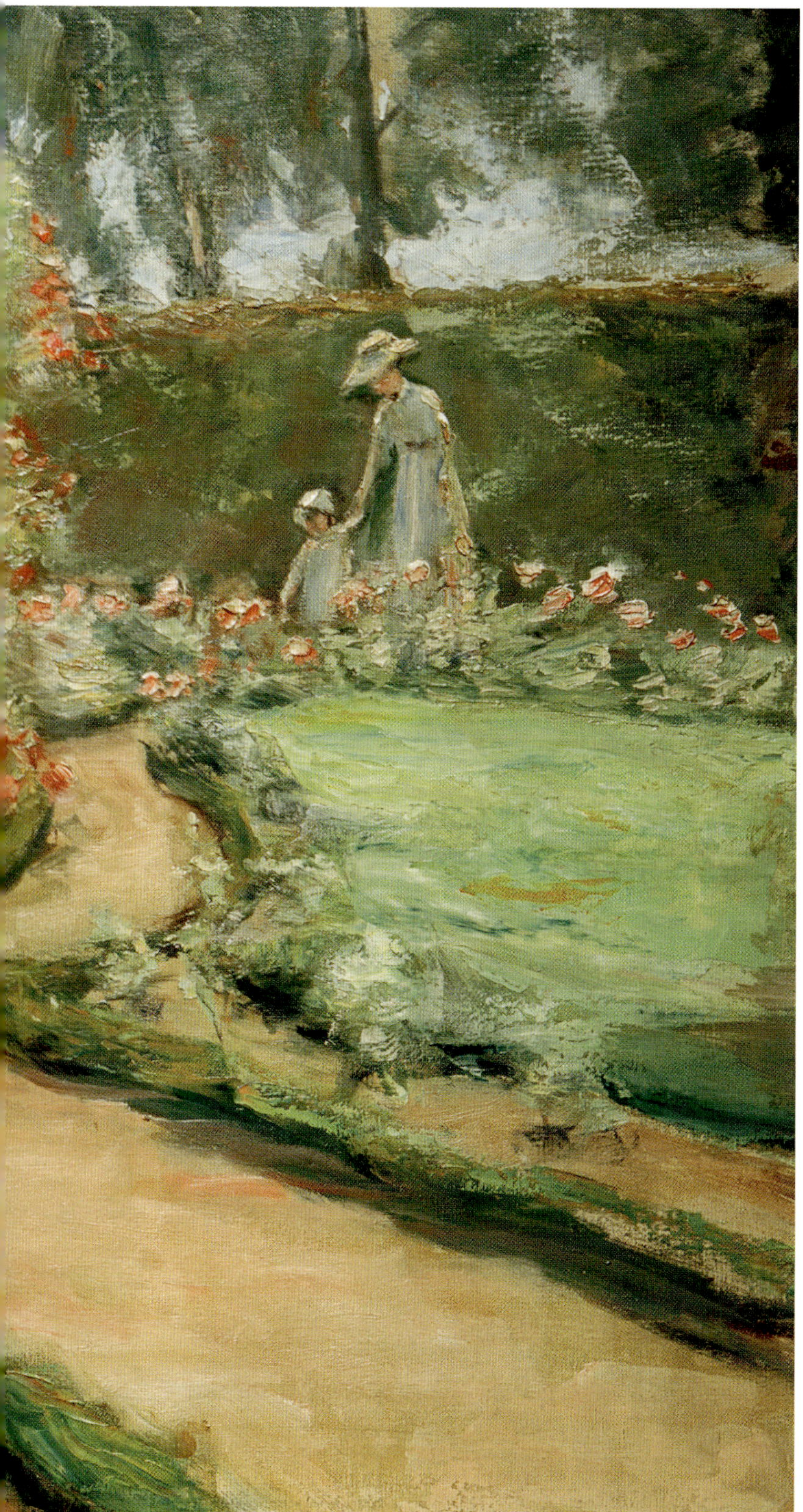

Der Rosengarten in Wannsee mit der Tochter und der Enkelin, 1920
Öl auf Leinwand, 63 x 90 cm
Privatsammlung

Auch die sommerliche Stimmung des Rosengartens, der den dritten Bereich der abgeschiedenen Heckengärten bildete, gehörte zu Liebermanns bevorzugten Motiven. Im Mittelpunkt dieses Gemäldes steht die Rundbogenlaube, an der sich rote Rosen emporranken. Rechts treten Tochter Käthe und Enkelin Maria ins Bild. Wie auf allen Gartenbildern tragen sie helle Sommerkleidung. Über die Hecken hinweg schimmert das zarte Blau des Himmels.

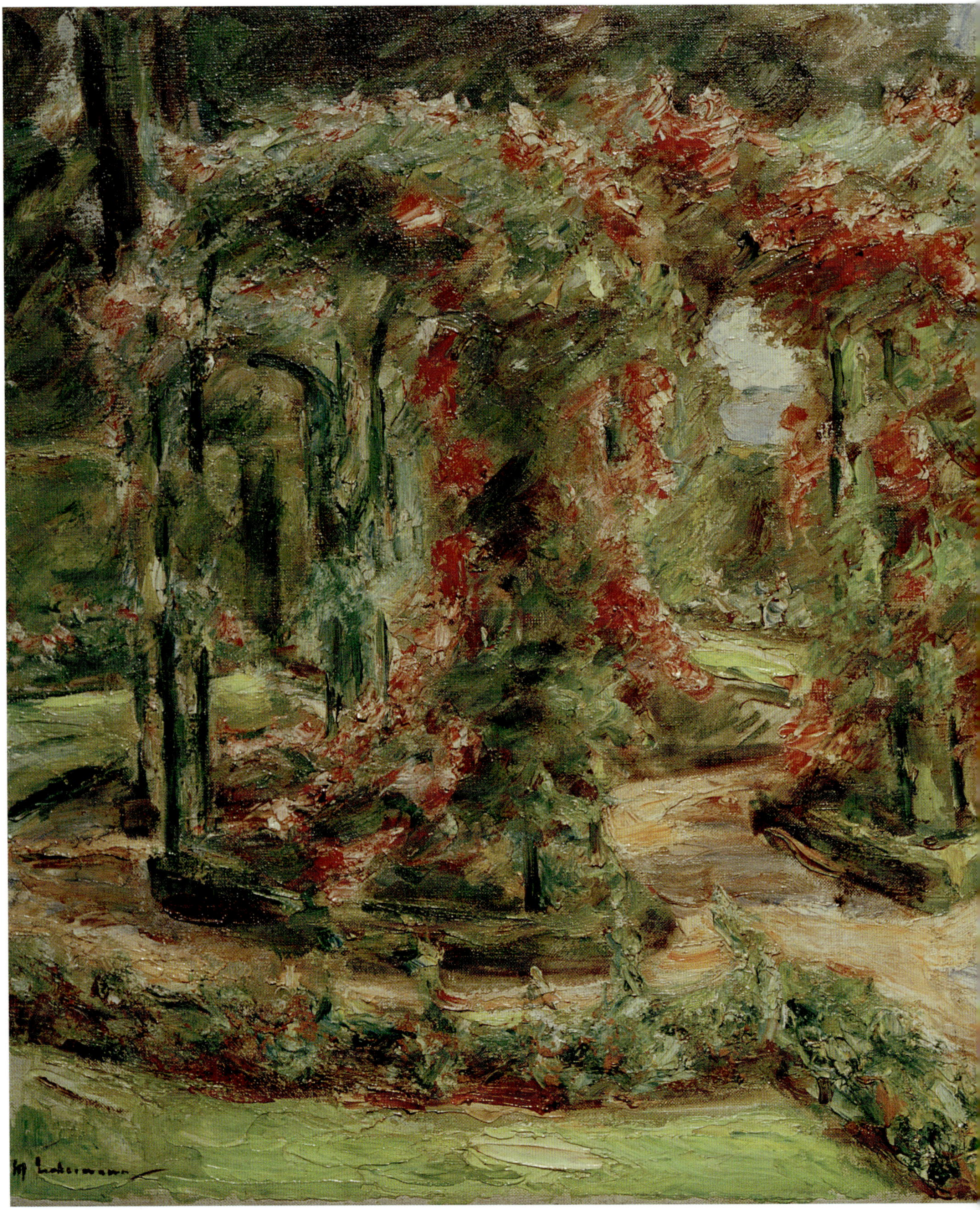

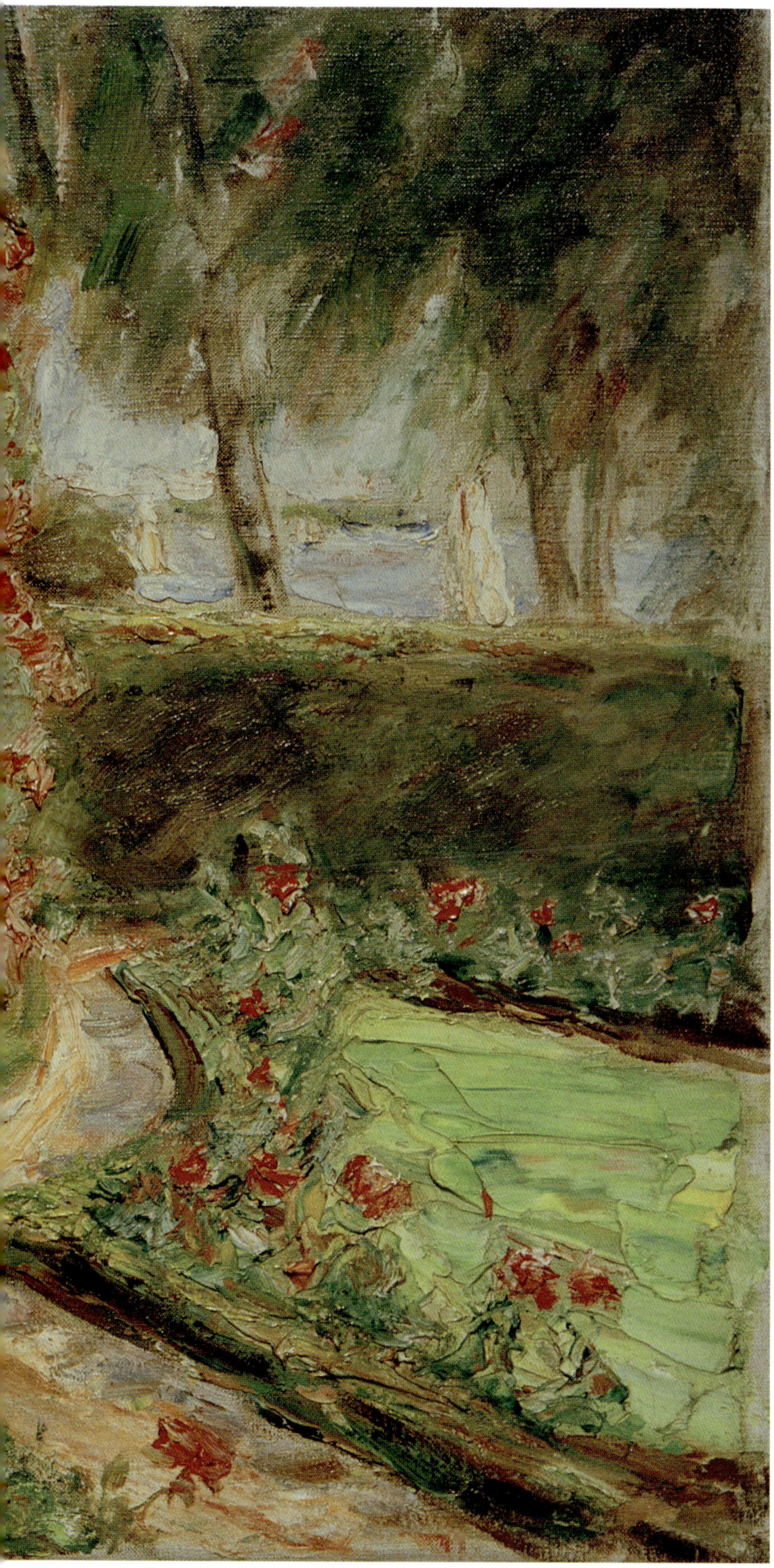

Der Rosengarten in Wannsee, 1928
Öl auf Leinwand, 63 x 90 cm
Privatbesitz

Dieses Gemälde Liebermanns zeigt einen eng gewählten Bildausschnitt des Rosengartens. Der Blick fällt direkt auf die dicht mit roten Rosen bewachsene Rundbogenlaube. Rot und Grün verbinden sich warm und harmonisch miteinander. Über die dichte Heckenwand hinweg blitzt zwischen den hohen Baumkronen verheißungsvoll das sonnenhelle Blau des Großen Wannsees mit den weißen Segeln der Schiffe hervor.

RASEN, BÄUME UND WEGE: DER GARTEN ZUM GROSSEN WANNSEE

Neben der Blumenterrasse unterhalb des Hauses und den drei abgeschiedenen Heckenräumen an der Nordseite des Grundstücks bot Liebermann auch die zum Ufer des Großen Wannsees leicht abfallende, von schmalen Seitenwegen und hohen Bäumen eingefasste große Rasenfläche eine Reihe schöner Bildmotive. Häufig malte er das schmale Birkenwäldchen, das sich entlang der südlichen Grundstücksgrenze erstreckt. Dabei fing er den Reiz der hellen, schmalen Stämme und lichten Baumkronen ein, durch die sanft die Sonne leuchtet.

Die Birken gehörten bereits 1909 zum Grundstück, als Liebermann es kaufte. Infolge der Vernachlässigung und allmählichen Zerstörung der Gartenanlage nach Max Liebermanns Tod und der Enteignung seiner Ehefrau ging das Wäldchen verloren und wurde erst 2003, während der Rekultivierungsarbeiten im Garten, neu angelegt. Zum Baumbestand zählte neben hochgewachsenen Pappeln, Linden, Ahornbäumen und Trauerweiden auch eine mächtige Rosskastanie nahe der Blumenterrasse. Sie wurde 2014 durch einen Sturm umgerissen, konnte aber bald darauf durch eine Neupflanzung ersetzt werden. Auch dem Platz unter der Kastanie widmete Liebermann einige Gemälde, die die Sommeratmosphäre im Garten stimmungsvoll wiedergeben. Schwere dunkelgrüne Äste hängen voller weißer Blüten. Im Schatten der dichten Baumkrone platzierte er eine zarte, weiß gekleidete Frau auf einer weißen Bank – wohl seine Tochter Käthe, die er häufig auf seinen Gartenbildern darstellte.

An den schönsten Stellen im Garten waren etliche weitere Bänke zu finden. Für einige seiner Gemälde positionierte Liebermann dort seine Enkelin, die unter der Aufsicht ihrer Kinderfrau spielt. Eine besonders innige Szene zeigt die beiden, in ein Bilderbuch vertieft, auf einer Gartenbank sitzend.

In einer ganzen Serie von Gemälden, Pastellen und auch Grafiken setzte Liebermann die Sommervilla selbst ins Bild. Von Bäumen malerisch gerahmt, ist sie vom Seeufer aus über die große Rasenfläche hinweg zu sehen oder schimmert im Hintergrund durch die hohen Birken. Umgekehrt fing Liebermann immer wieder den Blick vom Haus über den Rasen auf den Großen Wannsee ein, der durch die hohen Bäume oft mehr zu erahnen als zu sehen ist. Stimmungsvolle Bilder von sommerlicher Leichtigkeit entstanden auch am Uferweg. Spaziergänger in heller Kleidung promenieren dort und schauen dem Treiben auf dem Wasser zu. Die weißen Segel der Boote blitzen auf hellblauer Wasseroberfläche.

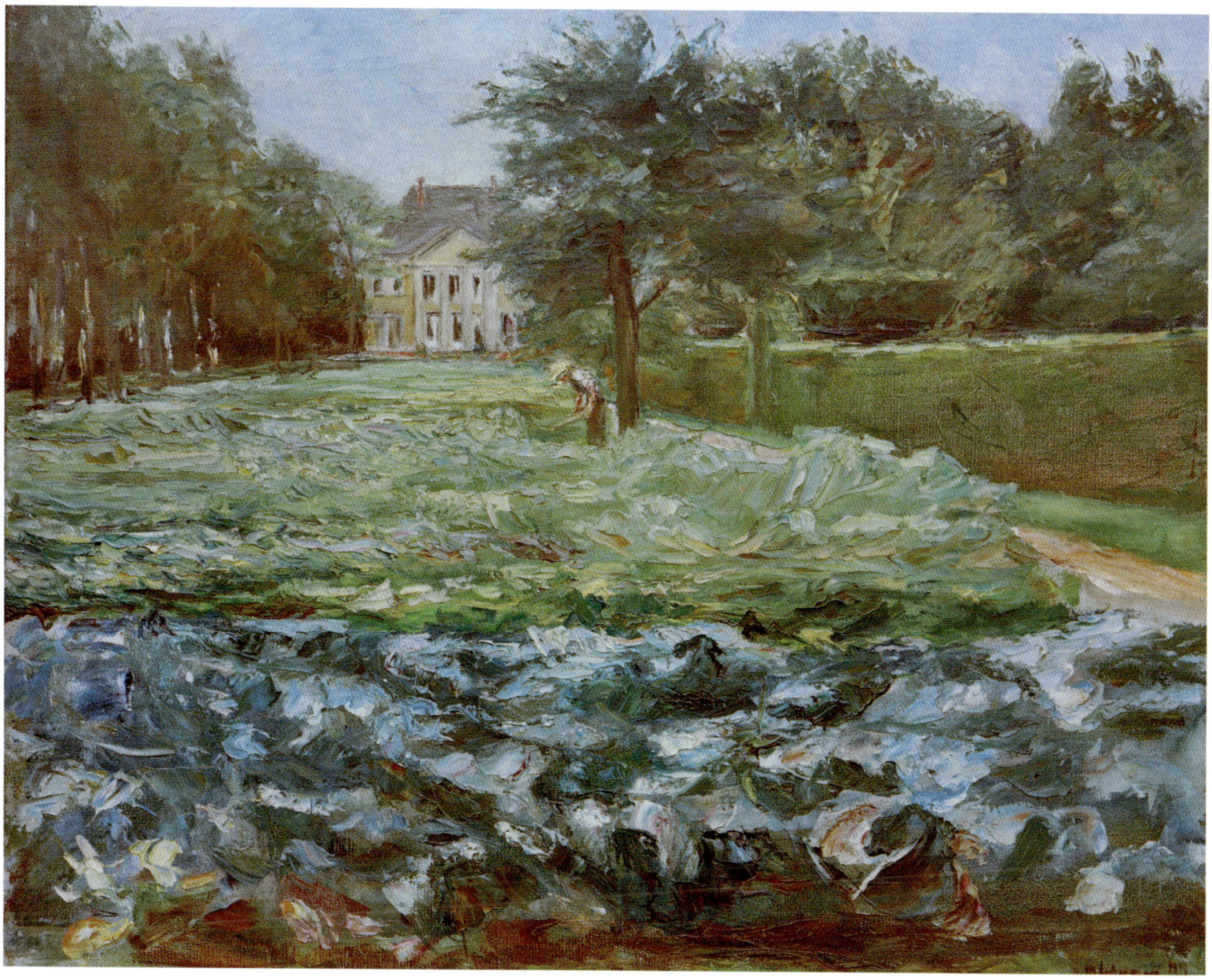

Kohlfeld im Wannseegarten nach Westen, 1917
Öl auf Leinwand, 70 x 91 cm
Privatsammlung

Während des Ersten Weltkriegs hatte Liebermann auf der Rasenfläche seines Gartens zur Selbstversorgung Kohl anpflanzen lassen. Bei dieser Darstellung scheint ihn besonders das Blaugrün des Kohls im Zusammenspiel mit den Grüntönen des Gartens gereizt zu haben. Links ist das Birkenwäldchen, rechts die „grüne Wand" des Heckengartens zu sehen. Die Perspektive ist stark gestreckt; wie in weiter Ferne liegt das Sommerhaus im Hintergrund.

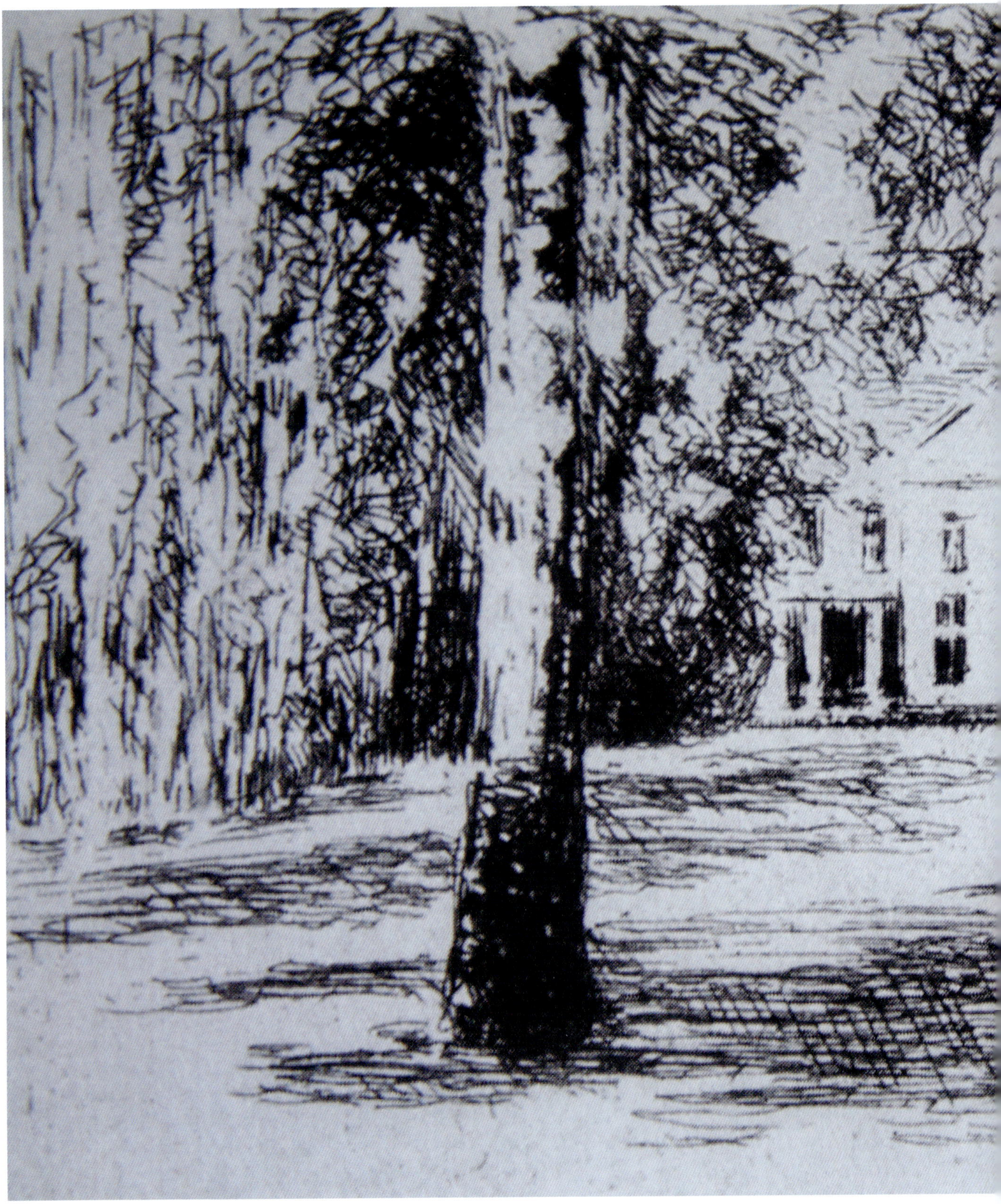

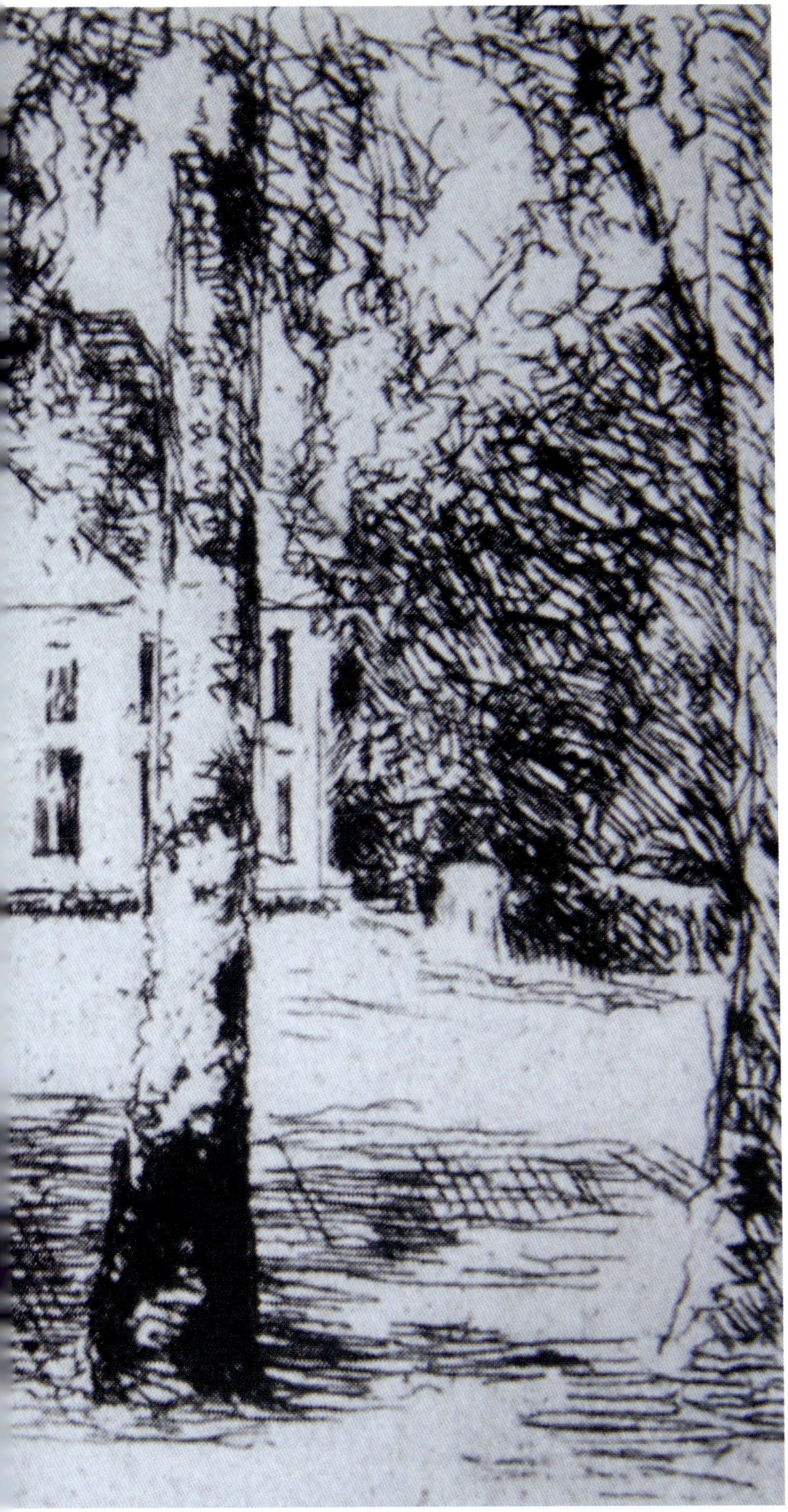

Mein Haus am Wannsee, 1911
Kaltnadelradierung
Max Liebermann, Graphische Kunst, Verlag P. Cassirer

Liebermann stellte seinen Garten zwar bevorzugt auf Gemälden und Pastellen dar, um die Farben der Blumen und Pflanzen einzufangen. Es entstand aber auch eine Reihe von grafischen Darstellungen. Aus dem zweiten Sommer, den er in seinem „Paradies am Wannsee" verbrachte, stammt diese Radierung, die einen romantischen Blick auf die Gartenvilla zeigt, gesehen durch das Birkenwäldchen über die große Rasenfläche.

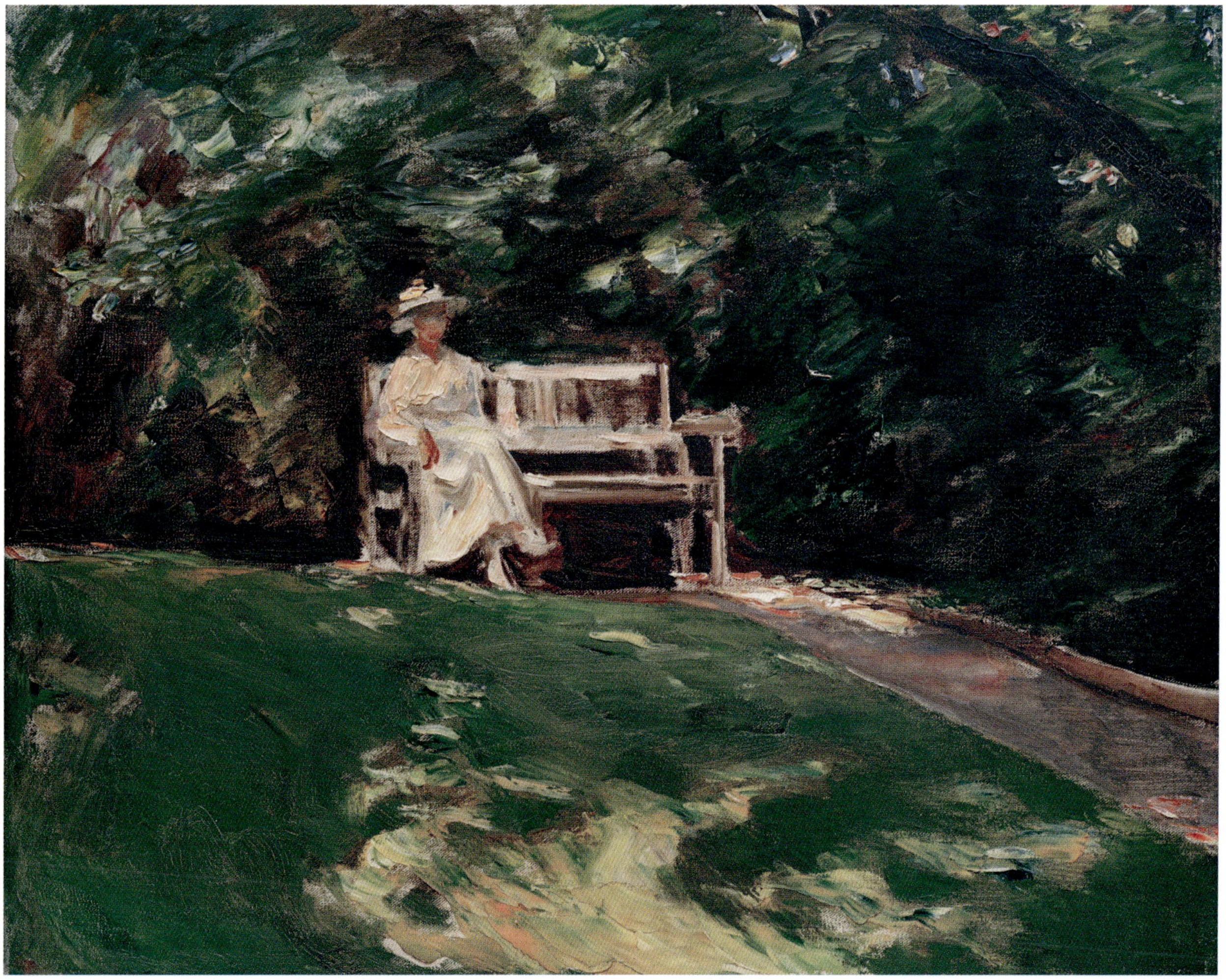

Die Gartenbank, 1916
Öl auf Leinwand, 71 x 86 cm
Berlin, Alte Nationalgalerie

Die Bank unter den ausladenden Zweigen des großen Kastanienbaums nahe der Blumenterrasse stellt ein eigenständiges Motiv unter den Gartenbildern dar. Wie abgeschieden ruht auf diesem Gemälde versonnen eine weiß gekleidete Frau mit Sommerhut, wahrscheinlich Liebermanns Tochter Käthe. Licht und Schatten legen sich über das Bild. Gelbe und weiße Farbtupfer leuchten hell im dichten, dunklen Grün der Umgebung auf.

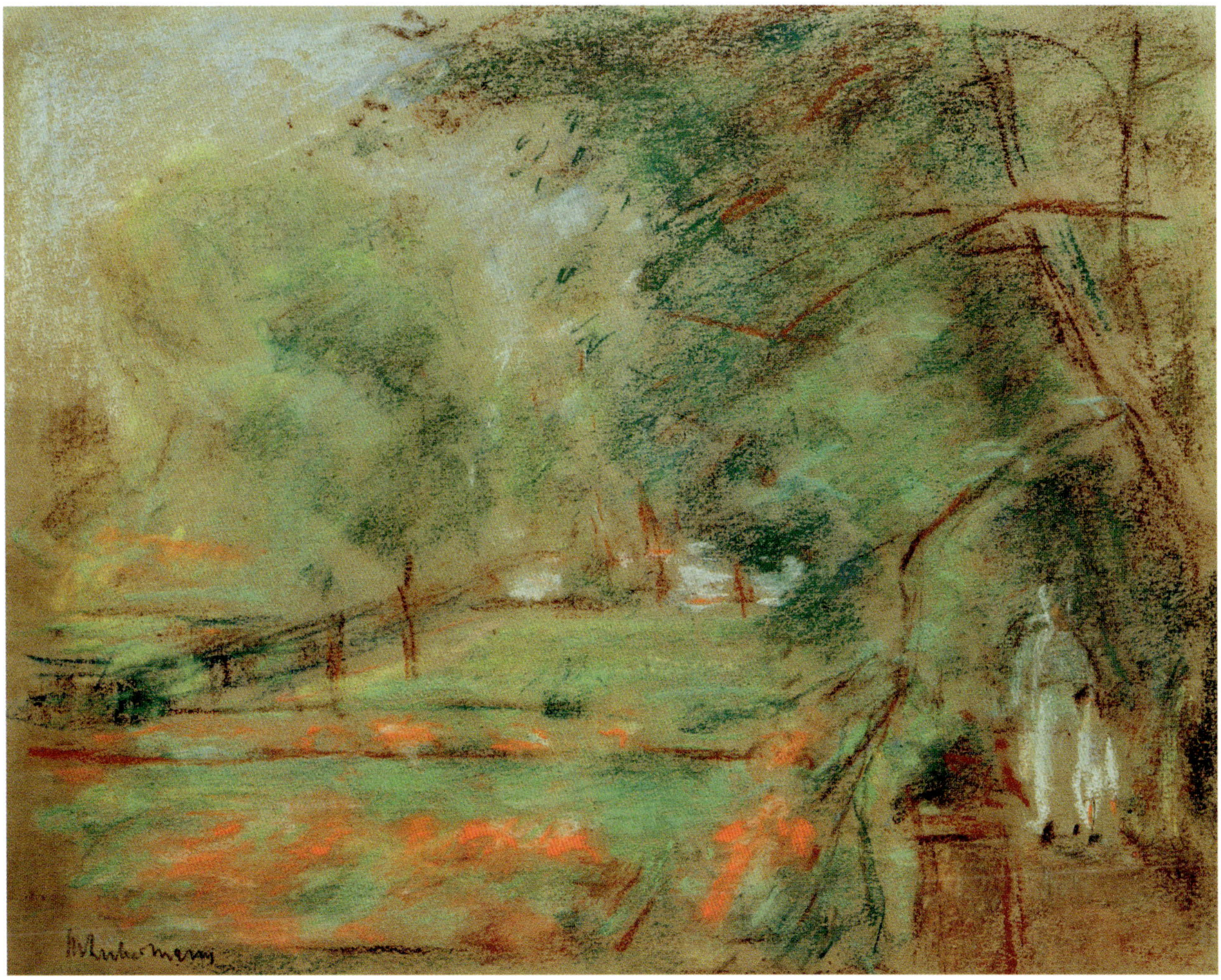

Spaziergang im Garten am Wannsee, um 1923
Pastell auf Papier, 23,2 x 30 cm
Düsseldorf, Galerie Ludorff

Das kleine Pastell fängt skizzenhaft, aber stimmungsvoll den Blick über die Blumenterrasse auf die große Rasenfläche ein. Die Geranienbeete sind in rot leuchtende Farbflecke aufgelöst. Eine Person mit Kind ist von der Terrasse auf den Gartenweg getreten, um zum Wannsee hinab zu wandeln. Ihre weißen Kleider setzen weitere Kontraste. Zartblau schimmern Himmel und Wasser im Hintergrund.

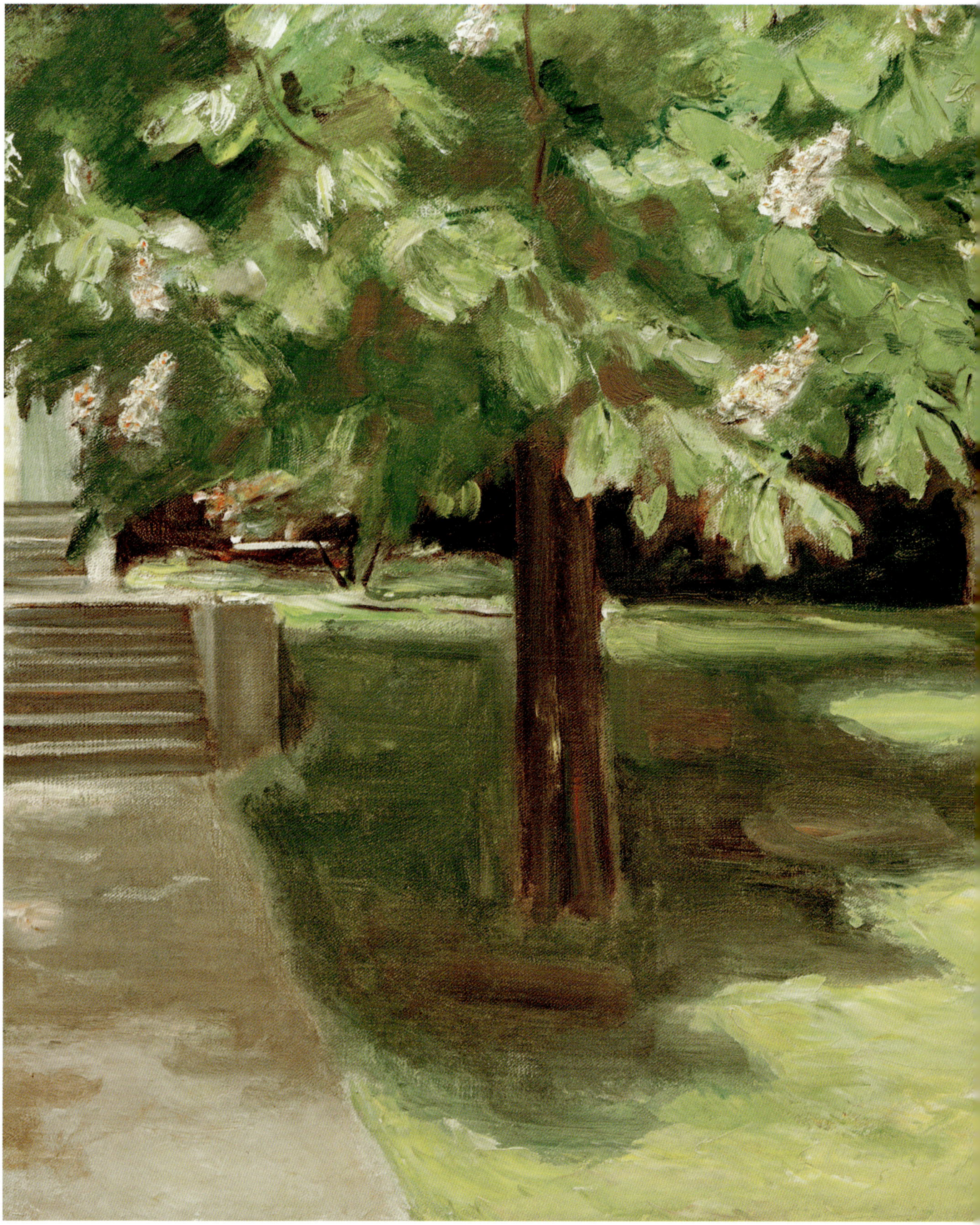

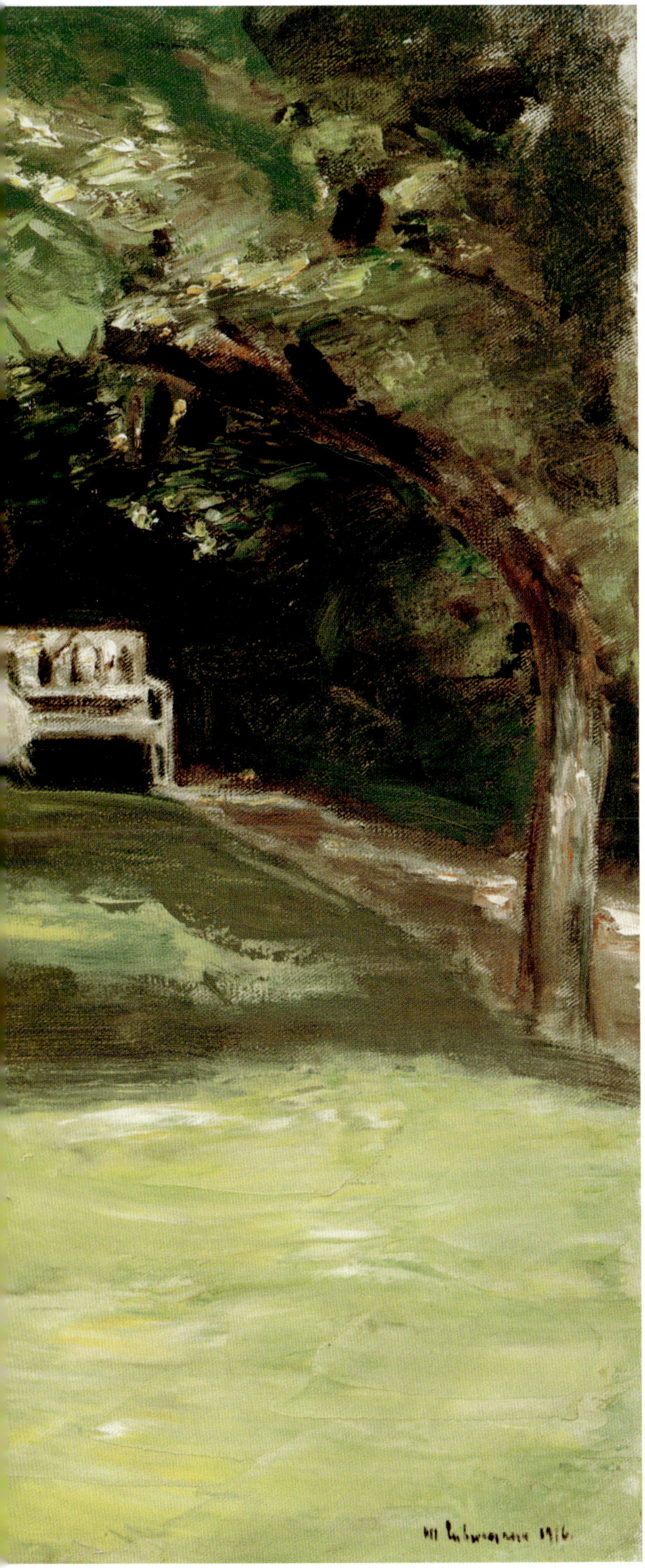

Gartenbank unter dem Kastanienbaum – Blühende Kastanien, 1916
Öl auf Leinwand, 70 x 90 cm
Privatsammlung (als Leihgabe in der Liebermann-Villa)

Diese ebenfalls im Jahr 1916 entstandene Variante der „Gartenbank unter dem Kastanienbaum" ist weniger abstrakt als Liebermanns Gemälde auf der vorangehenden Seite. Die mächtige weiß blühende Kastanie ist hier deutlich erkennbar, während die Bank mit der Frau im weißen Sommerkleid im Hintergrund nur angedeutet ist. Anhand der Treppenstufen links ist auch hier der Standort des Malers nahe der Terrasse zu lokalisieren.

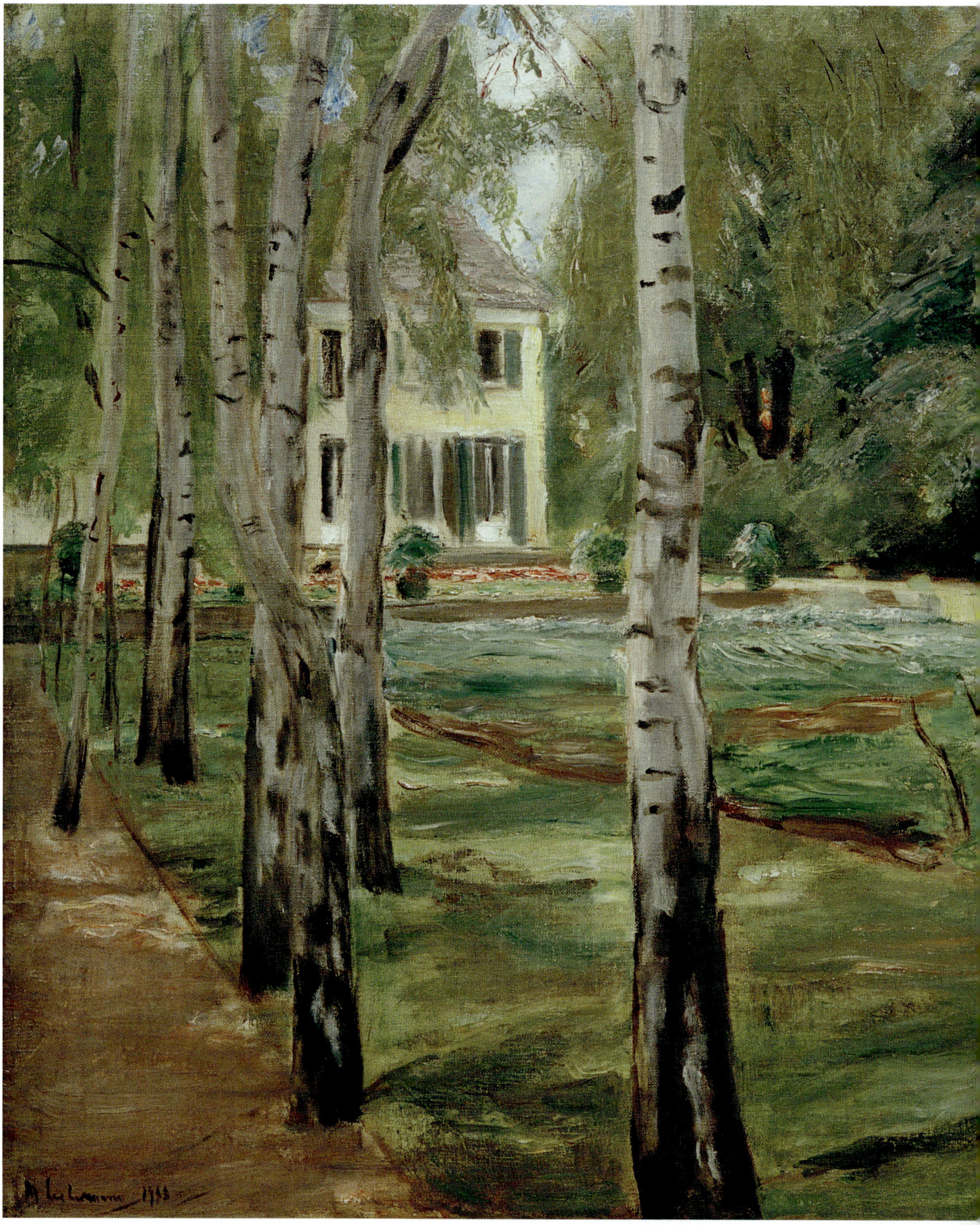

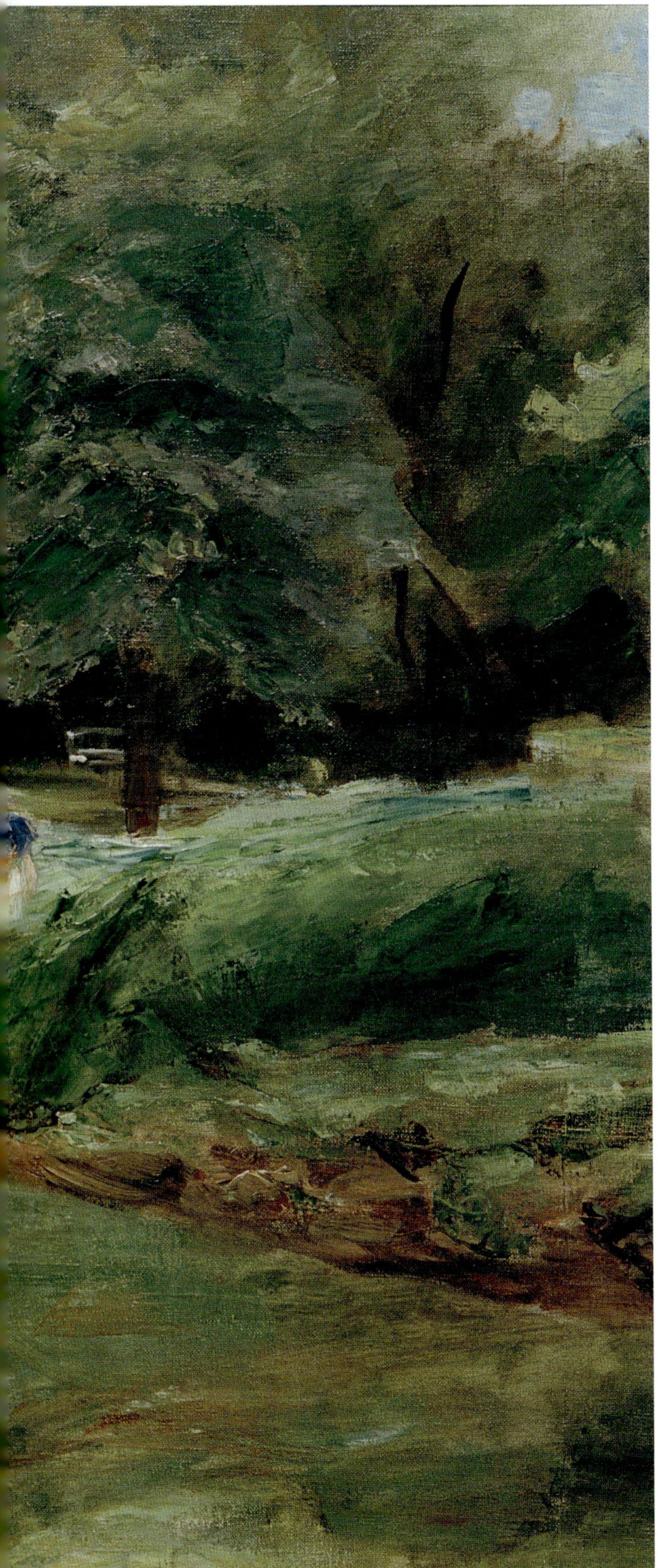

Die Birkenallee im Wannseegarten nach Westen, 1918
Öl auf Leinwand, 75,5 x 94,5 cm
Hamburg, Kunsthalle

Der Blick des Betrachters fällt durch die schlanken Stämme der hohen Birken auf die Fassade der Sommervilla im Bildhintergrund. Ein Gärtner arbeitet im Kohlfeld, das Liebermann während des Ersten Weltkriegs auf der großen Rasenfläche hatte anlegen lassen. Mit der kleinen Staffagefigur greift er die ländliche Arbeit auf – ein Sujet, das er bereits auf seinen Holland-Bildern häufig darstellte.

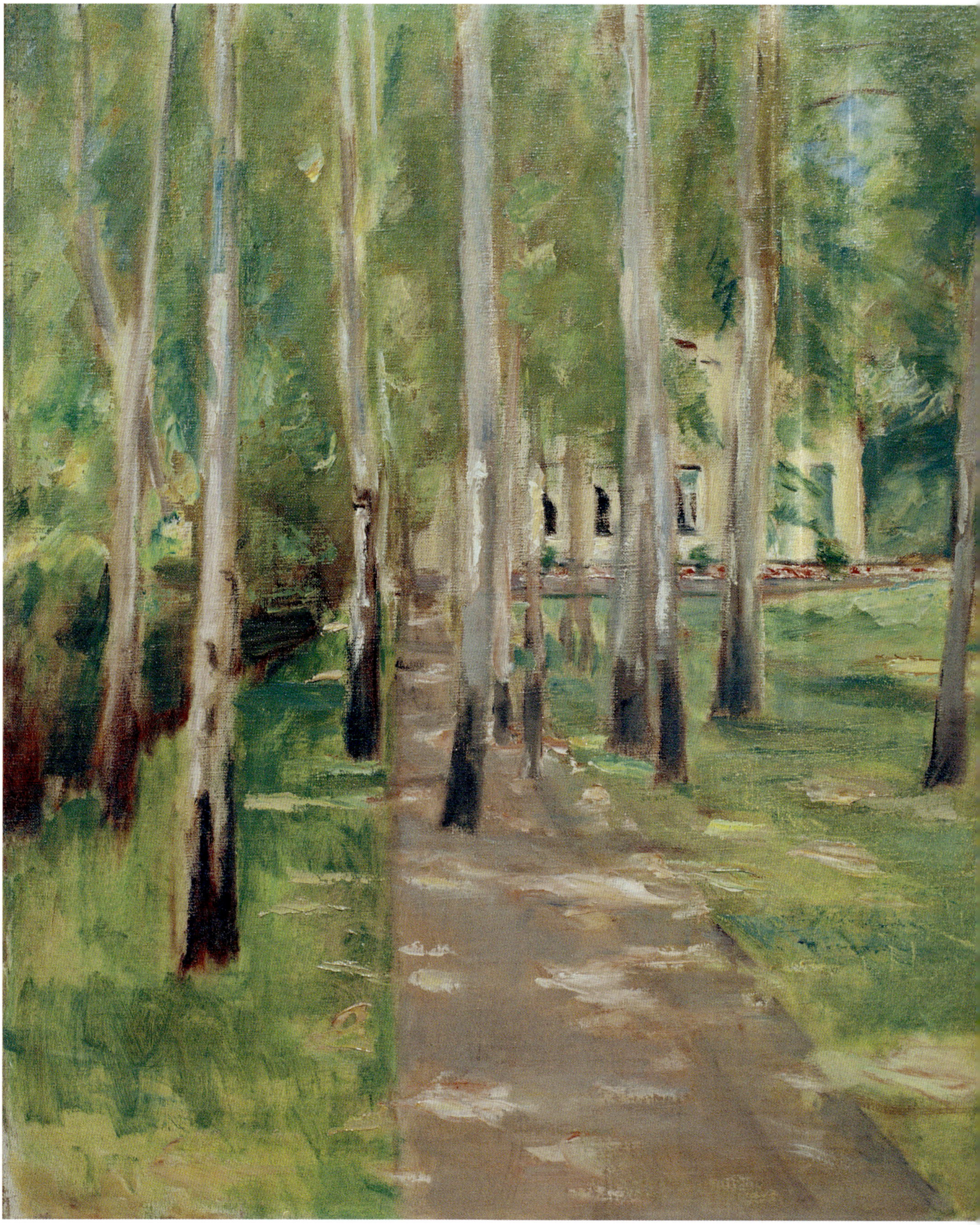

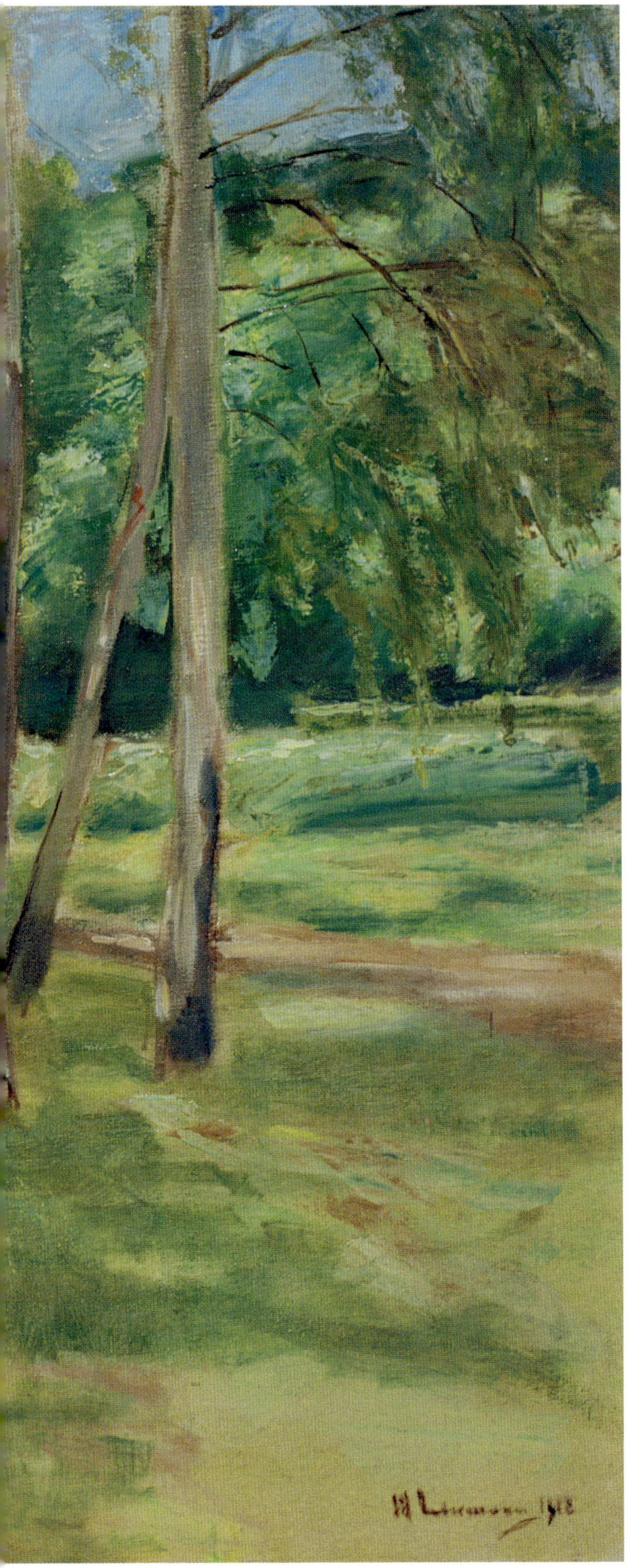

Wannseegarten mit Birkenallee, 1918
Öl auf Leinwand, 71 x 91 cm
Privatsammlung

Auch dieses Gemälde zeigt einen Blick von der Birkenallee auf das Sommerhaus im Hintergrund. Anders als auf dem vorangegangenen Bild, das einen Blick über das Kohlfeld freigibt, interessierte Liebermann hier mehr die Darstellung von Licht und Schatten auf den lichten Birkenstämmen, durch die das Gebäude fast verdeckt wird. Mildes Hellgrün und helle Farbtupfer auf dem schmalen Weg erzeugen Sommeratmosphäre.

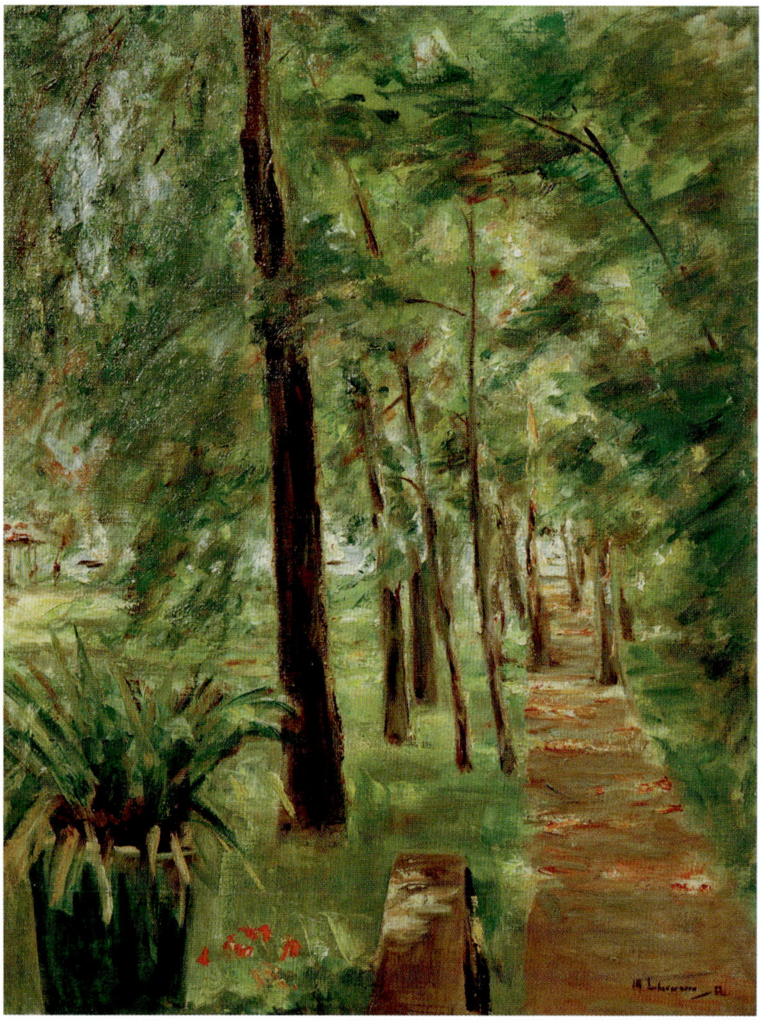

Heckengarten in Wannsee, 1924
Öl auf Holz, 40 x 49,5 cm
Privatsammlung

Immer wieder wählte Liebermann Ausschnitte seines Gartens als Bildmotiv. Hier geht der Blick von der südlichen Terrassentreppe direkt in die Birkenallee. Ein Blumenkübel und ein Stück der Treppeneinfassung markieren den Standort. Von Hell zu Dunkel changierendes Grün prägt das Bild. Der Wannsee am Wegesende ist kaum mehr als angedeutet. Links im Hintergrund skizzierte Liebermann das Teehäuschen am Uferweg.

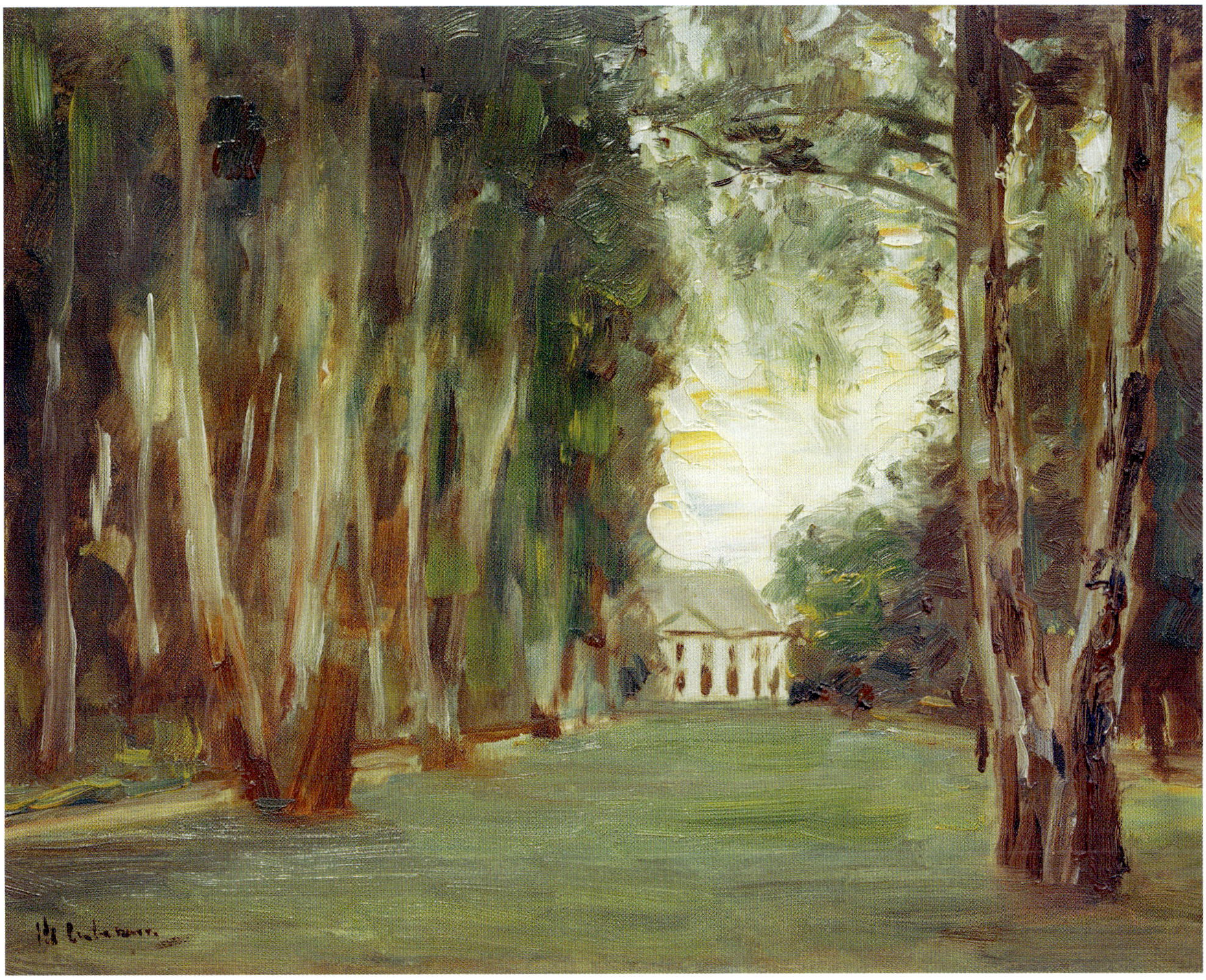

Haus am Wannsee, 1926
Öl auf Holz, 31,5 x 41 cm
Berlin, Alte Nationalgalerie

Auf diesem kleinformatigen Gemälde stellte Liebermann erneut seine Sommervilla, über die Rasenfläche hinweg gesehen, dar. Pastos gemalte Bäume bilden einen romantischen Rahmen. Kein strahlender Sommer, sondern ein Hauch herbstlicher Melancholie liegt über dem ruhigen Bild. Damit erinnert es an Liebermanns Gemälde „Landhaus in Hilversum", das fünfundzwanzig Jahre zuvor in den Niederlanden entstanden war.

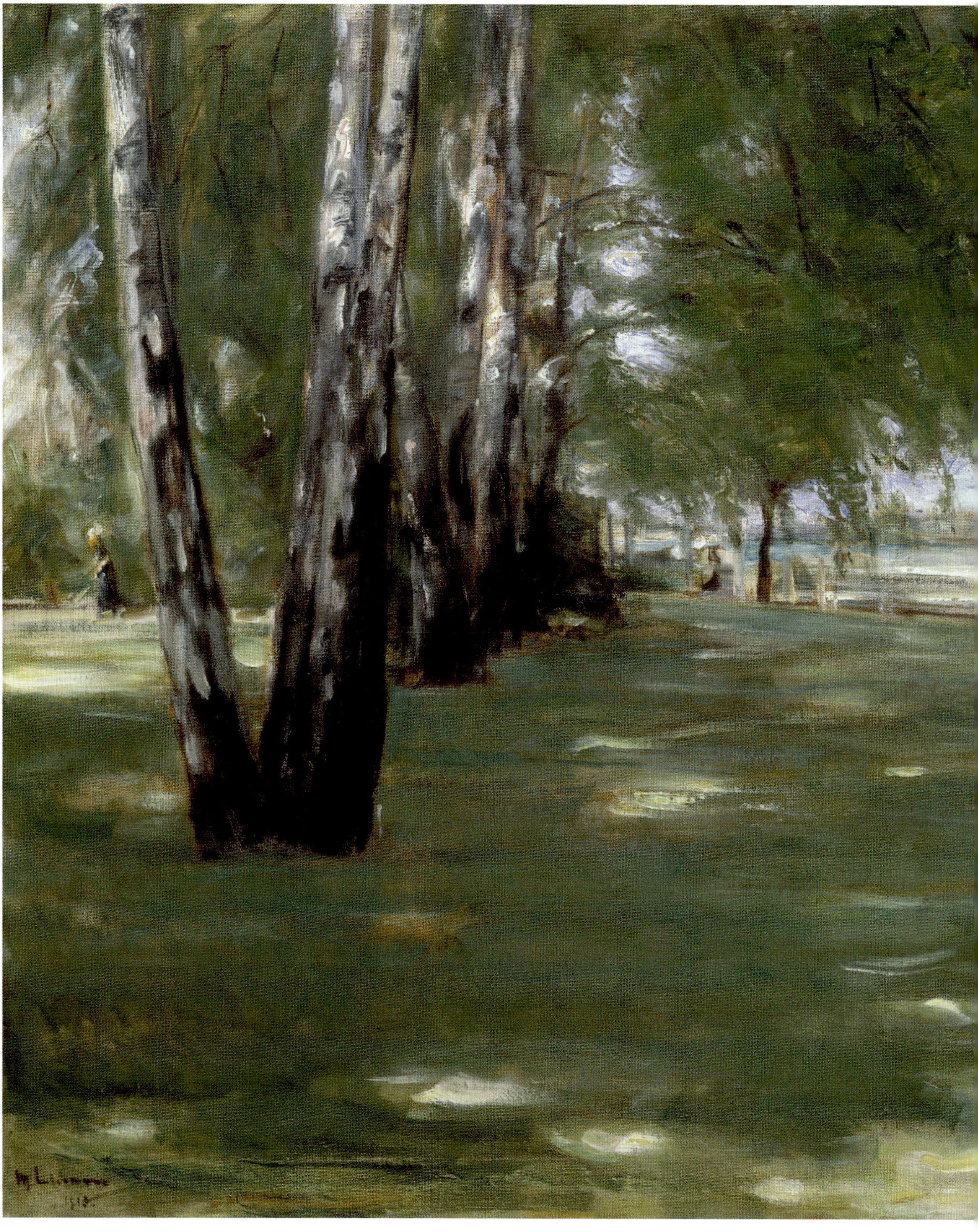

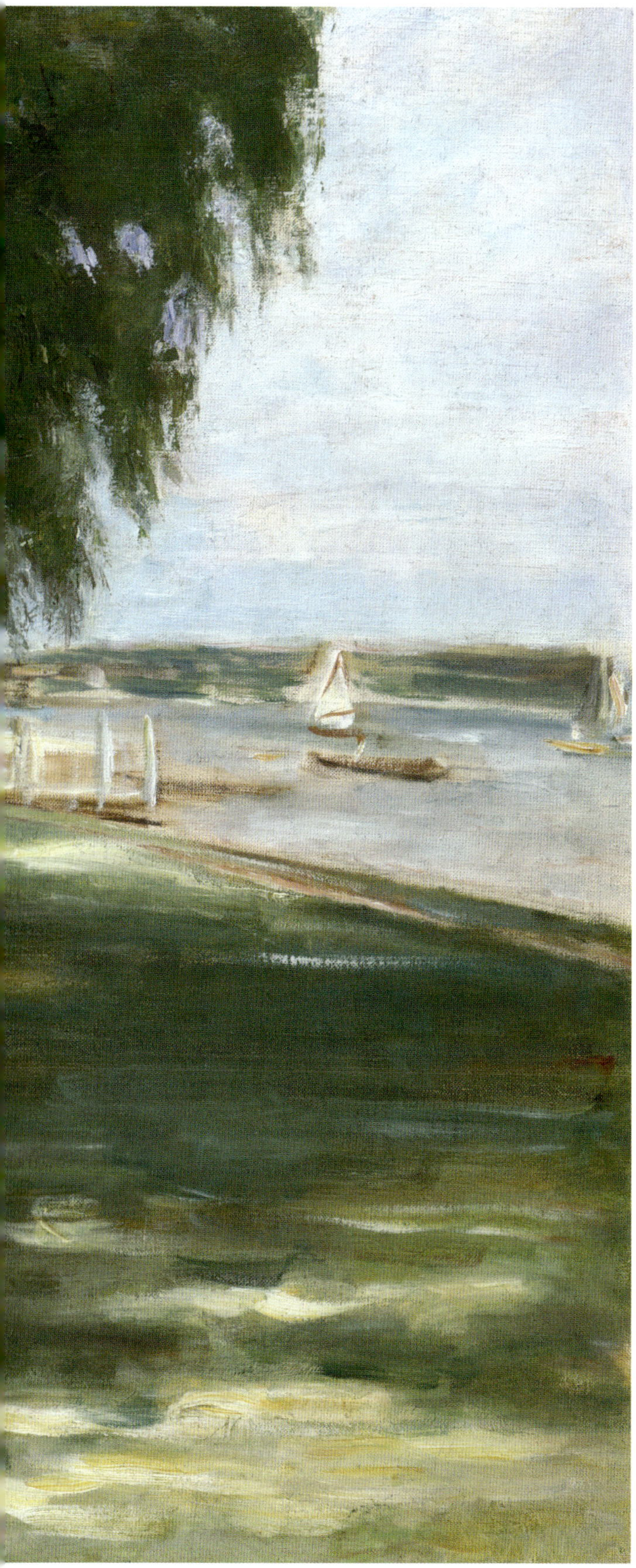

Am Wannseeufer, 1918
Öl auf Leinwand, 70 x 90,3 cm
Hamburg, Kunsthalle

Heitere Sommerstimmung prägt die Szene. Sonne liegt auf den Birkenstämmen, schimmert über Rasen und Wasser, auf den hellen Segeln der Schiffe. Der Bootssteg ist angedeutet, in der Ferne ist das gegenüberliegende Ufer erkennbar. Jenseits der Birken arbeitet eine Gärtnerin. Der damalige Direktor der Hamburger Kunsthalle, Gustav Pauli, entdeckte das Gemälde bei einem Besuch bei Liebermann und kaufte es für seine Sammlung an.

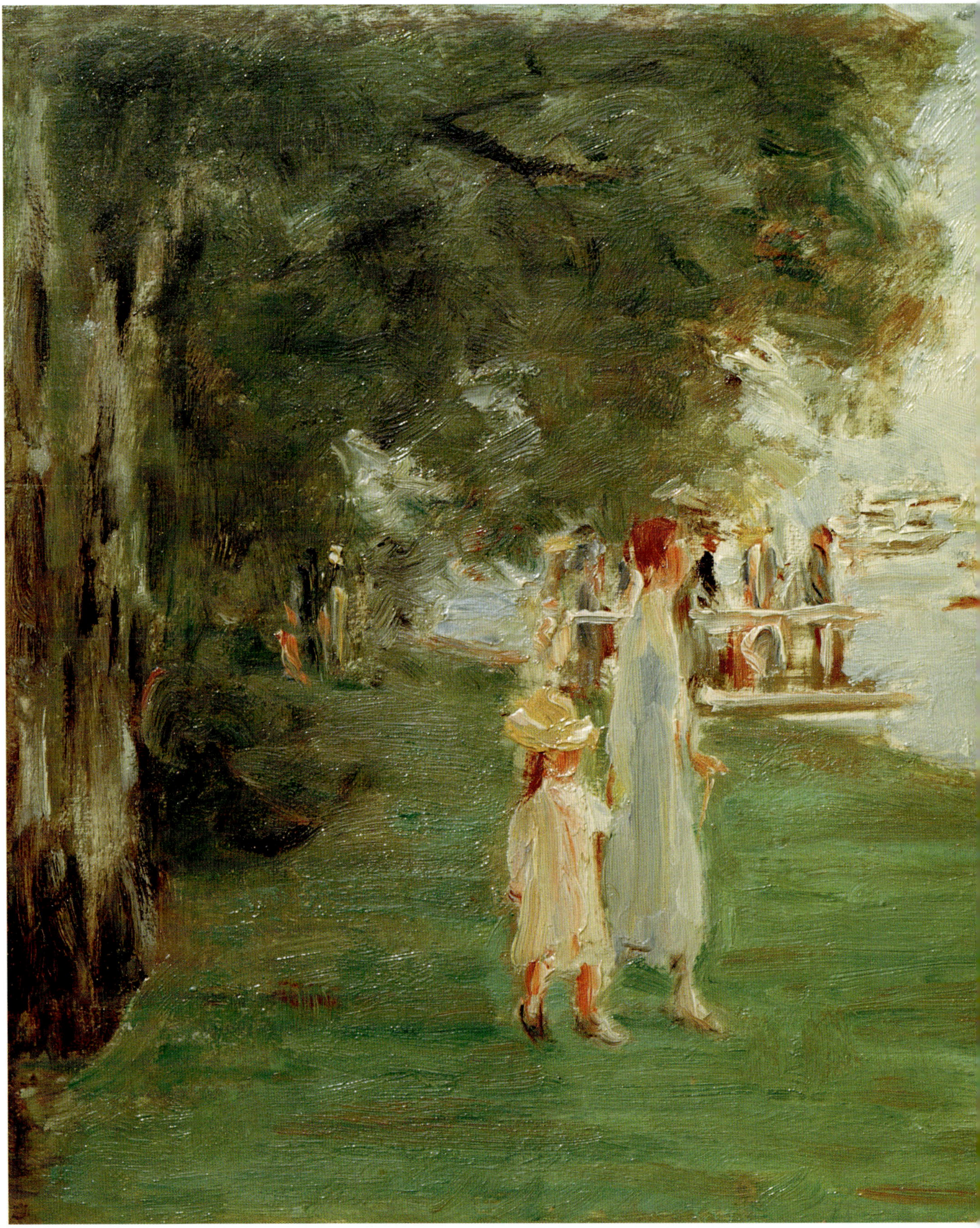

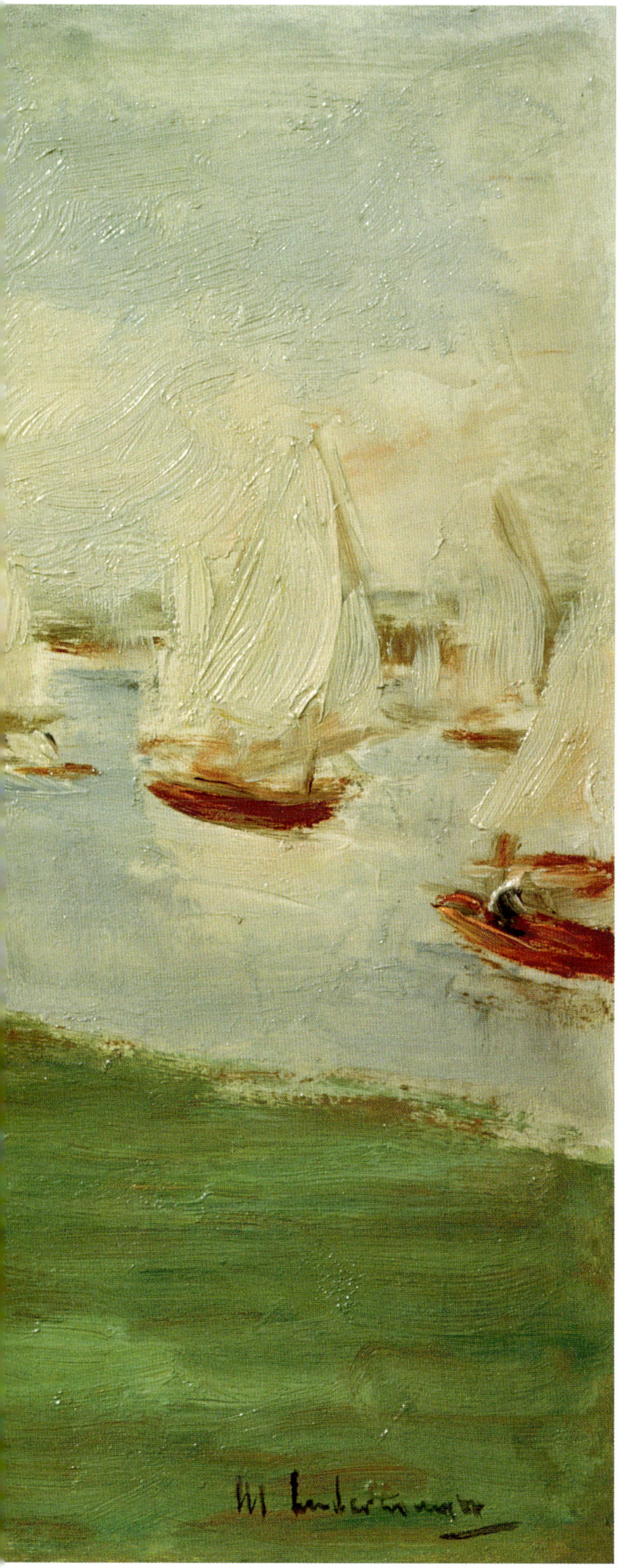

Spaziergänger am Wannseeufer, 1924
Öl auf Holz, 32 x 40 cm
Privatsammlung

Das Gemälde zeigt einen Ausschnitt des Wannseeufers. Dichtes Baumgrün grenzt das Wasser vom Garten ab. Im Unterschied zu anderen Gartenbildern Liebermanns ist die Szene von Menschen belebt. Vom Bootssteg aus betrachten sie den regen Segelbetrieb auf dem Wannsee. Vorn gehen Frau und Kind, vielleicht wieder Tochter Käthe und Enkelin Maria, spazieren und werfen ebenfalls einen Blick auf das Wasser.

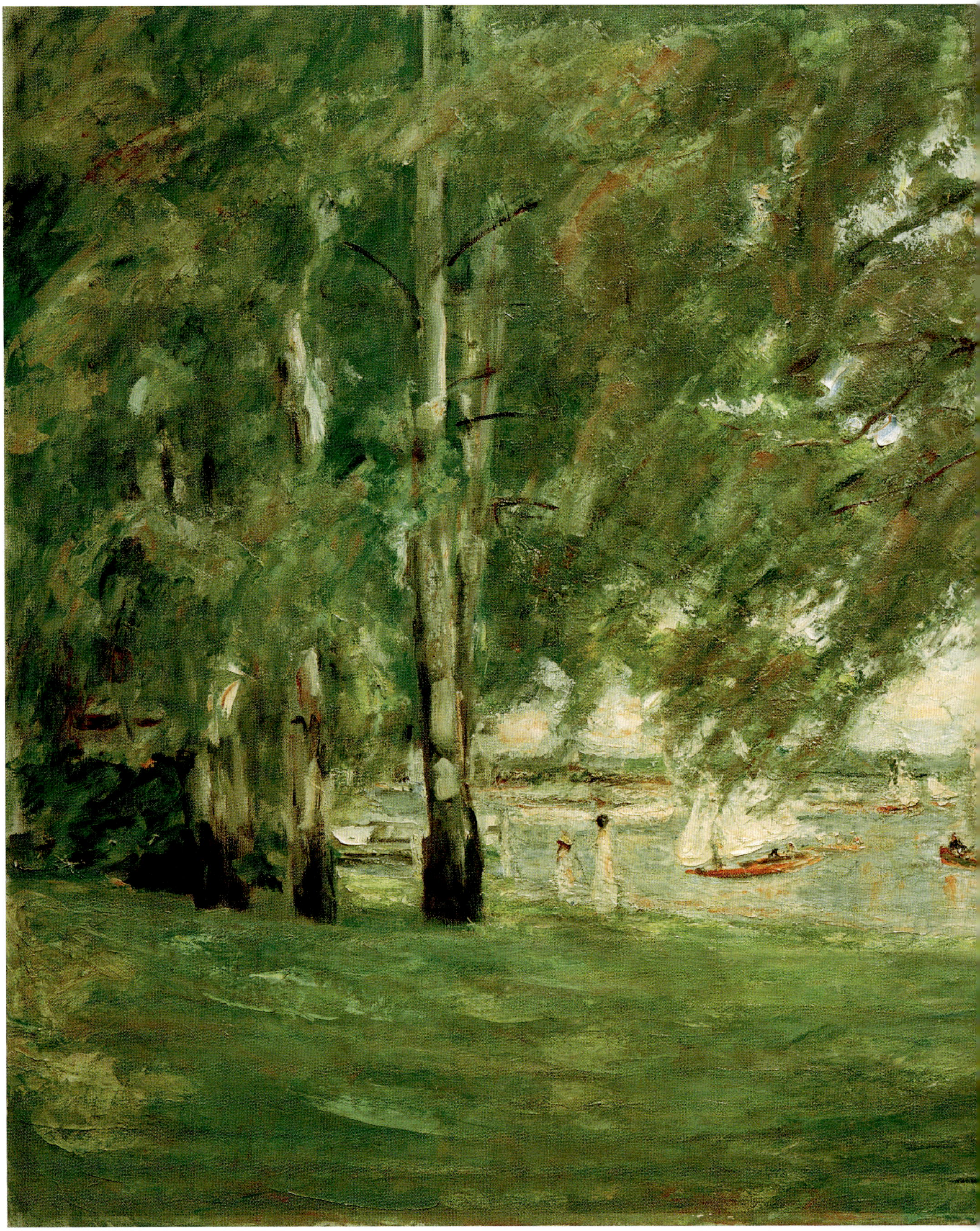

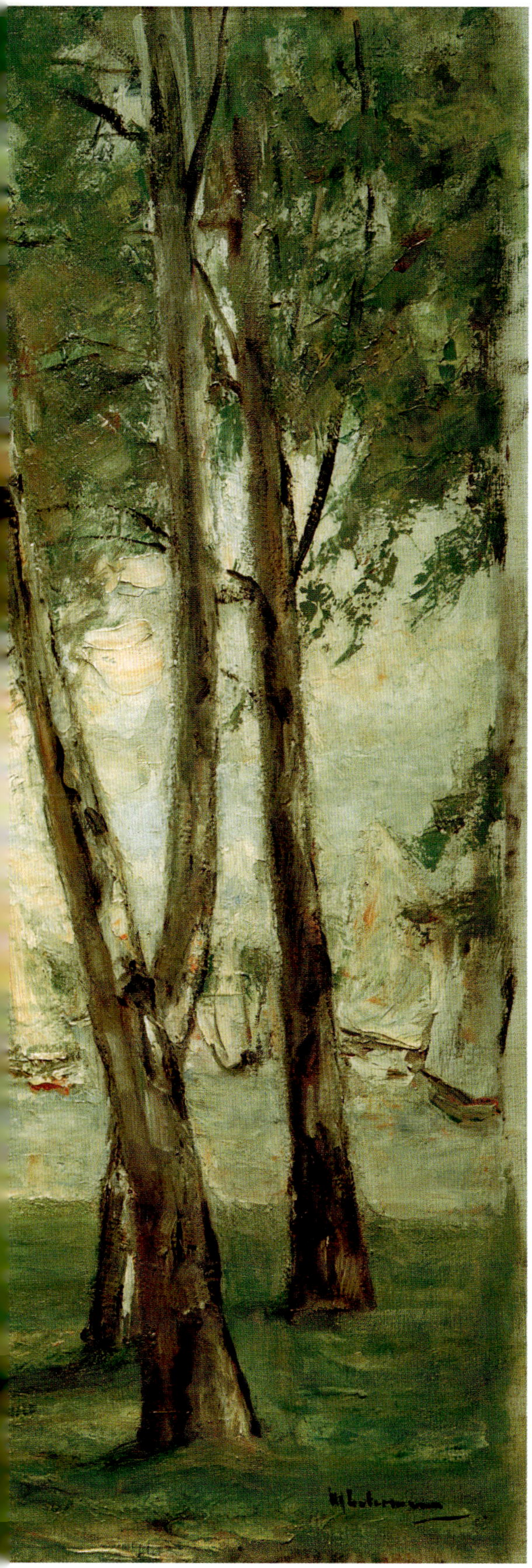

Birken am Wannseeufer nach Osten, 1924
Öl auf Leinwand, 96 x 115 cm
Berlin, Alte Nationalgalerie
(als Leihgabe in der Liebermann-Villa)

Hier fällt der Blick über die weitläufige, sich sanft dem Wasser zuneigende Rasenfläche des Gartens auf das Ufer des Großen Wannsees. Dichtes, sattes Grün betont die sommerliche Stimmung des Gemäldes. Die hellen Stämme der hohen Birken, die Segel der Boote und die weiße Kleidung der Frauen, die hier als winzige, hingestrichelte Figuren zu erkennen sind, setzen heitere, lichte Akzente.

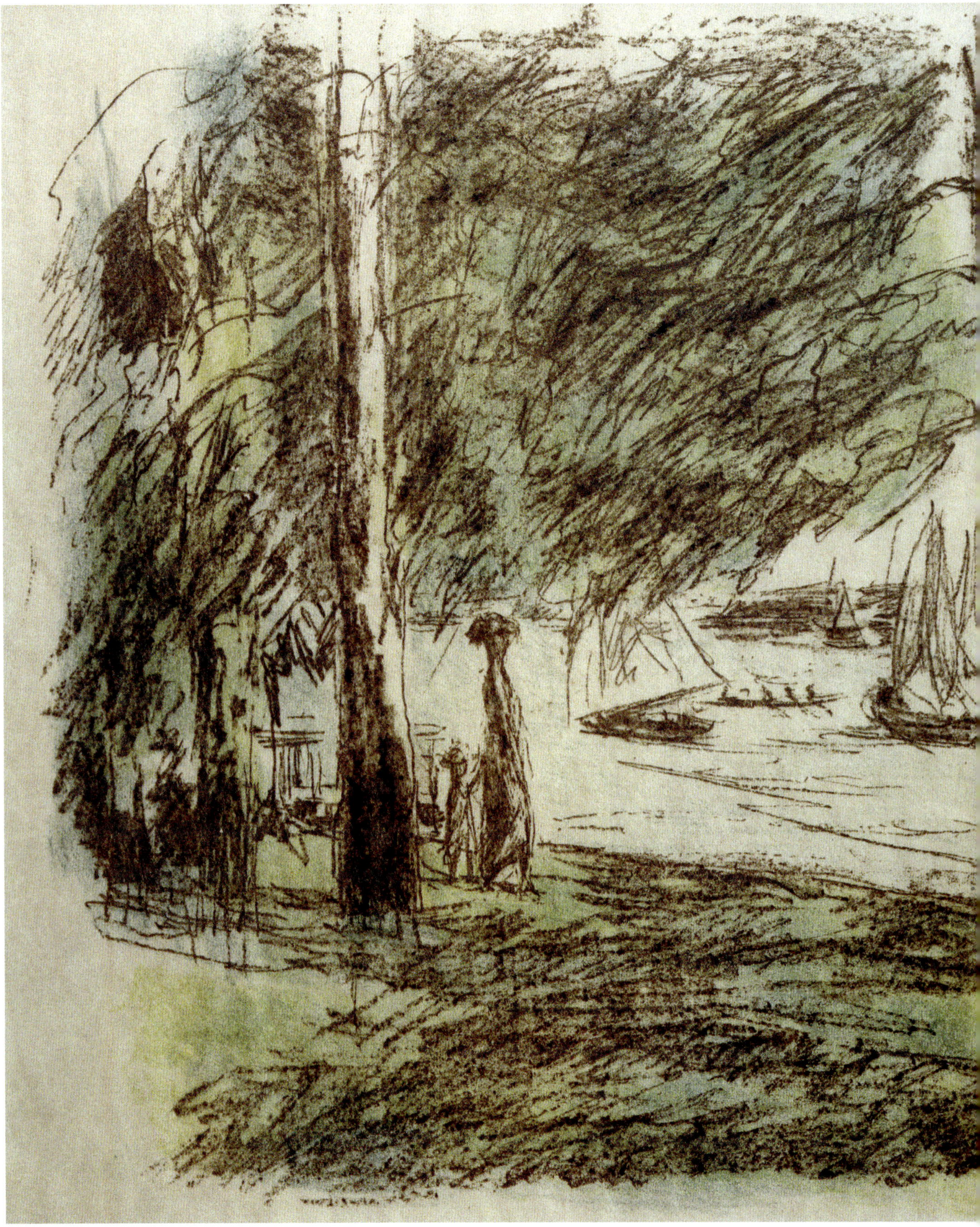

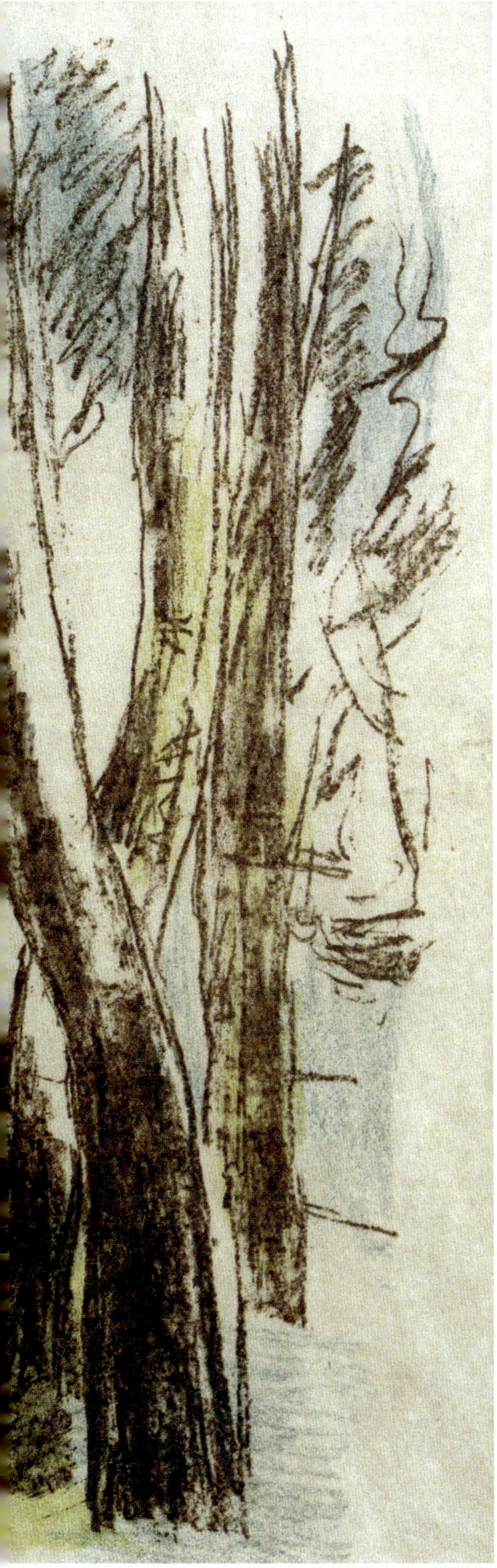

Landschaft am Wannseeufer mit Segelbooten, 1926
Farblithografie von drei Steinen (gelb, blau, braun), 28,5 x 31,2 cm
Privatsammlung

Einen ganz anderen, grafischen Charakter als die farbenprächtigen Gartengemälde hat diese Farblithografie. Es handelt sich um das Titelblatt der Mappe „Max Liebermann. 9 Steinzeichnungen", die im Verlag Bruno Cassirer erschien. Wie im auf den Seiten 98/99 gezeigten, zwei Jahre früher entstandenen Bild ist ein Ausschnitt des Wannseeufers zu sehen. Von Bäumen eingefasst, blicken Frau und Kind auf eine Gruppe vorbeiziehender Segelboote.

FAMILIE UND GESELLSCHAFTLICHES LEBEN

Wie im Wohnhaus am Pariser Platz erhielt Liebermann auch in seiner Wannsee-Villa häufig Besuch. Neben Pressevertretern, die ihn interviewen wollten, kamen Kunstinteressierte, Freunde und Verwandte an den Wannsee. Darunter befanden sich seine Schwester Anna, die mit ihrer Familie bereits seit 1885 ein Sommerhaus in der nahegelegenen Straße zum Löwen besaß, und der Unternehmer Eduard Arnhold, der sich ebenfalls am Großen Wannsee niedergelassen hatte. Zu den zahlreichen Gästen zählten auch der Direktor der Berliner Nationalgalerie Hugo von Tschudi, der Kunstkritiker Max Osborn sowie die prominente Kunsthändlerin Grete Ring, eine Nichte Martha Liebermanns. Aus Hamburg reisten sein Freund Alfred Lichtwark und der Kunsthistoriker Gustav Pauli an. Im Atelier seines Sommerhauses empfing Liebermann zudem Persönlichkeiten, die sich von ihm malen lassen wollten. Seinem Biografen Julius Elias gegenüber äußerte er: „Jetzt fange ich an, auch in Wannsee ‚berühmt' zu werden u die hiesige, sehr wohlhabende Kundschaft beehrt mich mit ihren Aufträgen ..."

Auf seinen Wannsee-Bildern jedoch finden sich die vielen Menschen nicht wieder, die Gemälde sind ganz dem Garten und der privaten Idylle gewidmet. Nur seine kleine Familie malte Liebermann hier in der Natur. Wie in klassischen Landschaftsbildern sind sie oft kleine Staffagefiguren, die den Garten beleben, müßig auf den Wegen wandeln oder auf Bänken sitzen. Ihre fast immer weiße Kleidung scheint als heller Kontrast in der grünen Umgebung auf. Lieblingsmodell war seine 1917 geborene Enkelin Maria. Sie verbrachte ganze Sommer bei Liebermann und seiner Frau, da der Schwiegersohn beruflich viel reiste und Tochter Käthe ihn begleitete. Schon auf seinen frühen Holland-Bildern, wie dem Gemälde „Nähschule im Amsterdamer Waisenhaus" (1876/77), hatte Liebermann gern Kinder dargestellt und als junger Familienvater immer wieder seine heranwachsende Tochter porträtiert. Mit der gleichen Zuneigung malte er jetzt seine Enkelin – im Sand spielend, an der Hand der Kinderfrau im Garten spazierend oder auf der Gartenbank sitzend, während ihr vorgelesen wird.

Oft entstanden auch Familienbilder im Haus. Auf ihnen ist die Familie im sonnenhellen Salon versammelt, Ehefrau Martha ruht im bequemen Sessel, Maria schreibt über einen Tisch gebeugt und der Dackel schläft zusammengerollt im Lehnstuhl. Sich selbst malte Liebermann in seinem Atelier im ersten Stock der Villa arbeitend, während sommerliches Grün durch das Fenster schimmert.

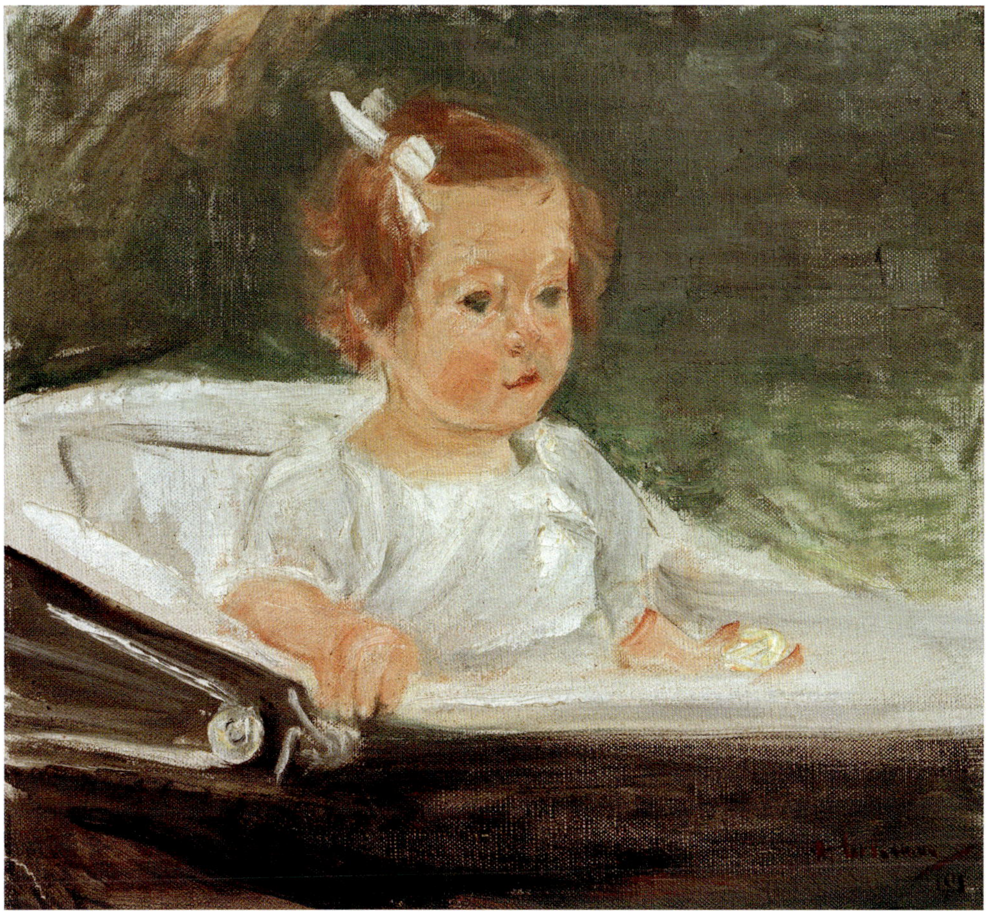

Die Enkelin im Kinderwagen nach rechts, 1918
Öl auf Leinwand, 46 x 52 cm
Schweiz, Fondation Sonia et Edward Kossoy
(als Leihgabe in der Liebermann-Villa)

Das Gemälde zeigt die im Jahr zuvor geborene Enkelin Maria in einer „Nahaufnahme": Liebermanns einziges Enkelkind und sein ganzer Stolz. Der Kinderwagen steht offensichtlich im Garten. Das Weiß von Kleid und Kissen kontrastiert zum dunklen Grün, das in groben Pinselstrichen aufgetragen ist. Teilweise schimmert die Leinwand hindurch. In den folgenden Jahren malte er Maria immer wieder und dokumentierte damit ihr Heranwachsen.

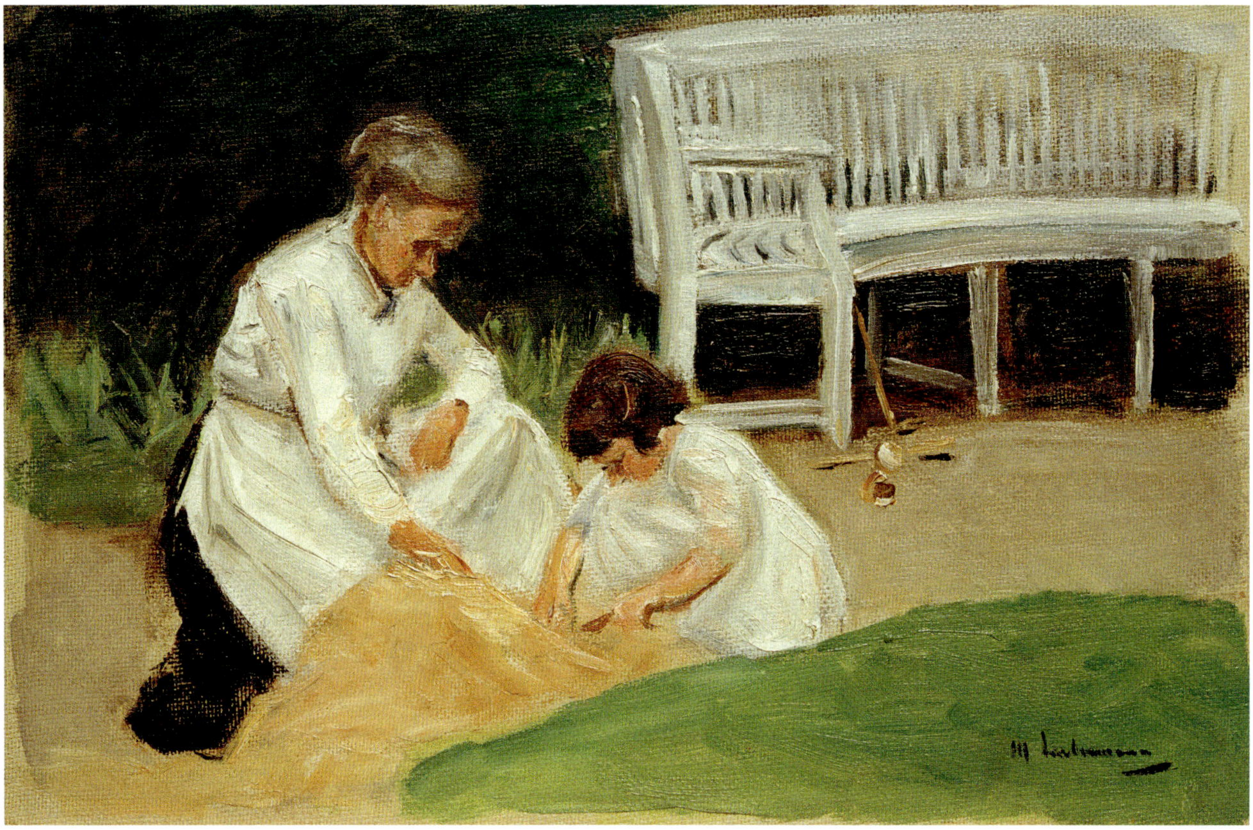

Die Enkelin mit der Kinderfrau beim Spiel, 1919
Öl auf Pappe, 28 x 43 cm
Privatsammlung (als Leihgabe in der Liebermann-Villa)

Enkelin Maria verbrachte viele Sommer am Wannsee, da Liebermanns Tochter ihren Mann häufig auf Reisen begleitete. Das kleinformatige Bild zeigt das etwa zwei Jahre alte Mädchen mit seiner Kinderfrau beim Spielen im Sand vor einer Gartenbank. Gustav Pauli schildert die kleine Maria als „wirklich allerliebst, sehr lebhaft ... zutraulich und anmutig."

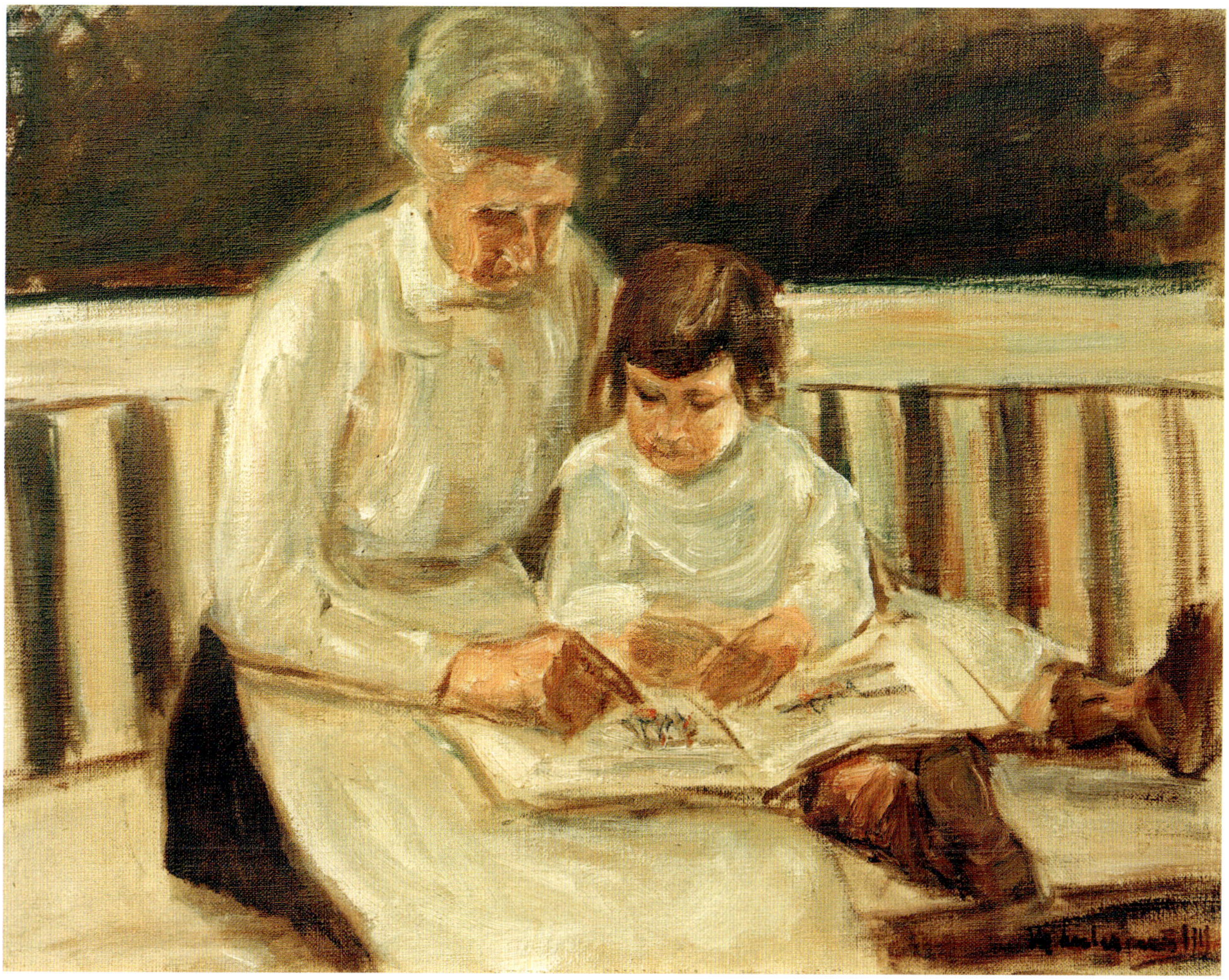

Enkelin und Kinderfrau auf der Gartenbank, 1919
Öl auf Leinwand, 36 x 48,5 cm
Privatsammlung

Enkelin Maria und ihre Kinderfrau Ida Schönherr sitzen, in ein Bilderbuch vertieft, auf einer Bank im Garten. Liebermanns Biograf Erich Hancke schrieb über das Bild: „... ein Werk von schöner Einfachheit, worin die feine, liebevolle Auffassung des Menschlichen ebenso fesselt, wie die Bewältigung des schwierigen malerischen Problems – weißgekleidete Figuren auf einer weißen Gartenbank – Bewunderung erregt."

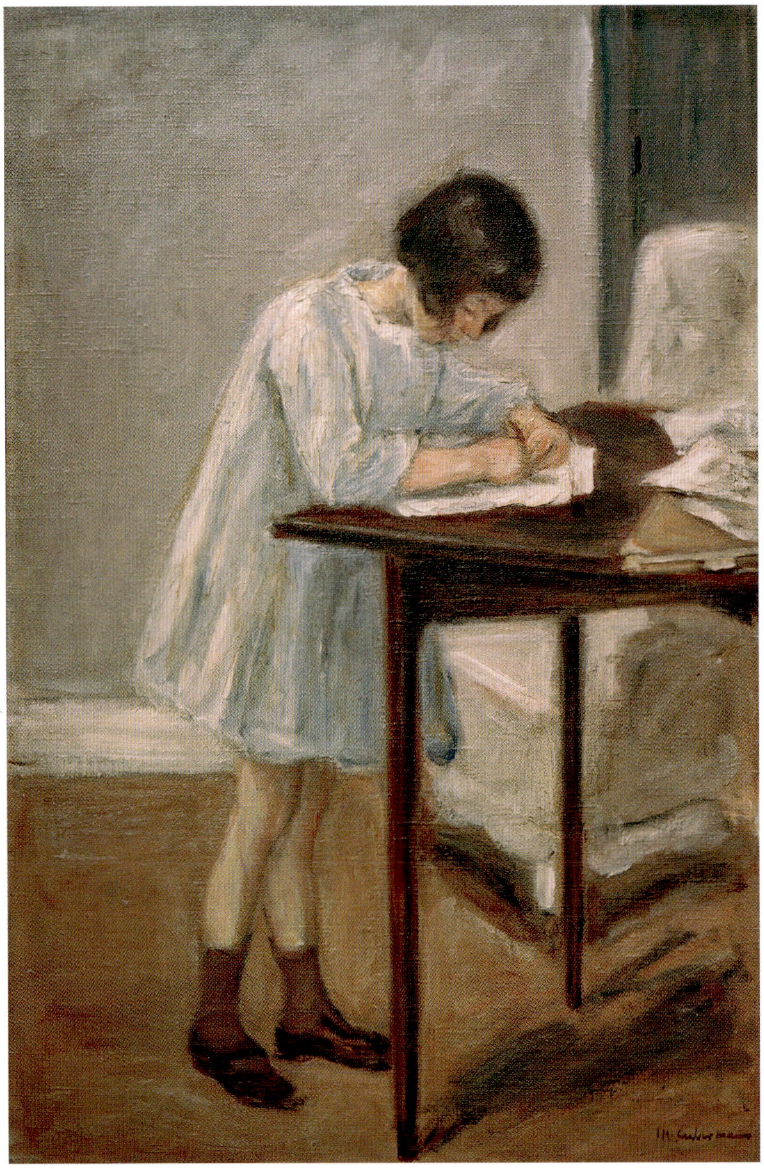

Die Enkelin schreibend, 1923
Öl auf Leinwand, 76 x 51 cm
Schwerin, Staatliches Museum

Für dieses Gemälde wählte der Künstler eine weiche Farbpalette aus Weiß-, Grün- und Brauntönen. Die Szene wirkt wie in sanftes Licht getaucht. Ein hell bezogener Sessel deutet den Salon der Wannsee-Villa an. Bildmittelpunkt ist Maria, die, über einen Tisch gebeugt, völlig ins Schreiben versunken ist. Schon in seinen Holland-Bildern hatte Liebermann oft Menschen dargestellt, die ganz auf ihre Tätigkeit konzentriert sind.

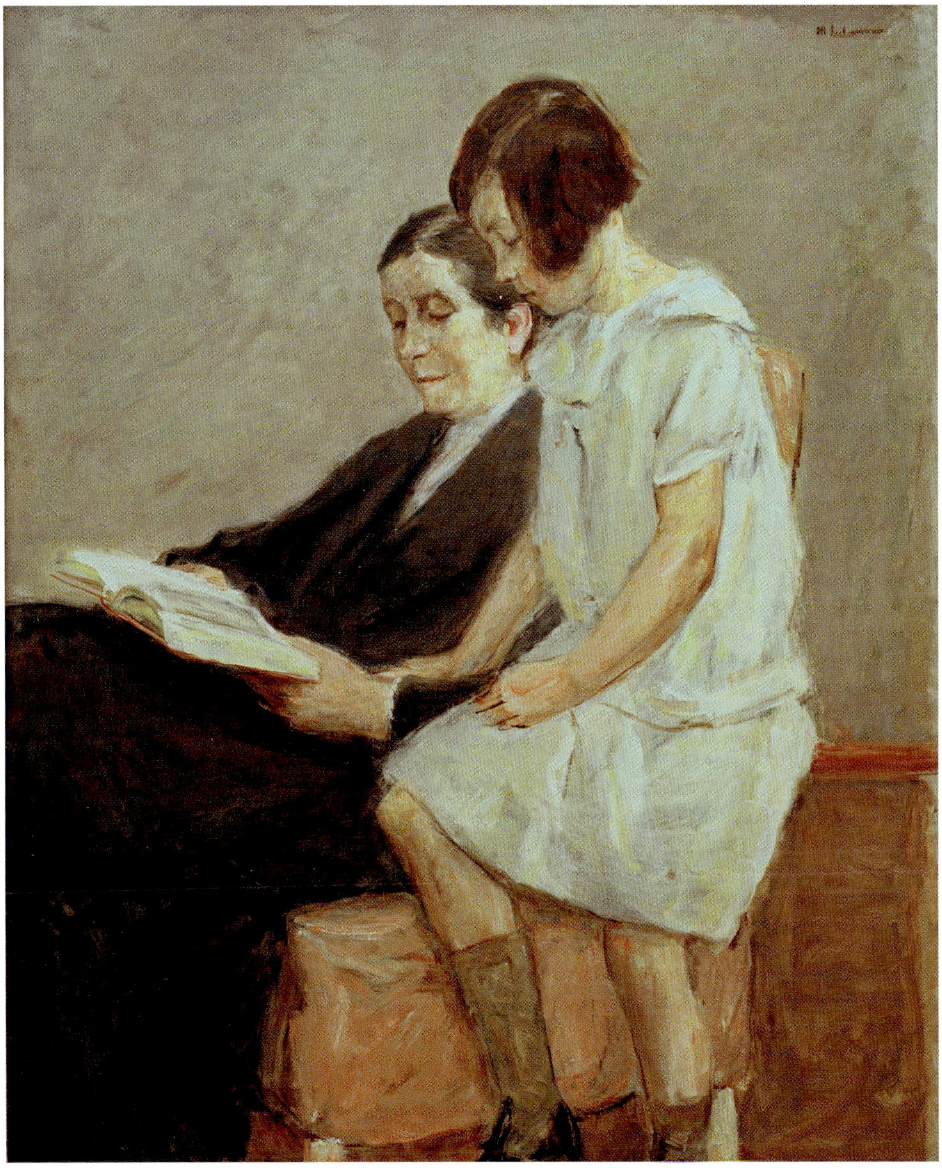

Martha Liebermann und ihre Enkelin Maria, 1926
Öl auf Leinwand, 114 x 96 cm
Los Angeles, Skirball Museum

Das relativ großformatige Gemälde zeigt Martha Liebermann mit der neunjährigen Maria beim Vorlesen, vermutlich im Salon der Wannsee-Villa. Auf eine Darstellung des Interieurs verzichtete Liebermann, er konzentrierte sich auf die innige Szene, die er in weichen Farben malte. Das weiße Kleid Marias und das dunkle Marthas harmonieren mit dem lachsfarbenen Sessel und den Grau- und Brauntönen des Hintergrunds.

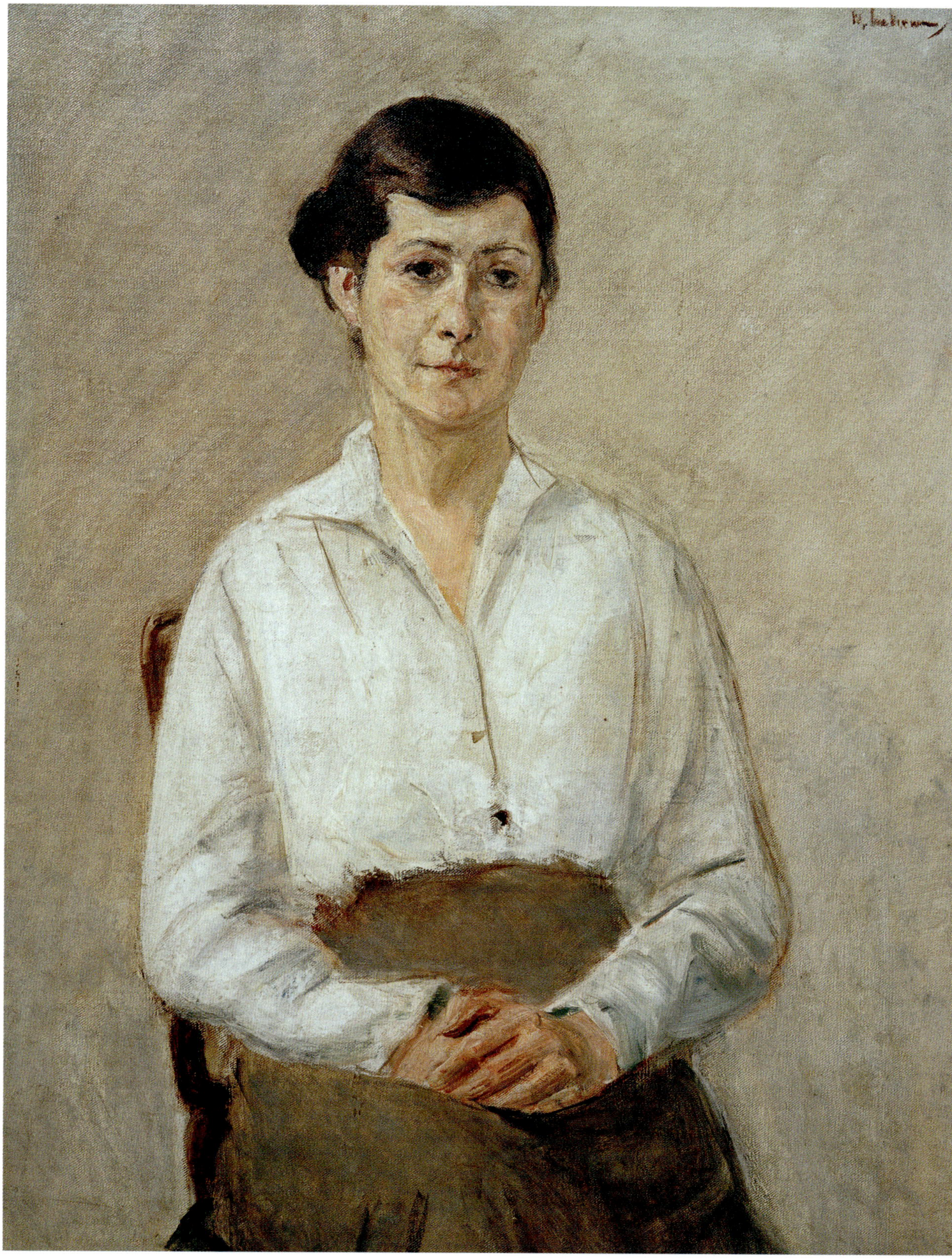

Die Tochter des Künstlers in Halbfigur, sitzend en face, 1916
Öl auf Leinwand, 93,5 x 74 cm
Wien, Belvedere-Museum

Käthe war Liebermanns einziges Kind. Ihr Heranwachsen hat er liebevoll auf Gemälden und Zeichnungen festgehalten. Hier stellt er sie als junge Frau von schlichter Eleganz im Jahr ihrer Heirat mit dem Diplomaten und Geschichtsphilosophen Kurt Riezler dar. Bis dahin hatte sie im Haus ihrer Eltern gelebt und beim Bau der Wannsee-Villa begeistert an der Konzeption des Gartens mitgewirkt.

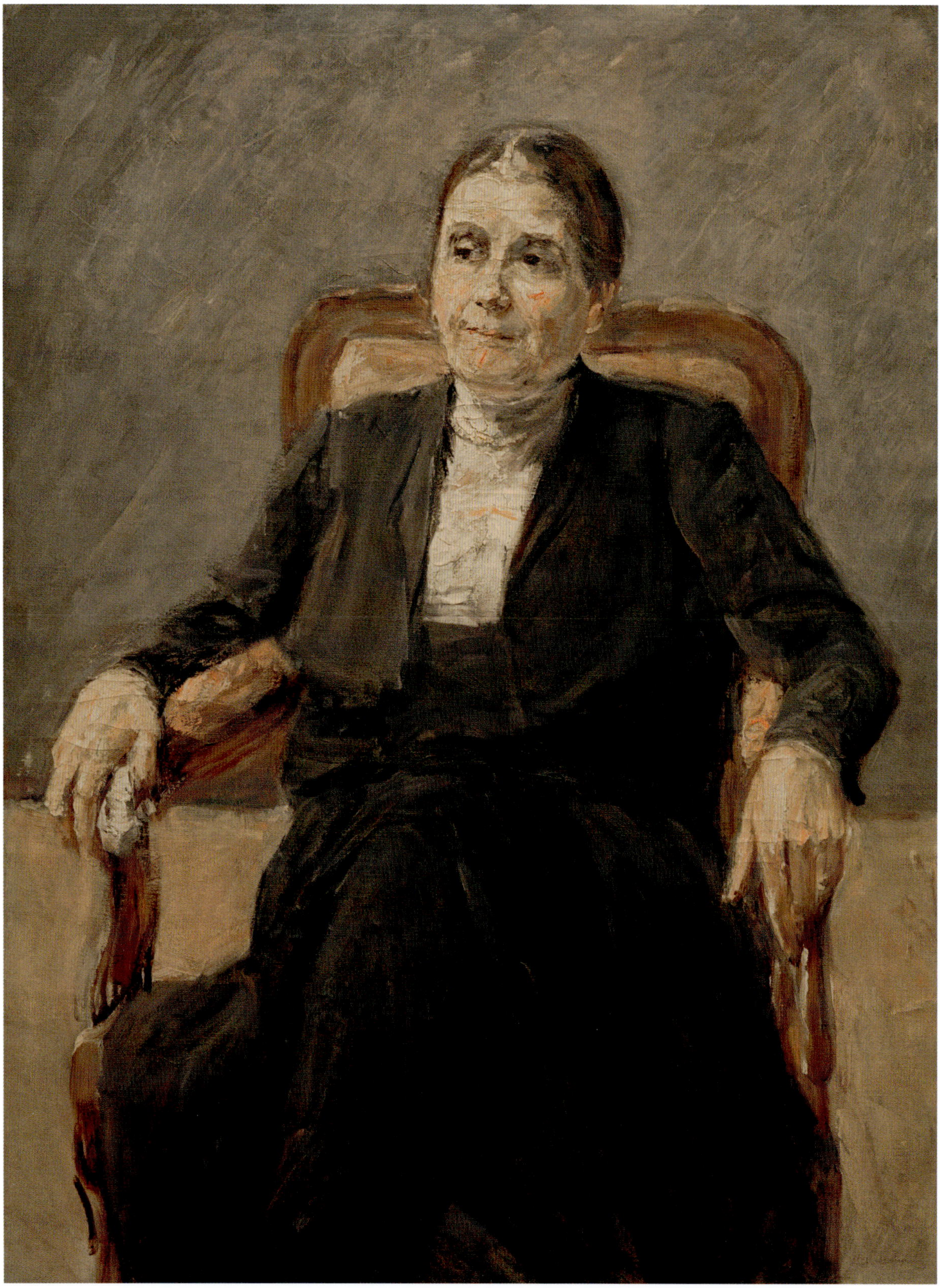

Porträt Martha Liebermann, 1930
Öl auf Leinwand, 115,8 x 91 cm
Schweinfurt, Museum Georg Schäfer

Dieses Gemälde ist das letzte Porträt seiner Frau, mit der Liebermann damals 46 Jahre verheiratet war. Martha Liebermann, die als klug und elegant beschrieben wurde, trat zeitlebens bescheiden hinter ihrem berühmten Mann zurück. Überliefert ist ihre Aussage: „Es war zwar eine Ehre, aber kein Vergnügen, mit dir verheiratet zu sein." Auch kritisierte sie, dass Liebermann sie oft untätig im Sessel sitzend, ruhend oder gar schlafend darstellte.

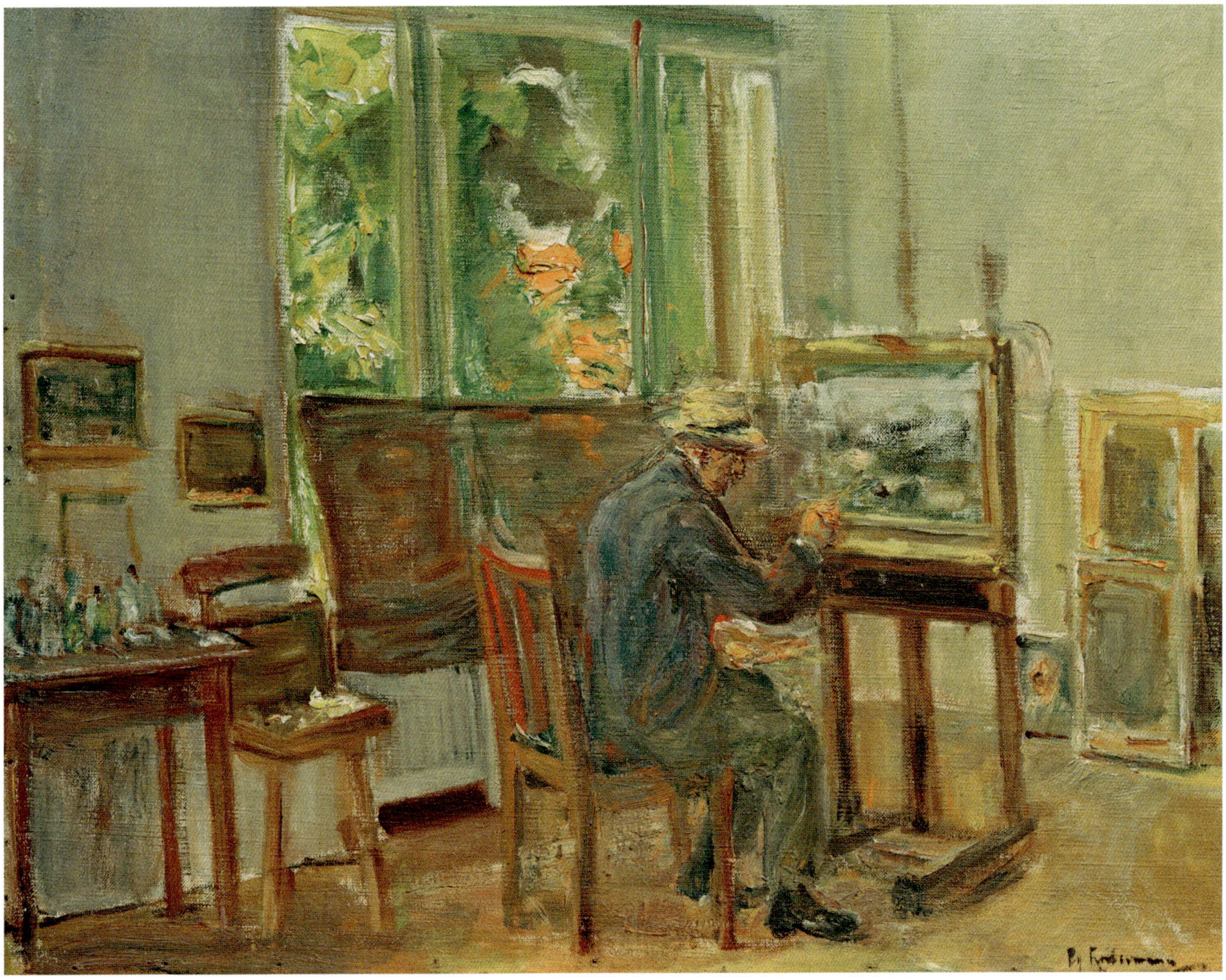

Der Künstler in seinem Atelier am Wannsee, 1932
Öl auf Leinwand, 42 x 54 cm
Privatsammlung

Max Liebermann an der Staffelei, in seinem Atelier arbeitend. Durchs Fenster schimmern die Bäume der Großen Seestraße. Im Atelier im ersten Stock der Villa überarbeitete er seine im Freien entstandenen Bilder. Auf dem Gemälde trägt er noch seinen Panamahut, als wäre er gerade von draußen hereingekommen. Das Atelier war schlicht und zweckmäßig eingerichtet. Sein Biograf Erich Hancke beschrieb es als „die Ungemütlichkeit selbst".

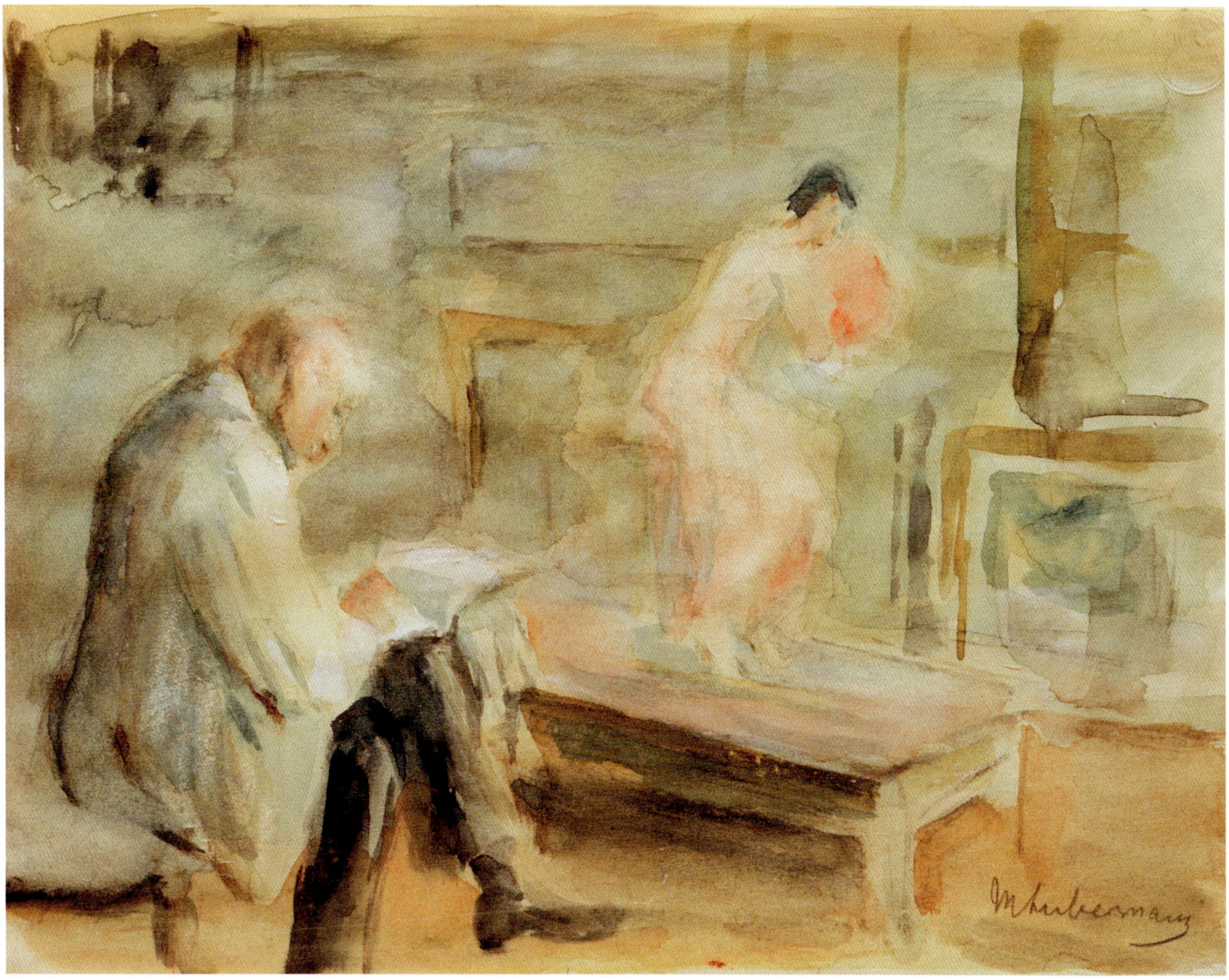

Selbstbildnis mit Modell im Atelier der Wannsee-Villa, um 1923–1925
Kreide, Aquarell, Deckfarbe auf Papier, 23,2 x 30,5 cm
Sammlung Kunstkreis Berlin GbR

Nicht nur im Stadthaus am Pariser Platz, auch im Atelier der Sommervilla fanden Porträtsitzungen statt. Auf dem kleinen Bild ist Liebermann konzentriert in seinen Skizzenblock zeichnend zu sehen. Das Modell, eine junge Frau mit kurzen dunklen Haaren und rosafarbenem Kleid, ist nicht zu identifizieren. Auch der Atelierraum mit einigen Möbeln und Bildern wird nur angedeutet.

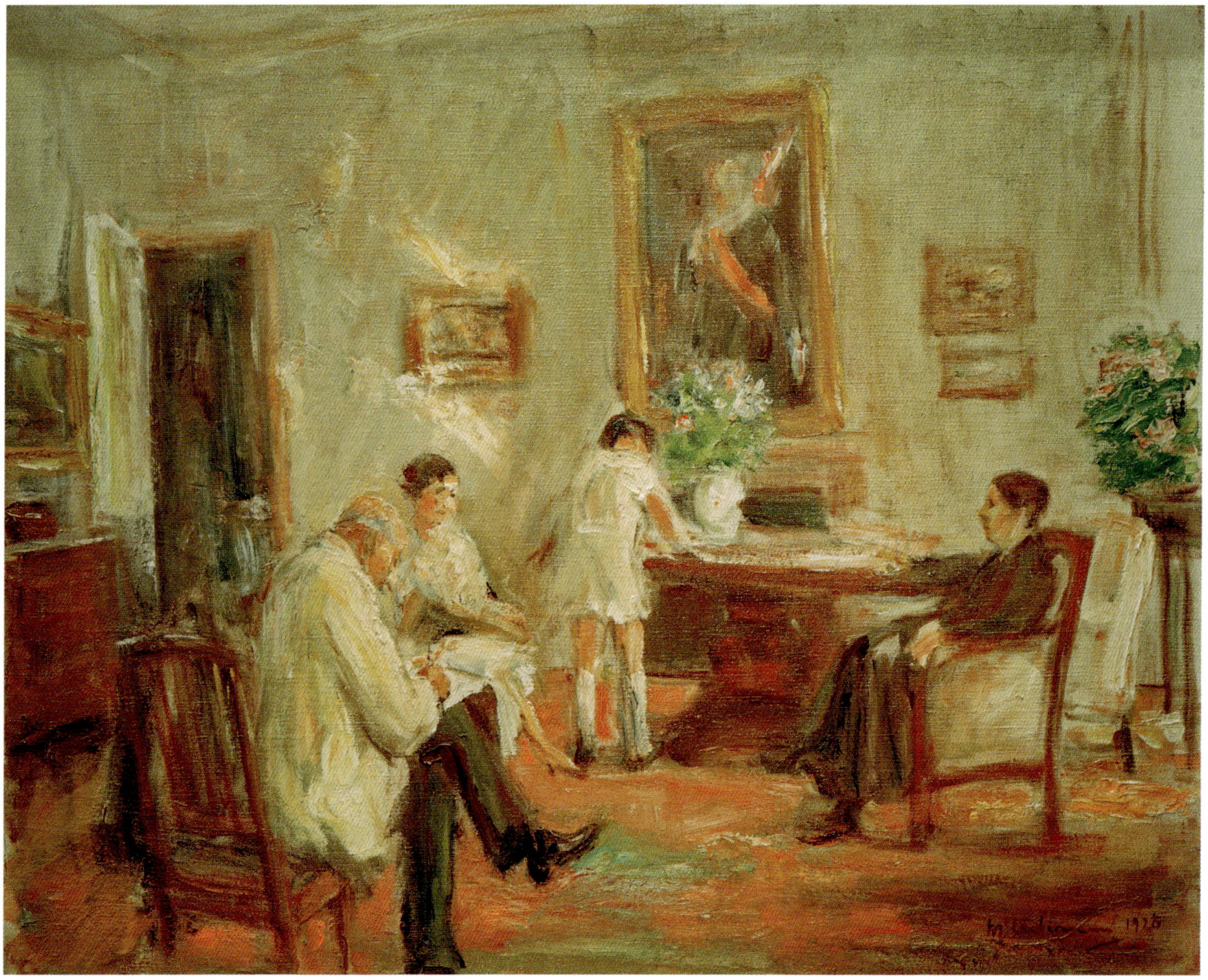

Der Künstler skizzierend im Kreis seiner Familie, 1926
Öl auf Leinwand, 57,5 x 72 cm
Wertheim, Wolfgang Schuller

Das Gemälde zeigt Liebermann skizzierend im Kaminzimmer seines Sommerhauses. Um ihn ist seine Familie versammelt: links Tochter Käthe, in der Mitte die Enkelin Maria und rechts im Sessel Ehefrau Martha. Über dem Kamin hängt der „Fahnenträger der St. Georgschützen", ein Ausschnitt aus einem Gemälde des niederländischen Barockmalers Frans Hals, das Liebermann einst in Haarlem kopiert hatte.

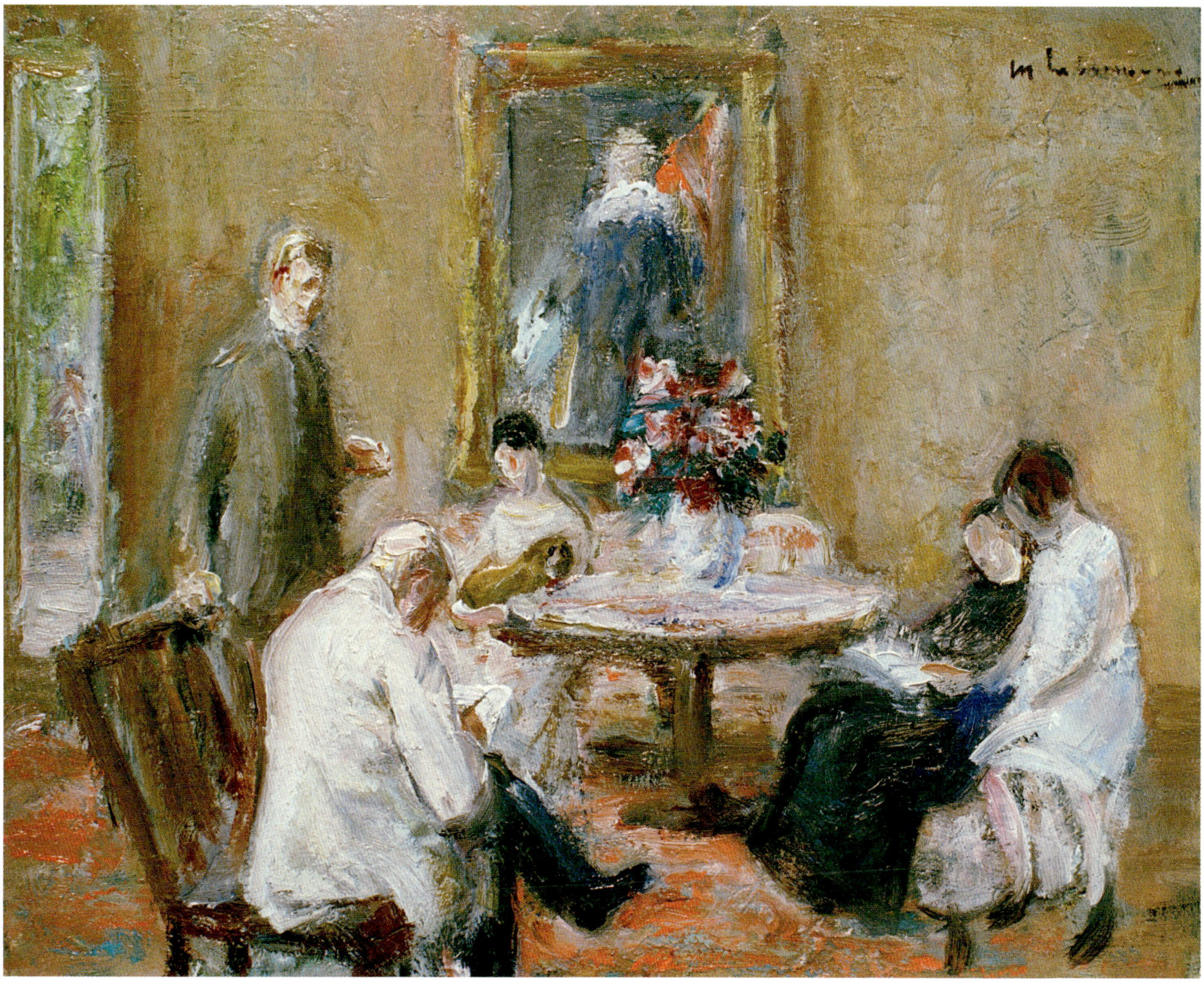

Familie Liebermann, 1926
Öl auf Holz, 33 x 41 cm
Köln, Kunstsalon Franke

Seine Familie im sommerhellen, mit Blumensträußen dekorierten Kaminzimmer der Wannsee-Villa malte Liebermann in mehreren Varianten. In dieser Studie ist auch sein Schwiegersohn Kurt Riezler zu sehen. Er tritt an den Tisch, an dem jedes Familienmitglied seiner stillen Beschäftigung nachgeht: Liebermann skizzierend, Tochter Käthe den Dackel im Arm haltend, Martha und die Enkelin in ein Buch vertieft.

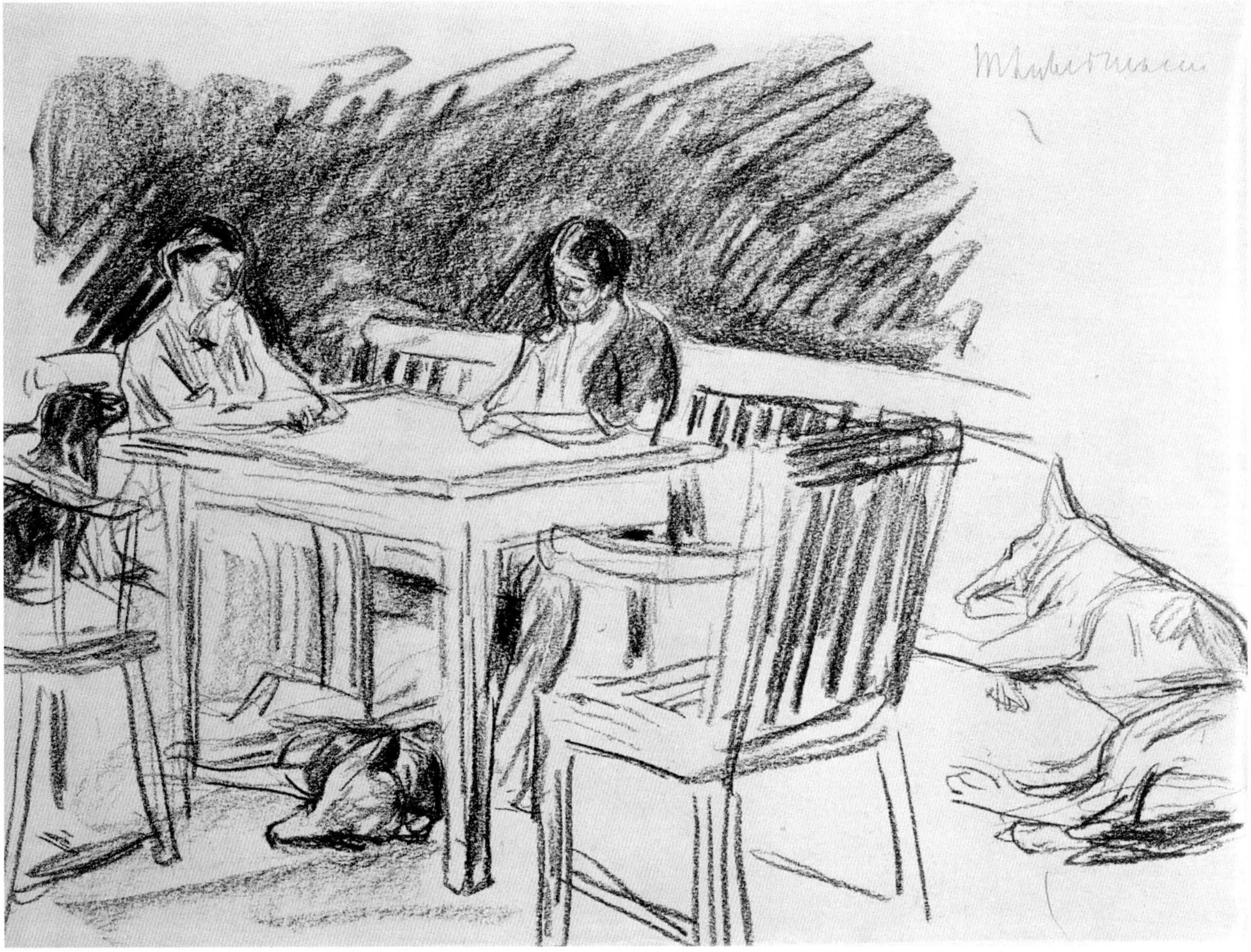

Frau und Tochter am Gartentisch, um 1914
Kreide auf Papier, 24 x 32 cm
Zuletzt München, Hampel Kunstauktionen
(aus der Sammlung Hans-Georg Karg)

Die kleine, fast flüchtige Pastell-Skizze zeigt Liebermanns Ehefrau Martha und die Tochter Käthe am Gartentisch sitzend. Beide sind in eine Tätigkeit versunken, wahrscheinlich lesen sie. Die müßige Stimmung wird durch die schlafenden Hunde betont. Auf einem Stuhl hat sich einer der Dackel der Familie niedergelassen und schaut neugierig den Frauen zu.

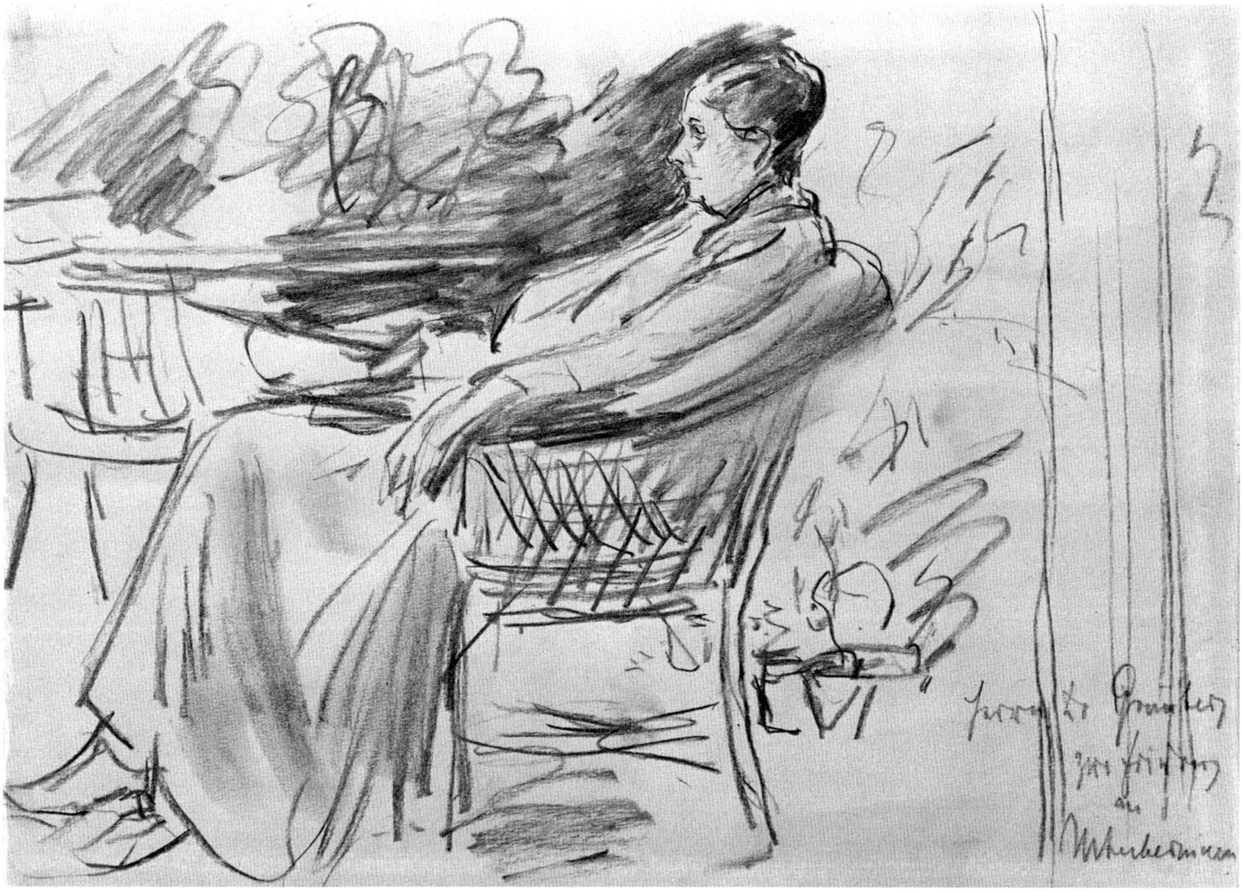

Martha Liebermann im Korbstuhl, um 1925
Kohle auf Papier, 20 x 29 cm
Zuletzt München, Hampel Kunstauktionen
(aus der Sammlung Hans-Georg Karg)

Die kleine Zeichnung, die Ehefrau Martha in einem Korbstuhl auf der Terrasse sitzend darstellt, stammt aus einem Skizzenblock Liebermanns. Ähnlich hatte er seine Frau bereits auf dem 1895 entstandenen Gemälde „Die Gattin des Künstlers am Strand" porträtiert (Bild auf S. 23). Die Widmung „Herrn Dr. Grünberg zur Erinnerung an M. Liebermann" bezieht sich auf seinen Zahnarzt Josef Grünberg, der auch Kunstsammler war.

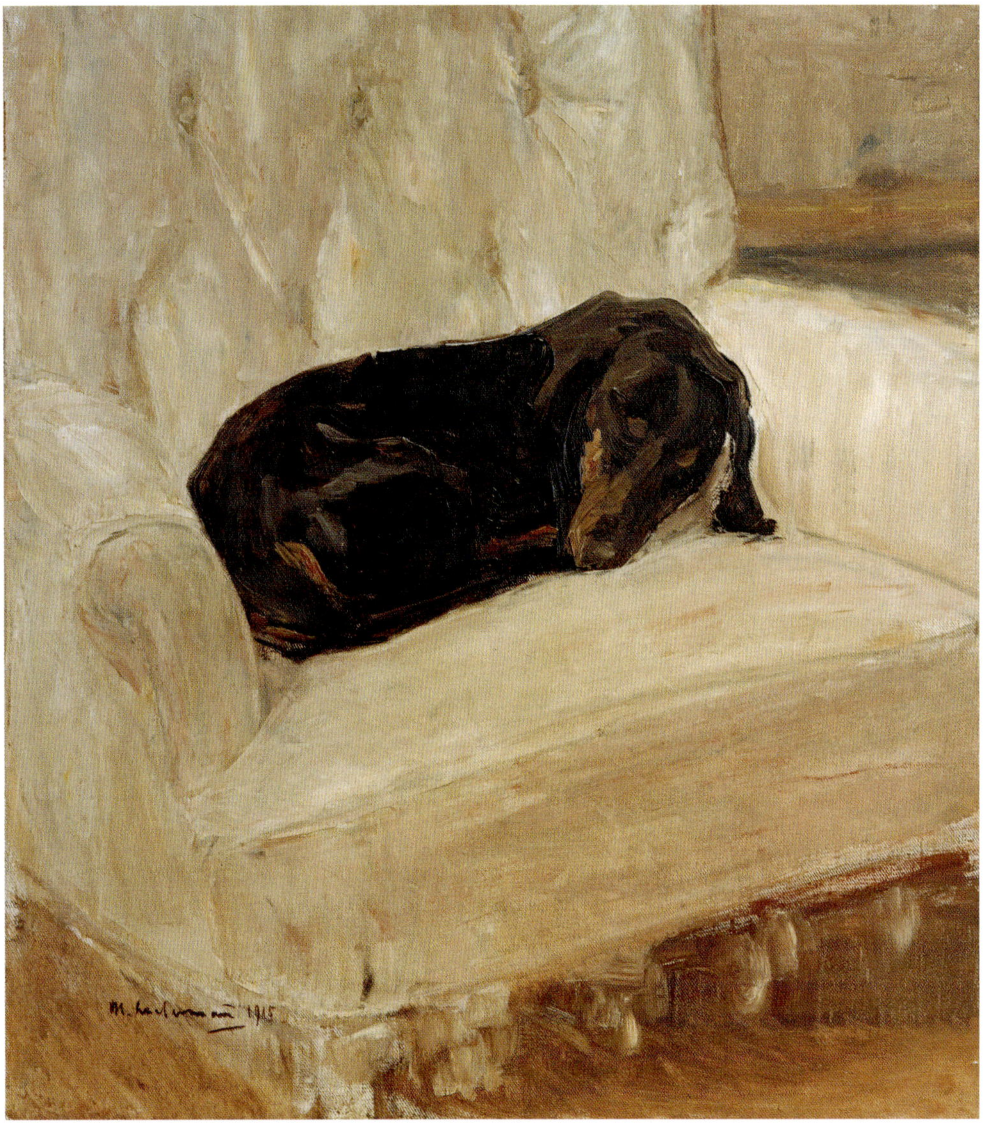

Schlafender Dackel im Lehnstuhl, 1915
Öl auf Leinwand, 72,5 x 64,5 cm
Linz, Lentos Kunstmuseum

Dackel gehörten zum Haushalt am Wannsee, sie waren geliebte und verhätschelte Familienmitglieder und immer wieder auch Bildmotive Liebermanns. Kaum etwas könnte die entspannte Sommeratmosphäre im Haus überzeugender vermitteln als der kleine Hund, der zusammengerollt im Sessel schläft. Dabei bildet sein dunkles Fell einen markanten Kontrast zum hellen Möbelstoff und den sanften Brauntönen des Hintergrunds.

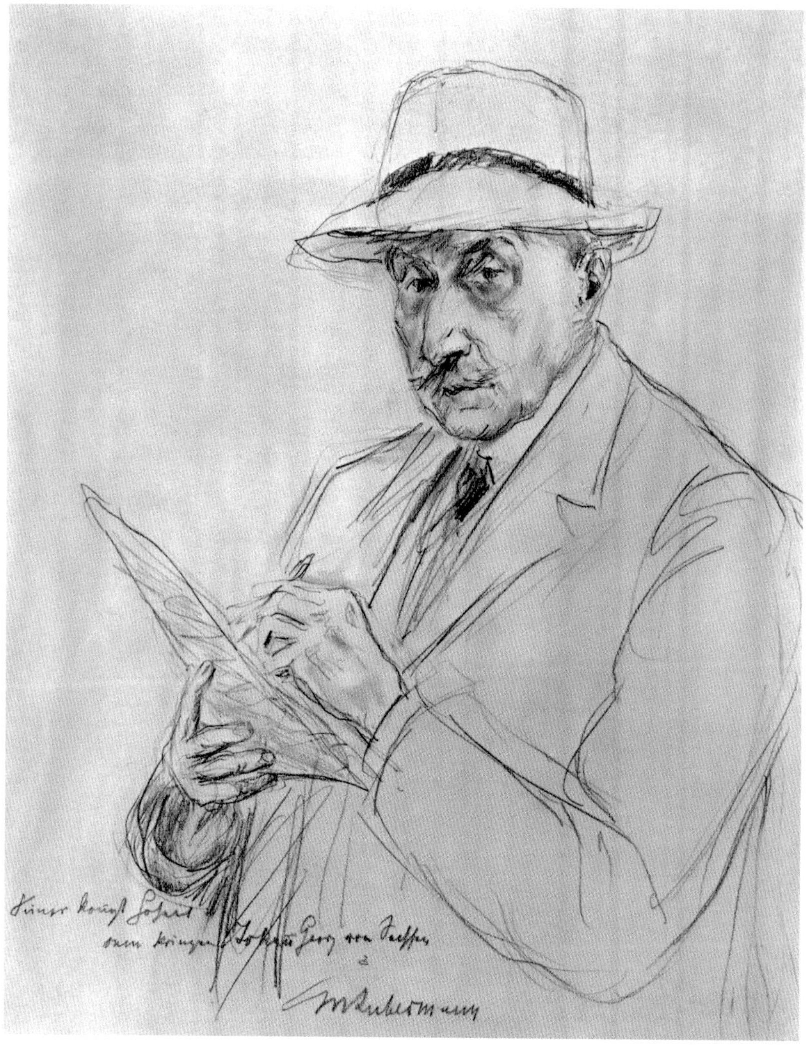

Selbstbildnis mit Panamahut, 1920
Bleistiftzeichnung auf Papier, 30,5 x 24,5 cm
Zuletzt Hamburg, Le Claire Kunst (1989)

Wie auf seinen großen Selbstporträts in Öl zeigt sich Liebermann auch auf dieser Zeichnung bei der Arbeit. Hier steht er zwar nicht an der Staffelei, hält aber Stift und Skizzenblock in der Hand. Prüfend nimmt er den Betrachter in den Blick. Er trägt einen Panamahut, das Erkennungszeichen der Freilichtmaler. Am unteren Bildrand ist eine Widmung an den Kunstsammler Johann Georg Prinz von Sachsen zu erkennen.

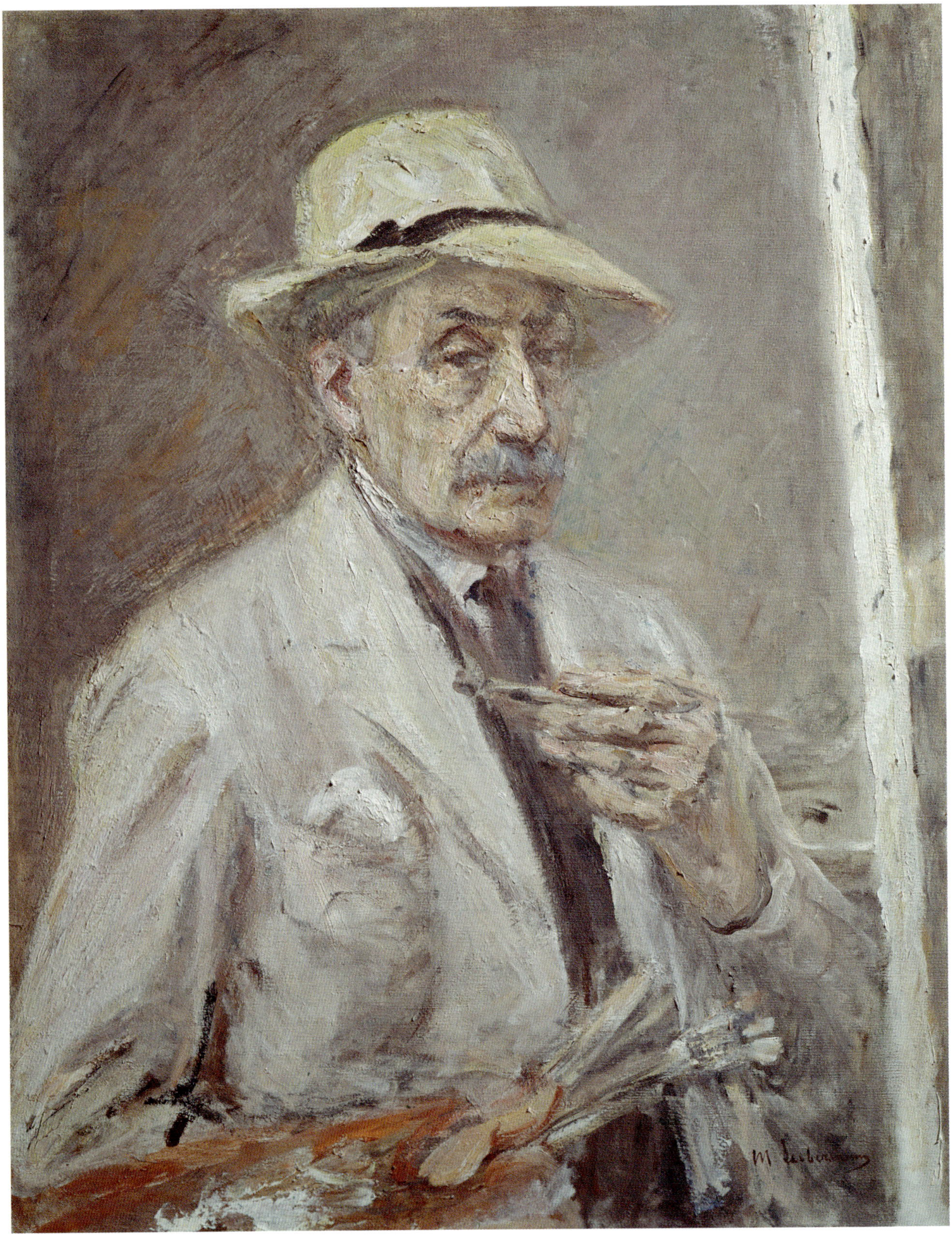

Selbstbildnis im Malkittel mit Hut, Pinseln und Palette, 1934
Öl auf Leinwand, 92,1 x 73,3 cm
London, Tate Gallery

Das Gemälde ist Liebermanns letztes großes Selbstbildnis, entstanden im Alter von 87 Jahren. Wie so oft zeigt er sich beim Malen mit Pinsel und Palette. Rechts ist eine Staffelei angedeutet. Liebermann arbeitete bis zuletzt, die Malerei war das Einzige, was ihm in der letzten, von schweren Demütigungen und Ausgrenzungen des NS-Regimes überschatteten Zeit noch Halt gab. Er starb im Februar 1935.

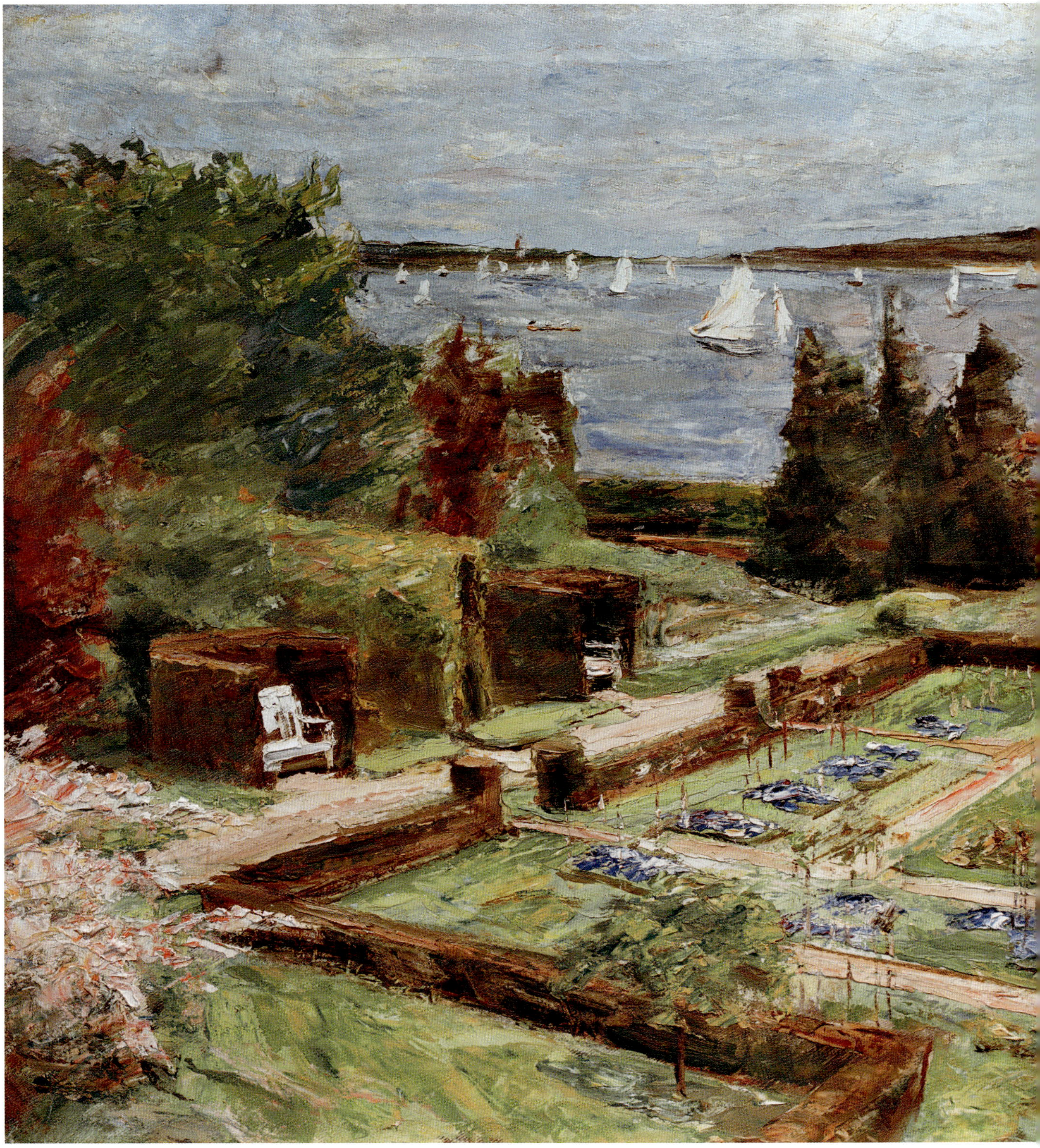

Selbstbildnis im Malkittel mit Hut, Pinseln und Palette, 1934
Öl auf Leinwand, 92,1 x 73,3 cm
London, Tate Gallery

Das Gemälde ist Liebermanns letztes großes Selbstbildnis, entstanden im Alter von 87 Jahren. Wie so oft zeigt er sich beim Malen mit Pinsel und Palette. Rechts ist eine Staffelei angedeutet. Liebermann arbeitete bis zuletzt, die Malerei war das Einzige, was ihm in der letzten, von schweren Demütigungen und Ausgrenzungen des NS-Regimes überschatteten Zeit noch Halt gab. Er starb im Februar 1935.

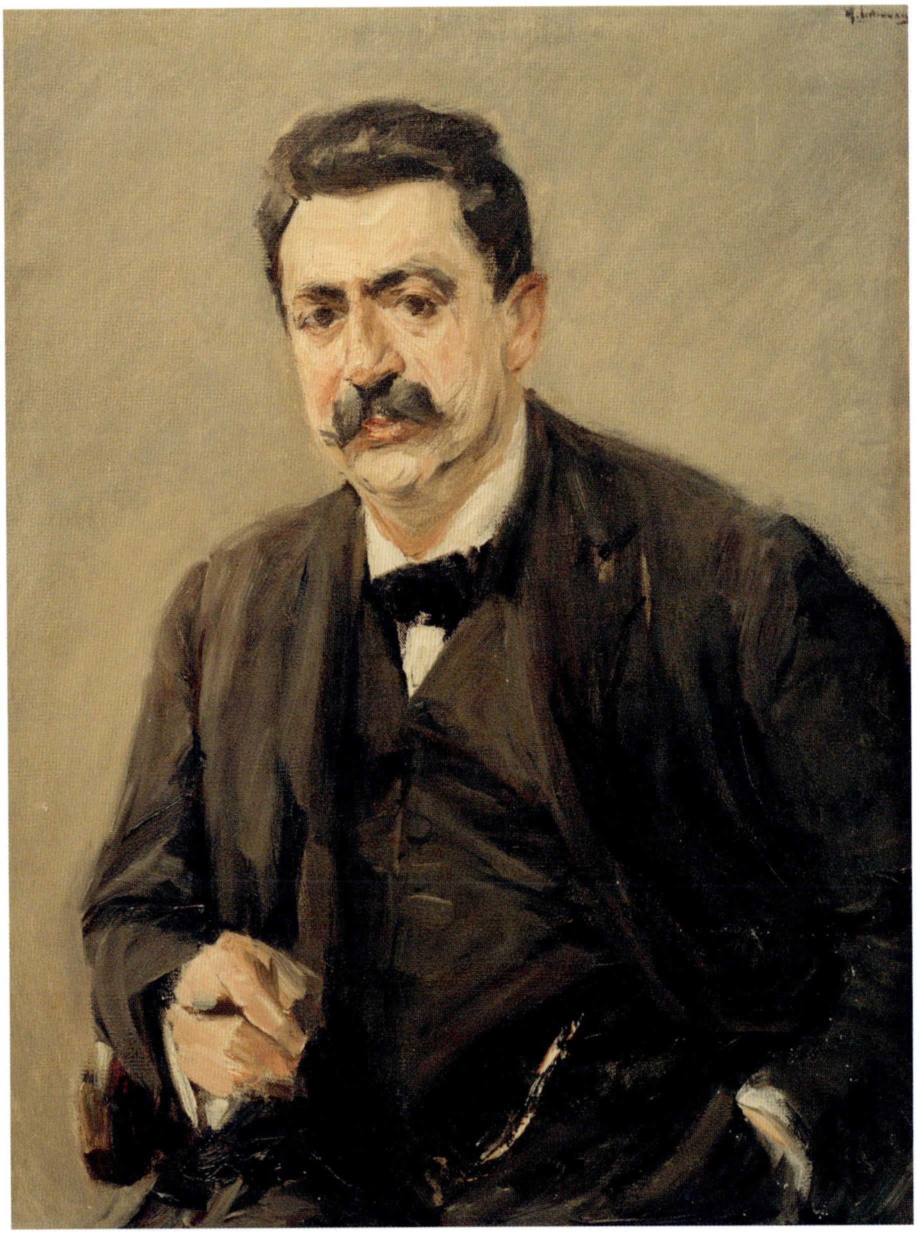

Bildnis Dr. Julius Elias, 1911
Öl auf Leinwand, 90 x 70 cm
Berlin, Axel Springer Verlag

Der renommierte Literatur- und Kunsthistoriker und Kunstsammler Julius Elias gehörte zum Freundeskreis Liebermanns am Wannsee. Seit 1890 in Paris lebend, hatte er unter anderem Claude Monet und Camille Pissarro kennengelernt. Wieder zurück in Berlin, bemühte er sich, den französischen Impressionismus in Deutschland bekannt zu machen. Er verfasste 1917 eine Biografie über Liebermann und gab dessen Zeichnungen heraus.

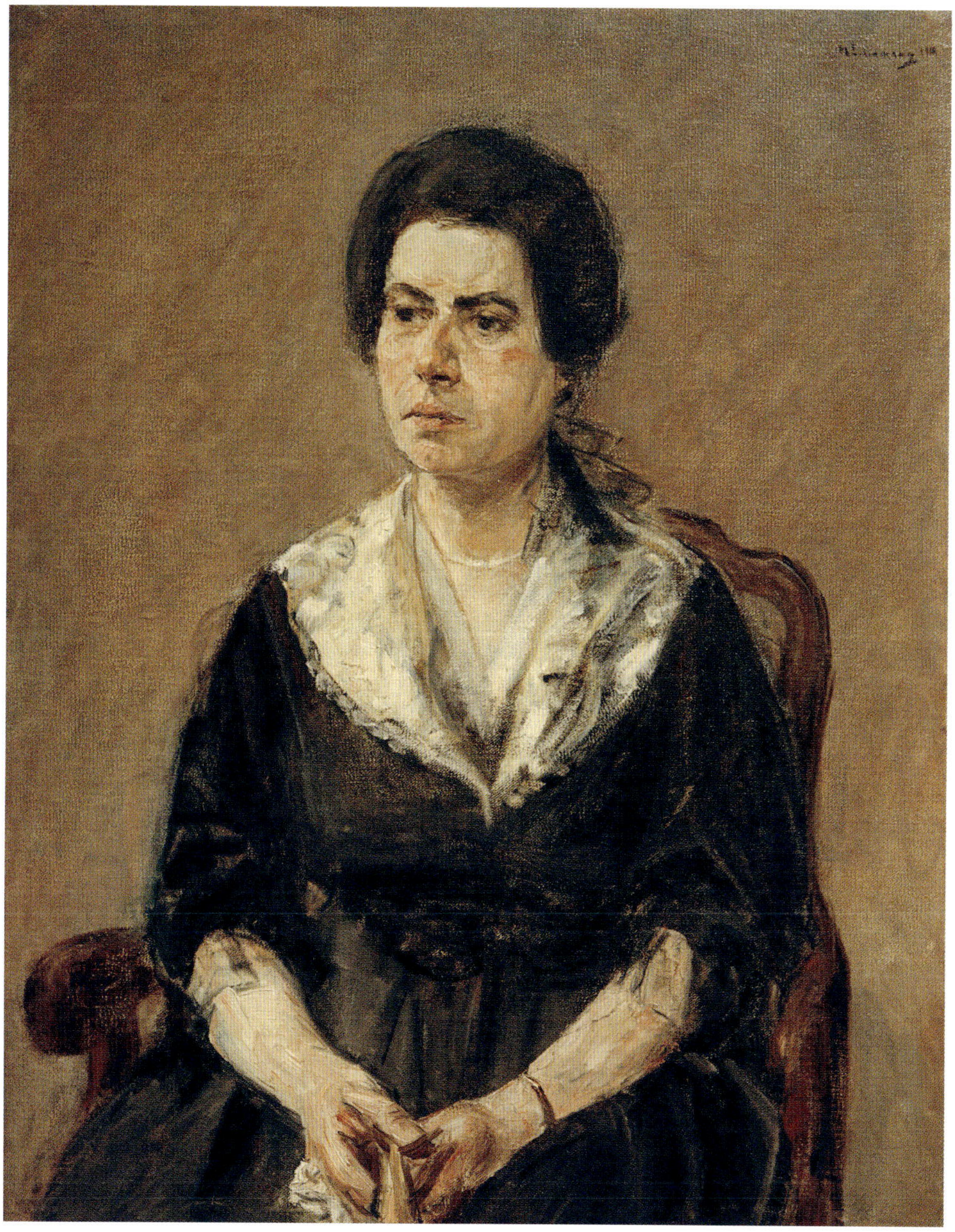

Bildnis Julie Elias, 1914
Öl auf Leinwand, 90 x 72 cm
Berlin, Jüdisches Museum

Julie Elias, geb. Levi, war eine bekannte Berliner Modejournalistin. Ihre Berichte erschienen in der Modezeitschrift *Styl* und dem *Berliner Tageblatt*. Sie verfasste auch Kochbücher; *Das neue Kochbuch: Ein Führer durch die feine Küche* (1925) widmete sie Max Liebermann. Mit ihrem Mann, dem Literatur- und Kunsthistoriker Julius Elias, traf sie sich regelmäßig mit dem Ehepaar Liebermann zum Essen.

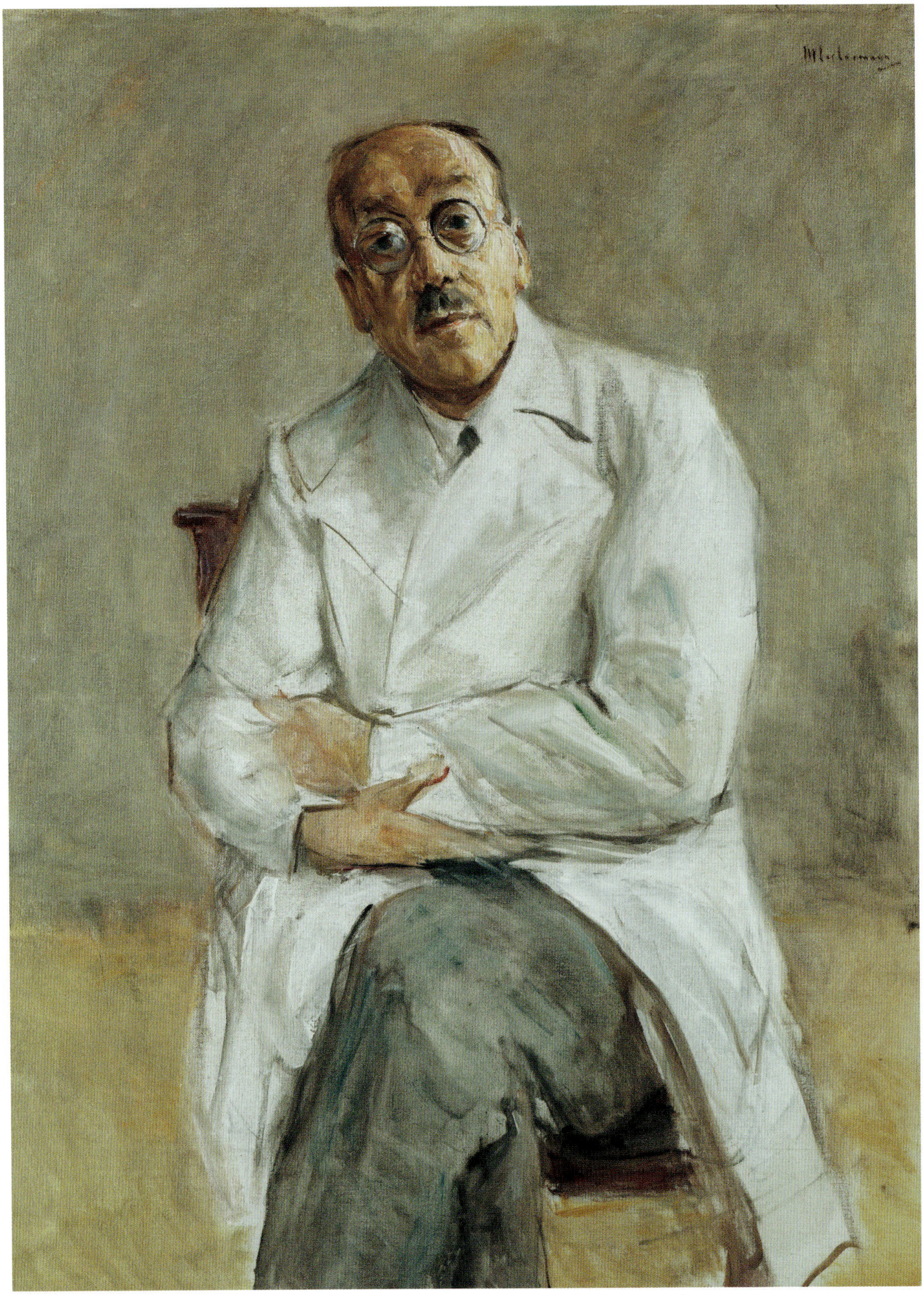

Bildnis des Chirurgen Ferdinand Sauerbruch, 1932
Öl auf Leinwand, 117,2 x 89,4 cm
Hamburg, Kunsthalle

Sauerbruch war seit 1928 Liebermanns Nachbar am Wannsee. Das Bild entstand, nachdem der Maler wegen eines Leistenbruchs von Sauerbruch behandelt worden war. Der Chirurg ist im schlichten Arztkittel porträtiert, aufmerksam durch die Brille blickend. „Wenn Sie 'n Fehler machen", soll Liebermann zu ihm gesagt haben, „dann deckt ihn anderntags der jrine Rasen. Aber 'n Fehler von mir sieht man über hundert Jahre an de Wand häng'."

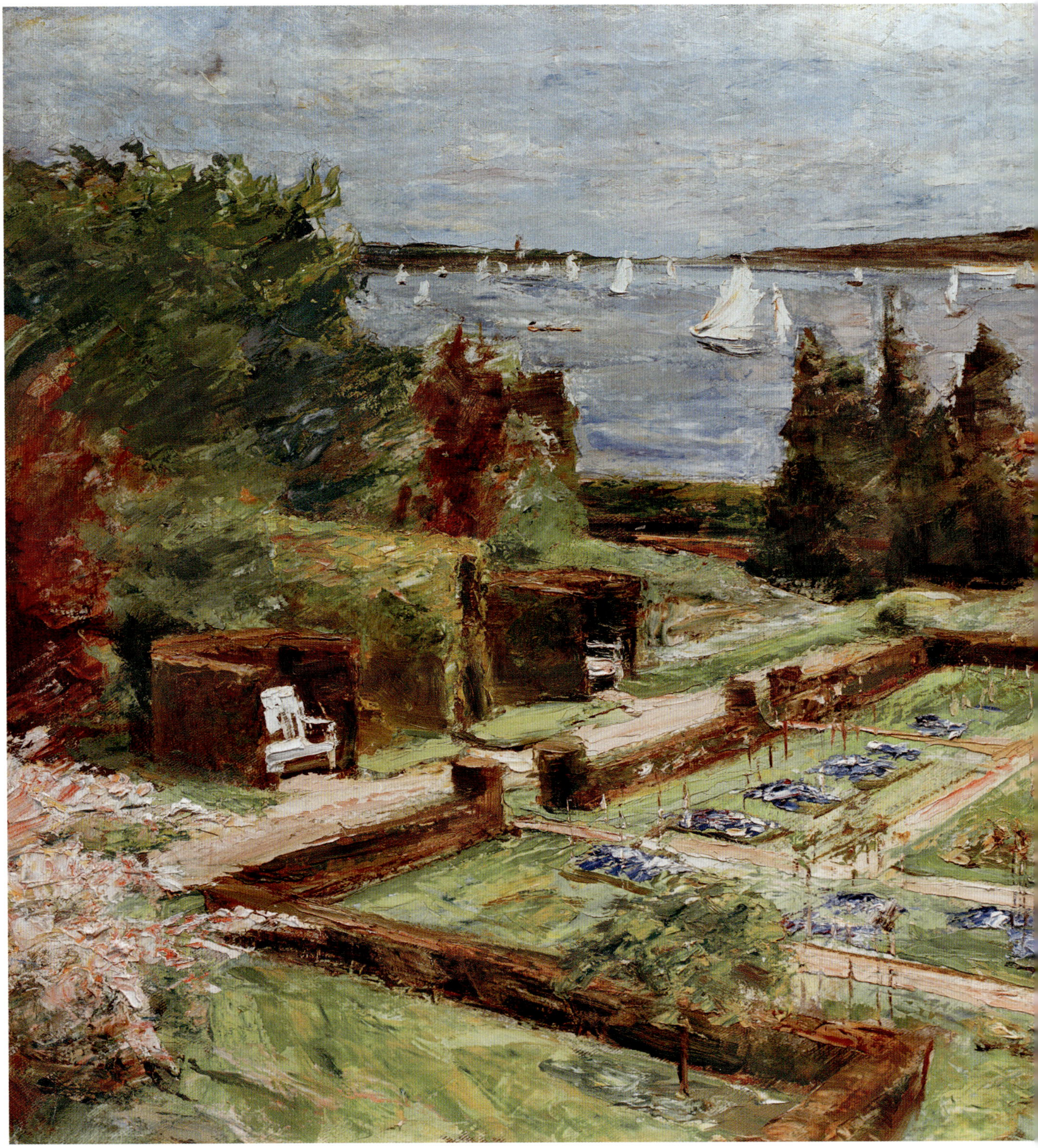

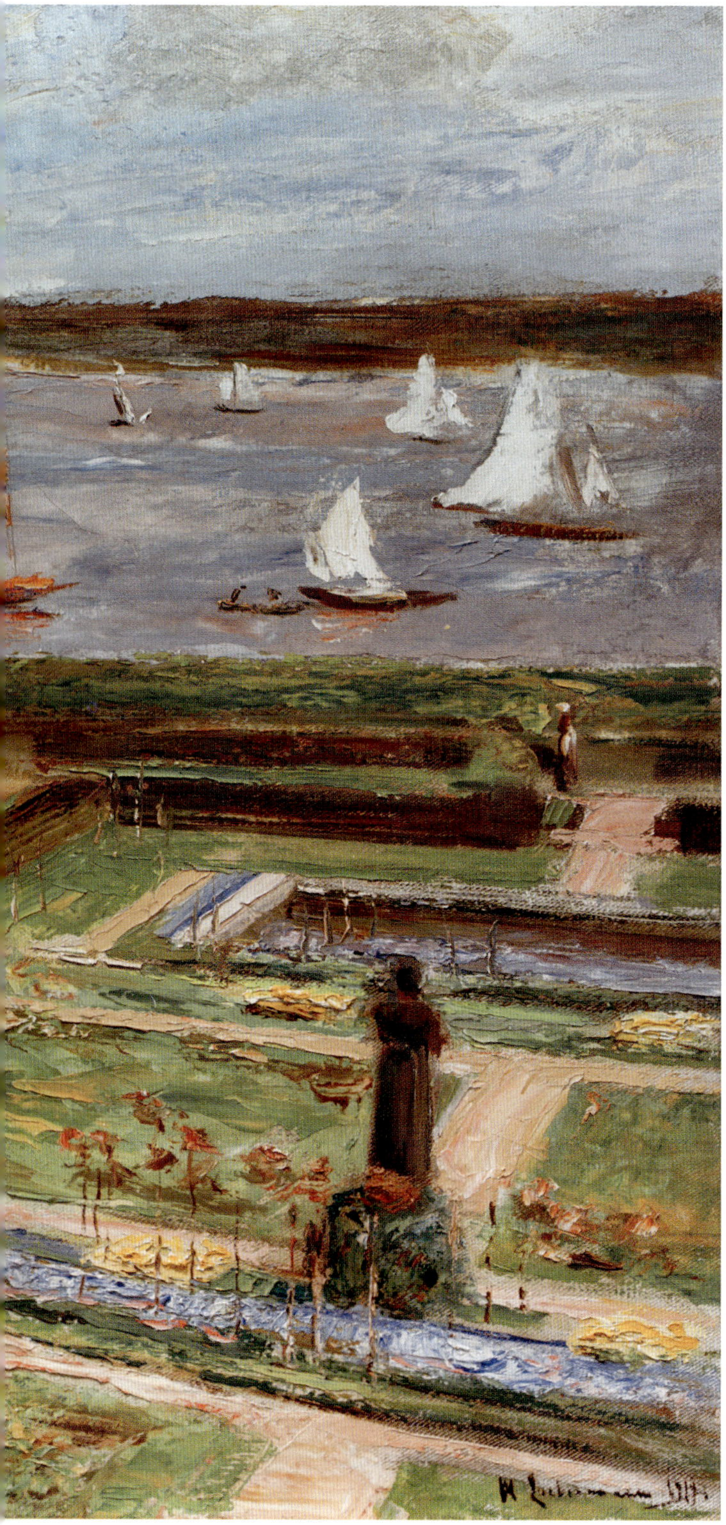

Wannseegarten der Familie Arnhold, 1911
Öl auf Leinwand, 70,3 x 88,3 cm
Privatsammlung

Auch der Unternehmer und Kunstmäzen Eduard Arnhold mit seiner Sommervilla Am Großen Wannsee 4 gehörte zu Liebermanns Nachbarn. Den Blick auf den Arnhold'schen Garten, der, wie auch der Liebermanns, nach den Ideen des modernen geometrischen Reformgartens angelegt war, malte er vom Haus der Arnholds aus gesehen. Erst im Jahr zuvor hatte Liebermann seine eigene Wannsee-Villa bezogen.

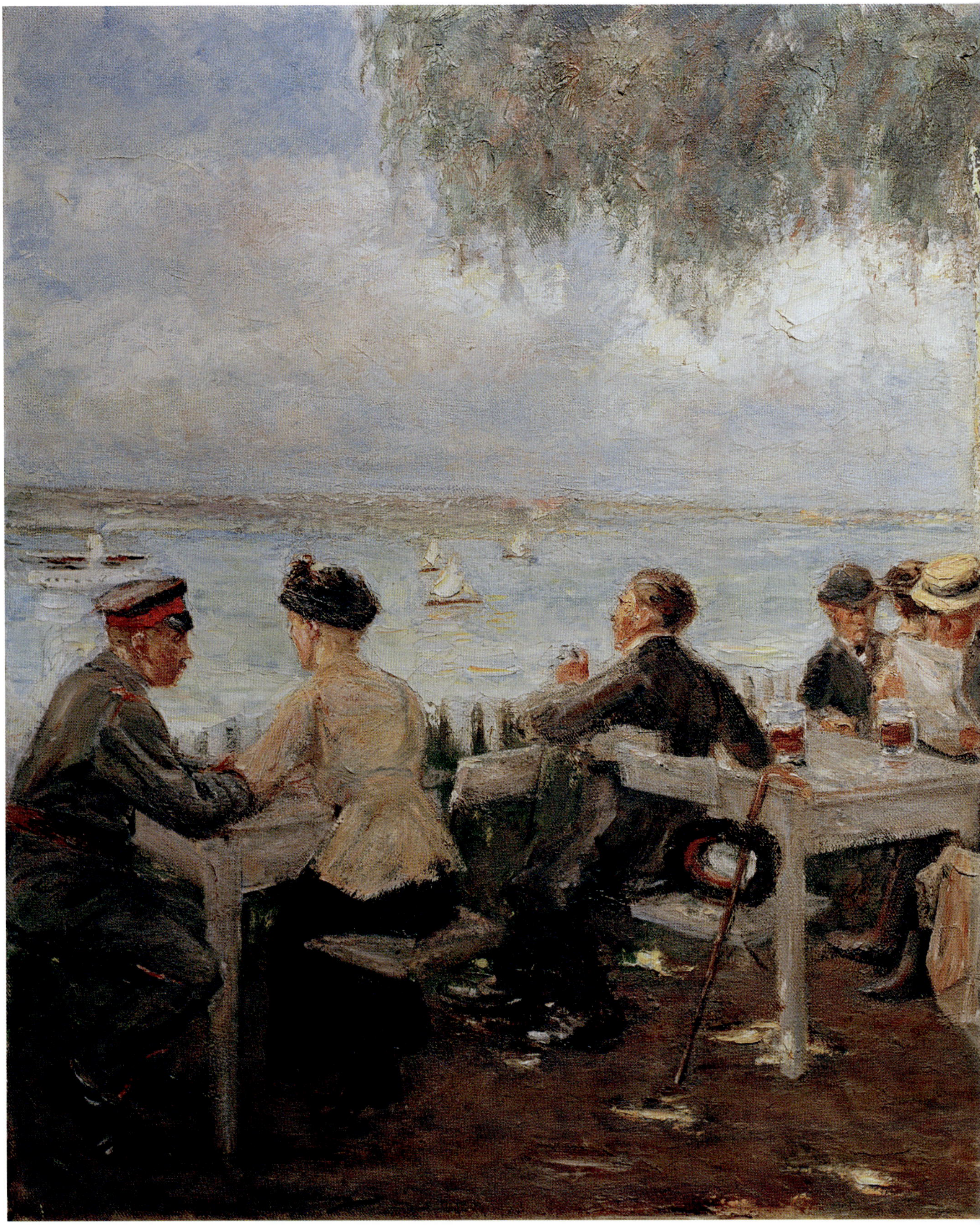

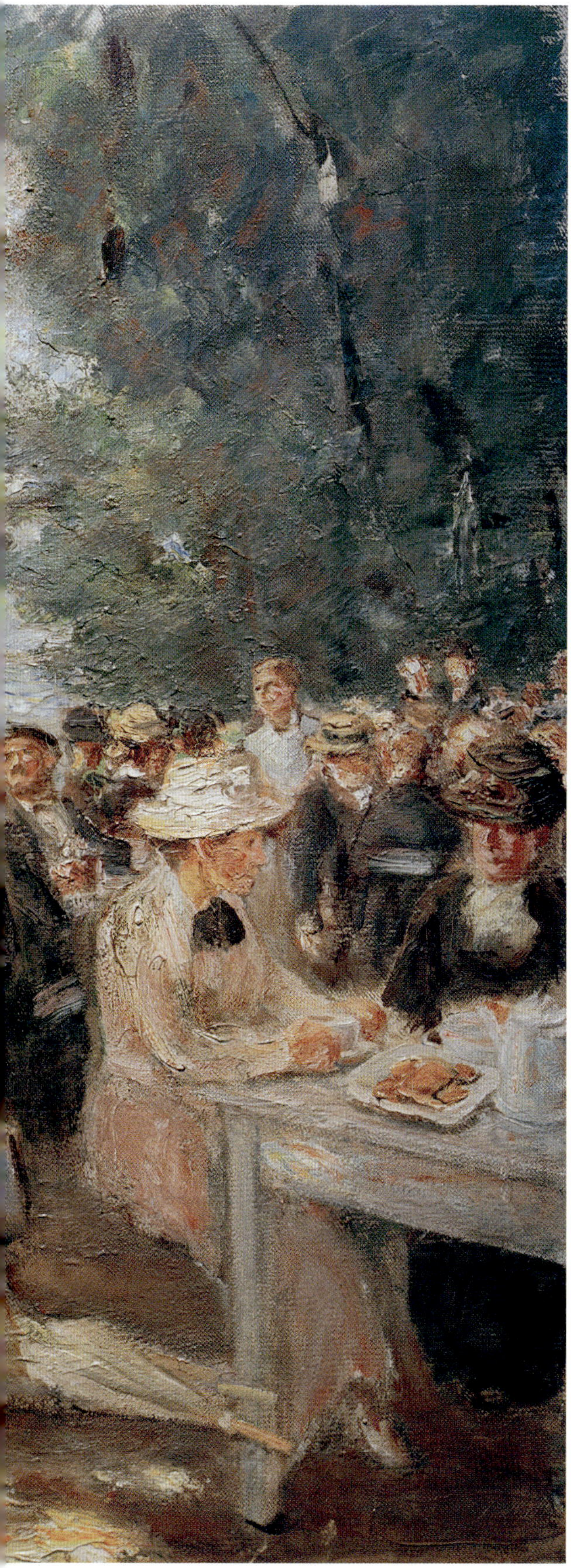

Gartenlokal an der Havel – Nikolskoe, 1916
Öl auf Leinwand, 71,5 x 78,5 cm
Berlin, Alte Nationalgalerie
(als Leihgabe in der Liebermann-Villa)

Das Gemälde gehört zu den zahlreichen Darstellungen von Gartencafés und Biergärten, die Liebermann malte. Sie boten ihm die Möglichkeit, die sommerliche Stimmung, das Spiel von Licht und Schatten impressionistisch einzufangen. Der allein sitzende Mann in der Bildmitte ist vage als Wilhelm von Bode zu erkennen, der Gründer und erste Leiter des heutigen Berliner Bodemuseums. Er gehörte zu den guten Bekannten Liebermanns, der ihn 1904 porträtierte.

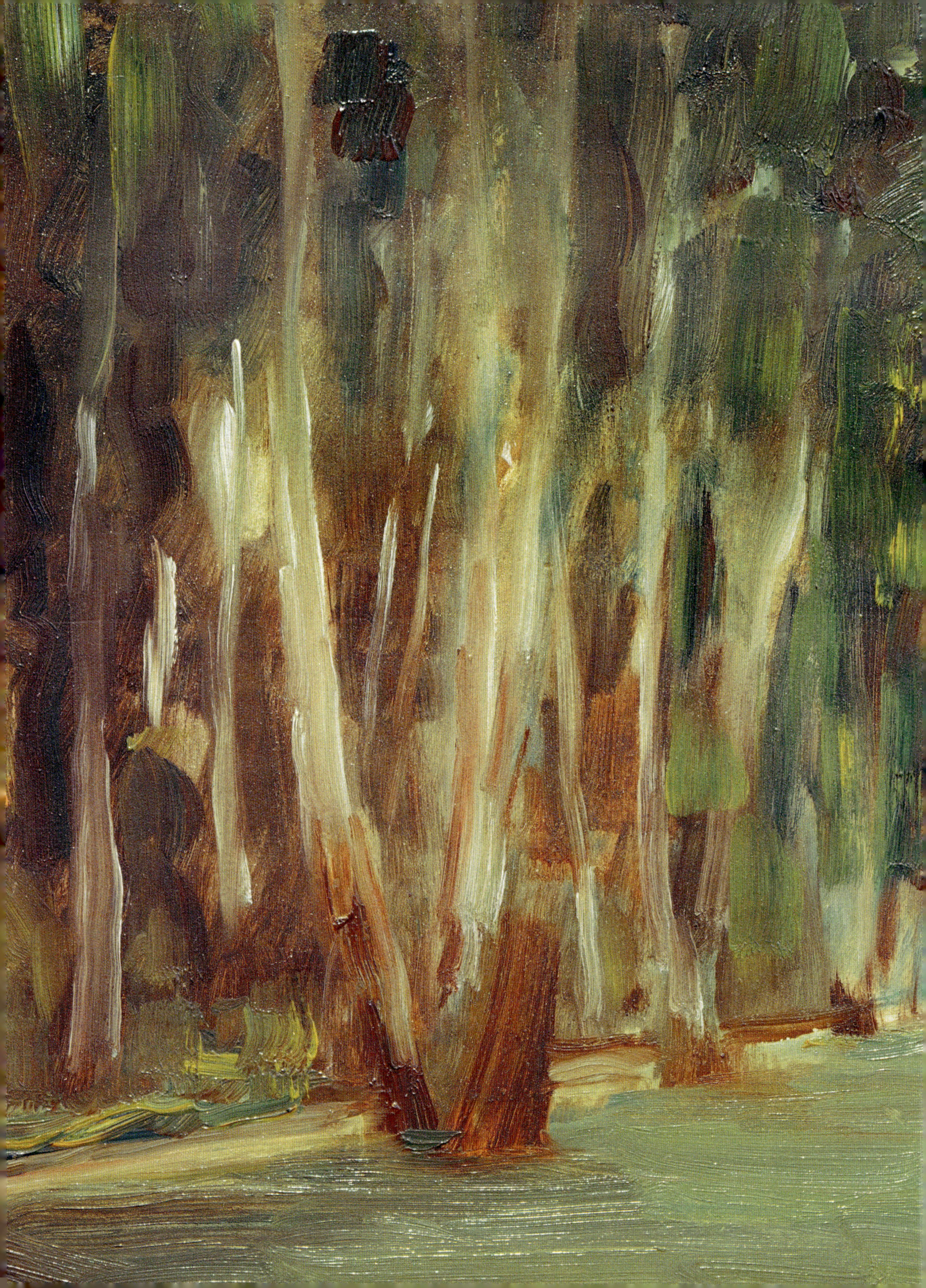

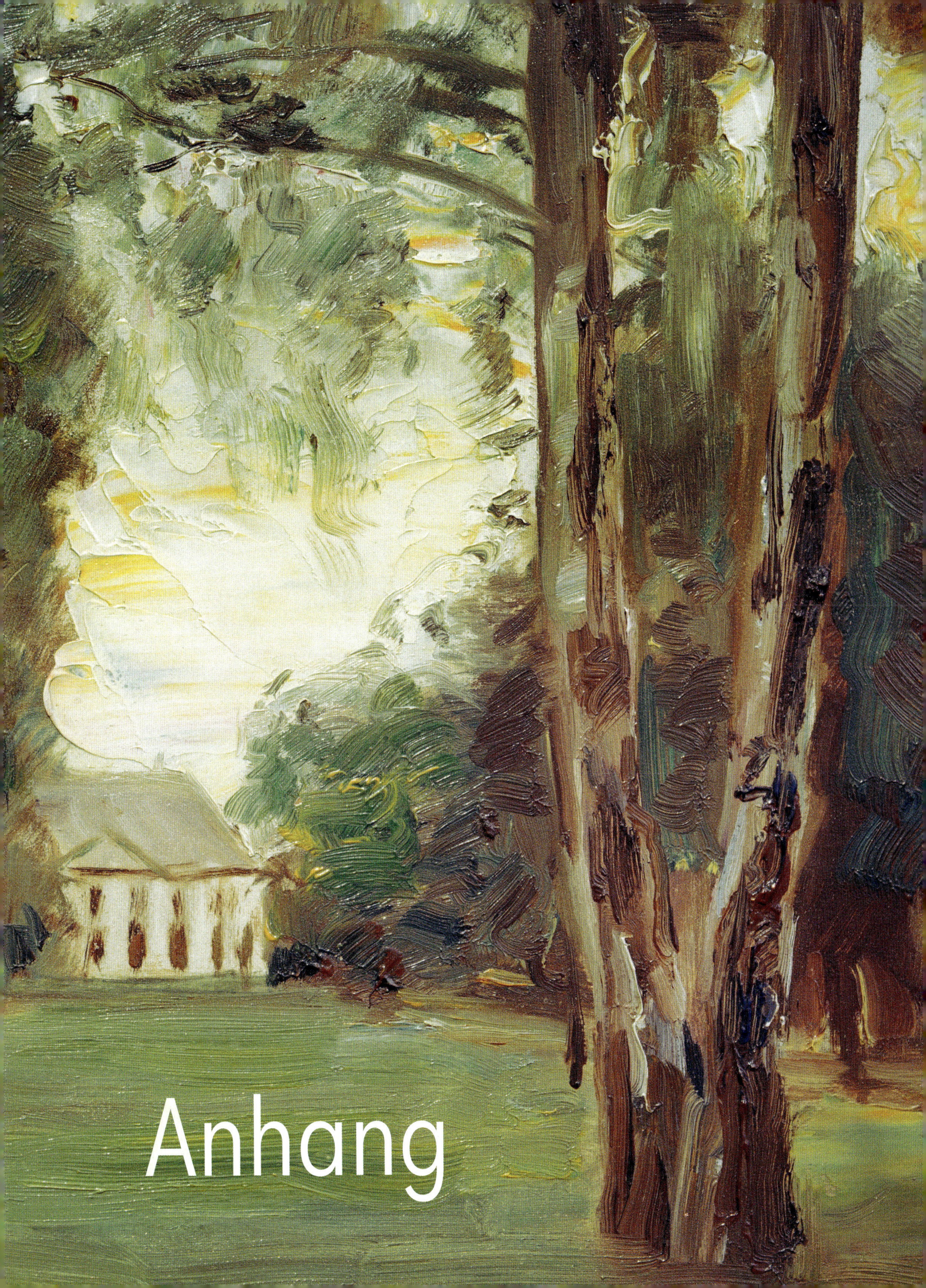

Anhang

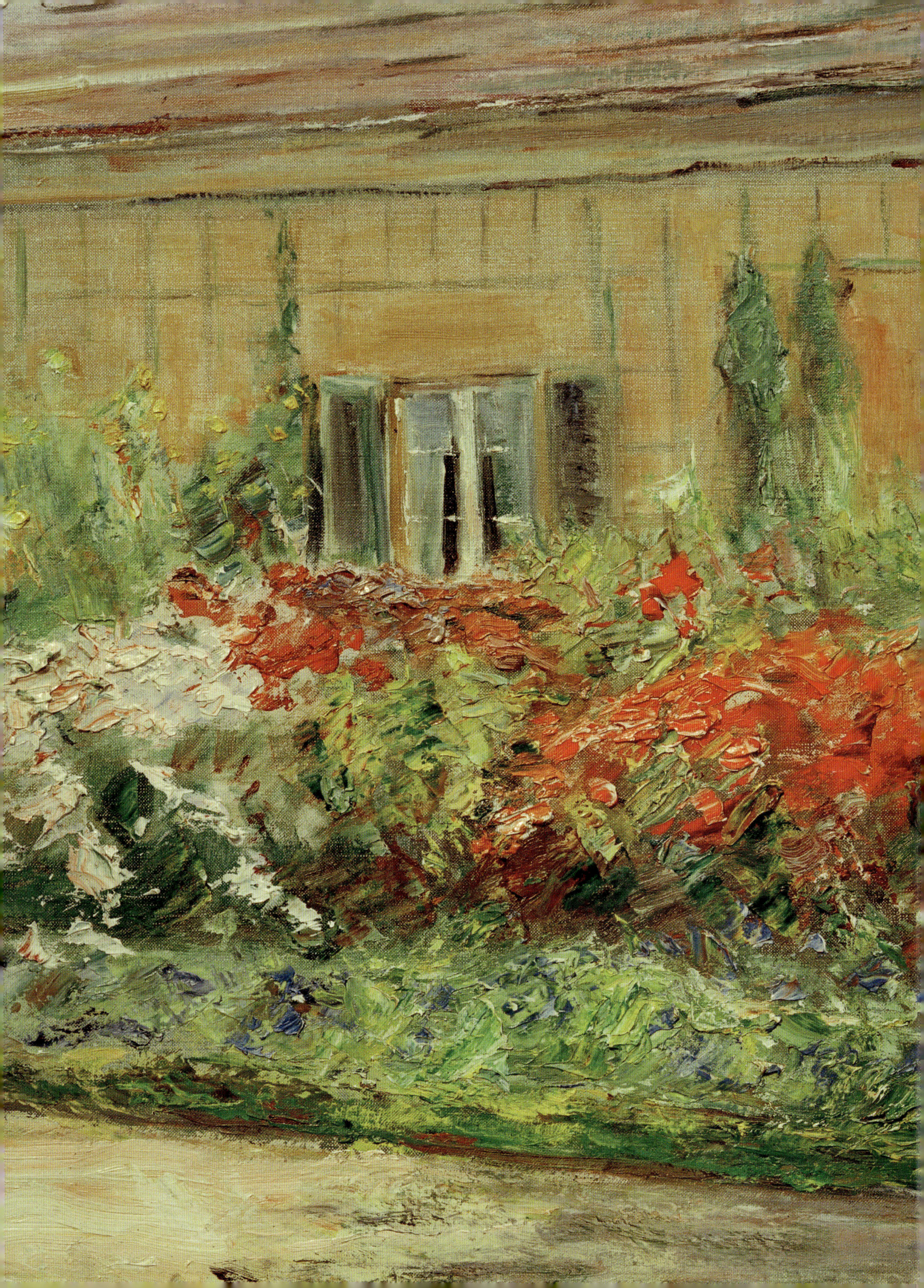

LITERATURVERZEICHNIS

Frauke Berchtig: Max Liebermann, Berlin 2014

Waldtraut Braun/Günter Braun (Hg.): Max Liebermanns Garten am Wannsee und seine wechselvolle Geschichte, Berlin, 3. Aufl. 2013

Nicole Bröhan: Max Liebermann, Berlin, 3. Aufl. 2012

Günter Busch (Hg.): Max Liebermann. Die Phantasie in der Malerei – Schriften und Reden, Frankfurt a. M. 1978

Die Idee vom Haus im Grünen. Max Liebermann am Wannsee, Ausstellungskatalog Liebermann-Villa, hrsg. von Martin Faass, Berlin 2010

Matthias Eberle: Max Liebermann 1847-1935. Werkverzeichnis der Gemälde und Ölstudien, Bd. 1: 1865-1899, München 1995; Bd. 2: 1900-1935, München 1996

Eine Liebe zu Berlin – Künstlersalon und Gartenatelier von Max Liebermann, Bayerische Vereinsbank (Hg.), München 1995

Julius Elias: Max Liebermann. Eine Biografie, Berlin 1917

Julius Elias: Max Liebermann zu Hause, Berlin 1918

Paul Eipper: Ateliergespräche mit Liebermann und Corinth, München 1971

Martin Faass (Hg.): Verlorene Schätze. Die Kunstsammlung von Max Liebermann. Im Auftrag der Max-Liebermann-Gesellschaft, Berlin 2013

Martin Faass: Max Liebermann, Köln 2017

Erich Hancke: Max Liebermann, sein Leben und seine Werke, Berlin 1914 (weitere Auflagen)

Ich. Max Liebermann – Ein europäischer Künstler, Ausstellungskatalog Hessisches Landesmuseum Darmstadt und Kunstpalast Düsseldorf, hrsg. von Martin Faass und Felix Krämer, Dresden 2021

Im Garten von Max Liebermann. Ausstellungskatalog Hamburger Kunsthalle und Alte Nationalgalerie Berlin, hrsg. von Jenns Eric Howoldt und Uwe M. Schneede, Berlin 2004

Gloria Köpnick/Rainer Stamm: Max Liebermanns Garten, Berlin 2021

Martha Liebermann (1857-1943) – Lebensbilder, Ausstellungskatalog Liebermann-Villa, hrsg. von Martin Faass, Berlin 2007

Max Liebermann. Der Birkenweg. Ein Motiv zwischen Impressionismus und Jugendstil, Ausstellung der Liebermann-Villa, hrsg. von Martin Faass, Berlin 2008

Nina Nedelykov/Pedro Moreira: Max Liebermann. Das Paradies am Wannsee, Berlin, 3. erw. Aufl. 2006

Nina Nedelykov/Pedro Moreira: Max Liebermanns Paradies am Wannsee. Das Haus- und Gartenbuch, Berlin 2014

Hans Ostwald (Hg.): Das Liebermann-Buch, Berlin 1930

Birgit Pflugmacher (Hg.): Der Briefwechsel zwischen Alfred Lichtwark und Max Liebermann, Hildesheim, Zürich 2003

Regina Scheer: Wir sind die Liebermanns. Die Geschichte einer Familie, Berlin 2006

Regina Scheer: Max Liebermann erzählt aus seinem Leben, Berlin 2010

Karl Scheffler: Max Liebermann, München, Leipzig, Wiesbaden 1906 (weitere Auflagen)

Secessionen – Klimt. Stuck. Liebermann, Ausstellungskatalog Alte Nationalgalerie Berlin und Wien Museum, hrsg. von Ralph Gleis und Ursula Storch, München 2023

www.liebermann-garten.de
https://liebermann-villa.de/blog/

VERZEICHNIS DER ABGEBILDETEN WERKE

MAX LIEBERMANN – KÜNSTLER, MENSCH, BERLINER

Selbstbildnis mit Palette, 1912
Öl auf Leinwand, 88 x 70 cm
Berlin, Berlinische Galerie

Max Liebermann bei Filmaufnahmen der Ufa im Garten am Wannsee, um 1927
Fotografie

Liebermann-Saal im Berliner Kronprinzenpalais bei der Eröffnung der Neuen Abteilung der Nationalgalerie im August 1919
Fotografie, 1919

Pariser Platz mit Brandenburger Tor und Palais Liebermann (rechts)
Fotografie, um 1910

Das Atelier des Künstlers, 1902
Öl auf Leinwand, 68,5 x 81 cm
Kunstmuseum St. Gallen

Max Liebermann im Alter von 25 Jahren
Fotografie, Weimar 1872

Die Gänserupferinnen, 1872
Öl auf Leinwand, 118 x 172 cm
Berlin, Alte Nationalgalerie

Flachsscheuer in Laren, 1887
Öl auf Leinwand, 135 x 232 cm
Berlin, Alte Nationalgalerie

Genia Levine, stehend, 1924
Öl auf Leinwand, 75 x 50 cm
Berlin, Privatsammlung

Fackelzug durch das Brandenburger Tor zur Feier der Ernennung Hitlers zum Reichkanzler am 30. Januar 1933
Fotografie, 1933

Grabstätte von Martha und Max Liebermann auf dem Jüdischen Friedhof an der Schönhauser Allee in Berlin, 2023
Fotografie

LIEBERMANN UND DER IMPRESSIONISMUS

Edouard Manet: Spargelstillleben, 1880
Öl auf Leinwand, 46 x 55 cm
Köln, Wallraf-Richartz-Museum

Die Gattin des Künstlers am Strand, 1895
Öl auf Leinwand, 100 x 126 cm
Weimar, Schlossmuseum

Strandbild Noordwijk, 1911
Öl auf Leinwand, 65,3 x 71 cm
Berlin, Privatbesitz

Terrasse des Restaurants Jacob in Nienstedten an der Elbe, 1902
Öl auf Leinwand, 70 x 100 cm
Hamburg, Kunsthalle

Kinderspielplatz im Tiergarten zu Berlin, um 1885
Öl auf Leinwand, 17,5 x 30,5 cm
Köln, Kunstsalon Franke

Des Künstlers Tochter zu Pferd, 1913
Öl auf Leinwand, 80 x 100 cm
Köln, Wallraf-Richartz-Museum

LIEBERMANNS SOMMERIDYLL: HAUS UND GARTEN AM GROSSEN WANNSEE

Die Straßenseite des Sommerhauses, 1996
Fotografie

Das Godeffroy'sche Landhaus im Hirschpark von Nienstedten an der Elbe, 1902
Pastell, 31 x 42 cm
Hamburg, Kunsthalle

Gartenskizze von Max Liebermann, 1909
Aus einem Brief Liebermanns an Alfred Lichtwark vom 27. Oktober 1909

Ansicht des Staudengartens, 2018
Fotografie

Familie Liebermann im Salon der Sommervilla, 1924
Fotografie

Max Liebermann auf der Terrasse, um 1924
Fotografie

Max Liebermann mit seiner Enkelin Maria auf der Terrasse, 1922
Fotografie von Suse Byk

BLUMENBEETE, STAUDEN UND GEMÜSE: DER BLUMEN- UND NUTZGARTEN

Porträtfoto Max Liebermann, 1910

Des Künstlers Garten in Wannsee, 1910
Öl auf Leinwand, 75 x 90 cm
Privatbesitz
Dauerleihgabe in der Liebermann-Villa

Der Nutzgarten nach Nordosten – Blumenstauden, 1916
Öl auf Leinwand, 55 x 75 cm
Privatsammlung

Blumenstauden am Gärtnerhäuschen nach Nordosten, 1919
Öl auf Leinwand, 71 x 90,5 cm
Privatsammlung

Blumenstauden am Gärtnerhäuschen nach Osten, 1928
Öl auf Leinwand, 54,5 x 75,5 cm
Privatsammlung

Blumenstauden am Gärtnerhäuschen nach Norden, 1922
Öl auf Leinwand, 56 x 75 cm
Privatsammlung

Blumenstauden am Gärtnerhäuschen nach Norden, 1928
Öl auf Leinwand, 74 x 53 cm
Berlin, Alte Nationalgalerie

Blühende Büsche am Gärtnerhäuschen, 1927
Öl auf Leinwand, 50 x 70 cm
Privatsammlung

Blühender Garten, undatiert
Pastell auf Papier, 23 x 30,5 cm
Privatsammlung

Der Nutzgarten in Wannsee nach Westen, auf dem Weg eine Gärtnerin, 1924
Öl auf Holz, 39,5 x 50 cm
Städtische Museen Zwickau

Der Nutzgarten in Wannsee nach Nordwesten, 1925
Öl auf Leinwand, 72 x 95 cm
Privatsammlung

Blumenstauden im Nutzgarten nach Südwesten, 1926
Öl auf Leinwand, 71,5 x 94 cm
Zuletzt Kunsthandel (2011)

Große Seestraße in Wannsee mit Spaziergängern, um 1924
Öl auf Leinwand, 40,5 x 50,5 cm
Zuletzt München, Kunstsalon Franke-Schenk,

GARTENRÄUME: TERRASSEN UND HECKENGÄRTEN

Die Blumenterrasse im Wannseegarten nach Nordwesten, 1915
Öl auf Leinwand, 54 x 74 cm
Privatsammlung

Die Blumenterrasse im Wannseegarten nach Norden, 1919
Öl auf Karton, 50,5 x 75,5 cm
Mannheim, Städtische Kunsthalle
Privatsammlung

Blick auf die Terrasse des Wannseegartens mit Blumenbeeten und Pflanzkübel links, 1920
Pastell, 22,5 x 28,5 cm
Sammlung Kunstkreis Berlin GbR

Die Blumenterrasse im Wannseegarten nach Nordwesten, 1921
Öl auf Leinwand, 50,3 x 75 cm
Gelsenkirchen, Städtisches Museum

Die Blumenterrasse im Wannseegarten nach Nordosten, 1925
Öl auf Leinwand, 75,5 x 101 cm
Privatsammlung

Die Blumenterrasse am Wannsee, um 1920
Kreidezeichnung, 25,9 x 43,2 cm
Berlin, Kupferstichkabinett

Enkelin mit Kinderfrau vor Heckengärten, um 1921
Pastell auf Papier, 25 x 33 cm
Privatsammlung

Heckengarten in Wannsee, 1924
Öl auf Holz, 40 x 49,5 cm
Privatsammlung

Heckengärten in Wannsee nach Osten, 1924/25
Öl auf Leinwand, 71 x 94 cm
Dresden, Galerie Neue Meister

Das Rondell im Heckengarten mit Blumensprengerin, 1925
Öl auf Leinwand, 71,5 x 93 cm
Privatsammlung

Das Rondell im Heckengarten, um 1927
Öl auf Leinwand, 65 x 86 cm
Privatsammlung

Rondell im Heckengarten, 1927
Öl auf Leinwand, 54,5 x 75,5 cm
Schweiz, Privatsammlung

Der Rosengarten in Wannsee mit der Tochter und der Enkelin, 1920
Öl auf Leinwand, 63 x 90 cm
Privatsammlung

Der Rosengarten in Wannsee, 1928
Öl auf Leinwand, 63 x 90 cm
Privatbesitz

RASEN, BÄUME UND WEGE: DER GARTEN ZUM GROSSEN WANNSEE

Kohlfeld im Wannseegarten nach Westen, 1917
Öl auf Leinwand, 70 x 91 cm
Privatsammlung

Mein Haus am Wannsee, 1911
Kaltnadelradierung
Max Liebermann, Graphische Kunst, Verlag P. Cassirer

Die Gartenbank, 1916
Öl auf Leinwand, 71 x 86 cm
Berlin, Alte Nationalgalerie

Spaziergang im Garten am Wannsee, um 1923
Pastell auf Papier, 23,2 x 30 cm
Düsseldorf, Galerie Ludorff

Gartenbank unter dem Kastanienbaum – Blühende Kastanien, 1916
Öl auf Leinwand, 70 x 90 cm
Privatsammlung (als Leihgabe in der Liebermann-Villa)

Die Birkenallee im Wannseegarten nach Westen, 1918
Öl auf Leinwand, 75,5 x 94,5 cm
Hamburg, Kunsthalle

Wannseegarten mit Birkenallee, 1918
Öl auf Leinwand, 71 x 91 cm
Privatsammlung

Heckengarten in Wannsee, 1924
Öl auf Holz, 40 x 49,5 cm
Privatsammlung

Haus am Wannsee, 1926
Öl auf Holz, 31,5 x 41 cm
Berlin, Alte Nationalgalerie

Am Wannseeufer, 1918
Öl auf Leinwand, 70 x 90,3 cm
Hamburg, Kunsthalle

Spaziergänger am Wannseeufer, 1924
Öl auf Holz, 32 x 40 cm
Privatsammlung

Birken am Wannseeufer nach Osten, 1924
Öl auf Leinwand, 96 x 115 cm
Berlin, Alte Nationalgalerie
(als Leihgabe in der Liebermann-Villa)

Landschaft am Wannseeufer mit Segelbooten, 1926
Farblithografie von drei Steinen (gelb, blau, braun)
28,5 x 31,2 cm
Privatsammlung

FAMILIE UND GESELLSCHAFTLICHES LEBEN

Die Enkelin im Kinderwagen nach rechts, 1918
Öl auf Leinwand, 46 x 52 cm
Genf, Fondation Sonia et Edward Kossoy
(als Leihgabe in der Liebermann-Villa)

Die Enkelin mit der Kinderfrau beim Spiel, 1919
Öl auf Pappe, 28 x 43 cm
Privatsammlung
(als Leihgabe in der Liebermann-Villa)

Enkelin und Kinderfrau auf der Gartenbank, 1919
Öl auf Leinwand, 36 x 48,5 cm
Privatsammlung

Die Enkelin schreibend, 1923
Öl auf Leinwand, 76 x 51 cm
Schwerin, Staatliches Museum

Martha Liebermann und ihre Enkelin Maria, 1926
Öl auf Leinwand, 114 x 96 cm
Los Angeles, Skirball Museum

Die Tochter des Künstlers in Halbfigur, sitzend en face, 1916
Öl auf Leinwand, 93,5 x 74 cm
Wien, Belvedere-Museum

Porträt Martha Liebermann, 1930
Öl auf Leinwand, 115,8 x 91 cm
Schweinfurt, Museum Georg Schäfer

Der Künstler in seinem Atelier am Wannsee, 1932
Öl auf Leinwand, 42 x 54 cm
Privatsammlung

Selbstbildnis mit Modell im Atelier der Wannsee-Villa, um 1923-1925
Kreide, Aquarell, Deckfarbe auf Papier, 23,2 x 30,5 cm
Sammlung Kunstkreis Berlin GbR

Der Künstler skizzierend im Kreis seiner Familie, 1926
Öl auf Leinwand, 57,5 x 72 cm
Wertheim, Wolfgang Schuller

Familie Liebermann, 1926
Öl auf Holz, 33 x 41 cm
Köln, Kunstsalon Franke

Frau und Tochter am Gartentisch, um 1914
Pastell auf Papier, 24 x 32 cm
München, Hampel Kunstauktionen
(aus der Sammlung Hans-Georg Karg)

Martha Liebermann im Korbstuhl, um 1925
Kohle auf Papier, 20 x 29 cm
München, Hampel Kunstauktionen
(aus der Sammlung Hans-Georg Karg)

Schlafender Dackel im Lehnstuhl, 1915
Öl auf Leinwand, 72,5 x 64,5 cm
Linz, Lentos Kunstmuseum

Selbstbildnis mit Panamahut, 1920
Bleistiftzeichnung auf Papier, 30,5 x 24,5 cm
Hamburg, Kunsthandel Thomas le Claire

Selbstbildnis im Malkittel mit Hut, Pinseln und Palette, 1934
Öl auf Leinwand, 92,1 x 73,3 cm
London, Tate Gallery

Bildnis Dr. Julius Elias, 1911
Öl auf Leinwand, 90 x 70 cm
Berlin, Axel Springer Verlag

Bildnis Julie Elias, 1914
Öl auf Leinwand, 90 x 72 cm
Berlin, Jüdisches Museum

Bildnis des Chirurgen Ferdinand Sauerbruch, 1932
Öl auf Leinwand, 117,2 x 89,4 cm
Hamburg, Kunsthalle

Wannseegarten der Familie Arnhold, 1911
Öl auf Leinwand, 70,3 x 88,3 cm
Privatsammlung

Gartenlokal an der Havel – Nikolskoe, 1916
Öl auf Leinwand, 71,5 x 78,5 cm
Berlin, Alte Nationalgalerie
(als Leihgabe in der Liebermann-Villa)

BILDNACHWEIS

bpk / Kupferstichkabinett, SMB / Volker-H. Schneider: S. 68
Bundesarchiv-Filmarchiv: S. 37
Kruse, Christiane: S. 20
Max Liebermann, Graphische Kunst, Verlag P. Cassirer, 1907: S. 84/85
Max-Liebermann-Gesellschaft Berlin e. V.: S. 12, 44
Scherl / Süddeutsche Zeitung Photo: S. 9
ullstein bild: S. 35, 39

Alle übrigen Bilder: akg-images

DIE AUTORIN

Dr. Christiane Kruse ist Kunsthistorikerin und Publizistin. Nach freier Mitarbeit in der Berliner Denkmalpflege und bei der Stiftung Preußische Schlösser und Gärten sowie als Redakteurin des Allgemeinen Künstlerlexikons ist sie seit vielen Jahren als Autorin tätig und veröffentlicht kulturhistorische Sachbücher.

KUNST BEI BEBRA UND ELSENGOLD

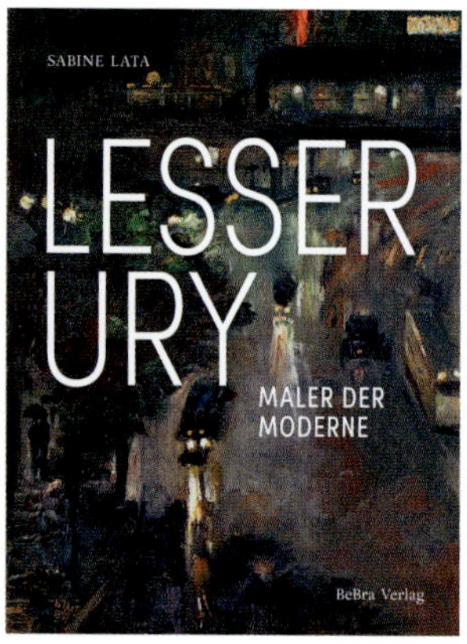

Sabine Lata
Lesser Ury
Maler der Moderne
144 Seiten, 103 Abb.
ISBN 978-3-89809-215-9

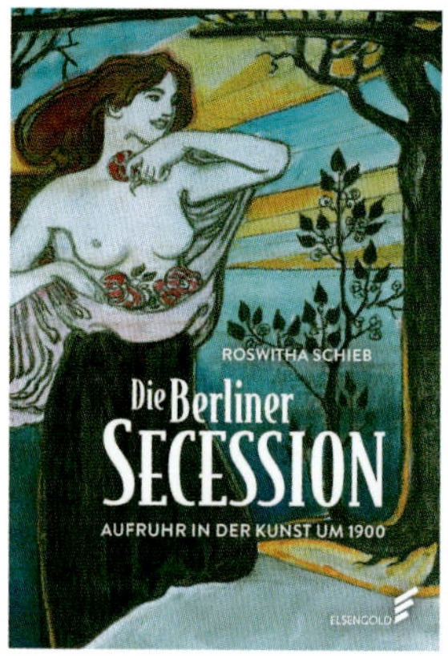

Roswitha Schieb
Berliner Secession
Aufruhr in der Kunst um 1900
256 Seiten, 100 Abb.
ISBN 978-3-96201-088-1

IMPRESSUM

Bibliografische Information der Deutschen Nationalbibliothek
Die Deutsche Nationalbibliothek verzeichnet diese Publikation in der Deutschen Nationalbibliografie; detaillierte bibliografische Daten sind im Internet über http://dnb.d-nb.de abrufbar.

Asternplatz 3, 12203 Berlin
post@bebraverlag.de
Lektorat: Gabriele Dietz, Berlin
Umschlag: typegerecht, Berlin (Titelbild © akg-images)
Gestaltung und Satz: Mario Zierke, Berlin
Schrift: Sofia Pro
Druck und Bindung: DZS, Ljubljana
ISBN 978-3-89809-236-4

www.bebraverlag.de

FSC www.fsc.org MIX Papier | Fördert gute Waldnutzung FSC® C106600